STUMPED

STUMPED

Life Behind *and* Beyond *the* Twenty-Two Yards

SYED KIRMANI
with Debashish Sengupta and Dakshesh Pathak

Foreword by
SUNIL GAVASKAR

PENGUIN
PLAY
An imprint of Penguin Random House

PENGUIN PLAY

Penguin Play is an imprint of the Penguin Random House group of companies whose addresses can be found at global.penguinrandomhouse.com

Published by Penguin Random House India Pvt. Ltd
4th Floor, Capital Tower 1, MG Road,
Gurugram 122 002, Haryana, India

Penguin Random House India

First published in Penguin Play by Penguin Random House India 2024

10 9 8 7 6 5 4 3

ISBN 9780143464730

Typeset in Sabon LT Std by MAP Systems, Bengaluru, India
Printed at Thomson Press India Ltd, New Delhi

www.penguin.co.in

MIX
Paper | Supporting responsible forestry
FSC® C010615
FSC www.fsc.org

Dedicated to my loving abba huzoor Syed Fida Hussain Kirmani and ammijaan Saleha Begum Kirmani

(*Left to right*): Ammijaan, myself, my younger brother Syed Mustafa Hussain Kirmani, Abba and my older brother Syed Askari Hussain Kirmani

Contents

Part II: The Immaculate Gloves

Foreword

'Kya bole tho kya bole. Hud bole.'

This is the way Syed Mujtaba Hussain Kirmani and I greet each other nowadays. This is followed by a big laugh and a hug. However, that was not how we greeted each other when we first met.

We met through Ajit Naik, who sadly is no more with us. Ajit was the captain of the Indian school boys' team that was to tour England in 1967. The team had come to Mumbai (Bombay then) to get their visas and uniforms before departing for the overseas tour, and he took me along to meet them. I had read about Syed Kirmani's batting style being similar to Rohan Kanhai and I was keen to meet him. Syed knew about me because I had played against the London school boys in a five-match test series in India in 1966. After our initial meeting, I went to see some of the other boys, particularly the Amarnath brothers who were with me in the same team the previous year.

The next time we met was four years later, when Syed was chosen for the Indian tour of England. Farokh Engineer, the wicketkeeper at that time, was then playing for Lancashire in the English County Cricket Championship and was only going to be available to play in test matches.

In those days, the teams touring England played just about every county and so, India was due to play most, if not all, counties on that trip. Therefore, the selectors chose two other wicketkeepers, Krishna Murty, the incumbent who had made his debut on the West Indies Tour, and Syed Kirmani. Syed and I got along very well on this tour, thanks to Vishy, Prasanna, Eknath and Chandrashekhar from the Karnataka team. We spent a fair bit of time together, on and off the field. Due to foreign exchange regulations, our daily allowance was only one British pound a day. There was not much you could get in a pound. Luckily, many Indian families settled all over England were generous and kind enough to invite us to their homes for dinner, which certainly helped us to save a few pounds here and there.

On Edgeware Road in London, there was a men's store where an expensive jacket was on display. Vishy, Ekki, Kiri (as I affectionately call Syed) and I would linger at the window and stare at that jacket, hoping we would save enough money to afford it. At the end of that trip, we went to the store and all of us bought a jacket each. While Vishy's, Ekki's and my jackets were a conservative black or dark blue, Kiri's was a flamboyant green. Kiri has always had a unique sense of style, which is why he manages to look different from the others.

Syed was very popular because of his willingness to help his teammates. He was always full of energy on the field and waited with a smile at the entrance of the changing rooms. He carried refreshments during lunch and tea intervals when the players came back from fielding. Even when a jumper or gloves change was needed, he would run down to the ground and hand over the required items to the other players. He even sprinted with flair.

It took Syed five years after being selected for the Indian squad in 1971 to make his debut for India in New Zealand. I made my debut as the captain of the team in the same match. This happened because the regular captain, (Late) Bishen Singh Bedi, had injured himself in the morning and, as vice-captain, I stepped into the captaincy post.

In 1979, Syed was dropped from the team that was to play the second World Cup and four test matches in England. I was also dropped as the captain of the team, despite scoring 732 runs and leading the side to a win over the West Indies at home. Ostensibly and allegedly, the reason for this was that we had been approached by Kerry Packer's World Series Cricket to play in Australia. Both Syed and I had not signed any contract with them; in fact, we had signed a contract with the Board of Control for Cricket in India (BCCI) for the England tour for the World Cup and four test matches. This incident speaks volumes about the power of BCCI administrators. There were other players who claimed they were also approached, but I later got to know that they were only interested in the two of us.

It was on the 1976 tour of New Zealand when we accidentally discovered that Syed didn't have much hair on his head. The team was romping around in the hotel's swimming pool on a day off. Kiri would typically enter the pool with his shower cap on, but this time around, a couple of players grabbed him and threw him into the pool just as he was wearing his cap. The pool water pushed his hair back and we were surprised to see that he had no hair in the front. We knew that his hair was thinning, but we had never thought he had a bald patch as he did a good job of hiding it.

Back in those days, there were no aerobridges and one had to walk on and off the tarmac. The stiff wind in the open would make everyone's hair fly about, so Kiri would walk backwards in the direction of the wind, to keep his hair from moving and exposing the front. This was also why he wasn't too happy to be coming out to meet the governors and chief ministers of every state we played a test match in. He would say that the dignitary would only remember important players by evening and forget about him. It was a pretty understandable argument, but it would upset the team managers and a middle ground was agreed to—he would wear a cap and not take it off unless he was being introduced to a lady. Kiri started shaving his head following a pilgrimage, and he became a lot more relaxed than the Kiri we knew earlier.

The other thing about Kiri Miya and I, is that we both love to eat mutton *nalli*s (shanks). If we were invited to a dinner and nalli was on offer, we would try to beat each other to the pot and pile our plates with it.

As a wicketkeeper, Kiri was very observant and proved to be of great help to the captain as well as the bowlers. He was aware of what line ought to be bowled, which fielders should be positioned where and whether a bowling change was needed. He didn't get too many opportunities to captain the state team, but at that time, wicketkeepers weren't really thought of as leadership material.

Over the years, especially after the 1983 World Cup win, our team has gotten very close and we are in constant touch over WhatsApp. Kiri is always sending something funny or interesting. He is, without a doubt, one of India's greatest cricketers and his contribution to Indian cricket should be written about in letters of all colours because he was and is still a colourful and stylish person. I'm sure those who will read the book will get to know him a lot better. This book will also be of tremendous help to all the budding wicketkeepers who are looking to play for India and play successfully.

All the best, Kiri Miya! Kya bole tho kya bole.

Sunil Gavaskar

Preface

The general public, cricket lovers and I don't really know how I became a cricketer. My father discouraged me from pursuing sports as he wanted me to be a graduate with a good government job.

Being the youngest in my locality, I was often asked to man the three bamboo sticks being used as stumps as part of a local team. Bricks were my first gloves. However, when I was selected for the junior cricket team (under twelve years) at St Joseph's Indian High School, wicketkeeping gloves started to look better than the bricks.

I played all the major sports at school level without any inhibitions. My first sport was athletics (100 m, 200 m and relay). Then, I played hockey, football and cricket, which I played barefoot as Dad could not afford canvas shoes. My raw talent was spotted by my coach, Keki B. Tarapore, who encouraged me. I was selected to play in various tournaments because of my performance and consistency, but I competed in them without any guidance or coaching.

The most significant and memorable event of my career was the 1983 World Cup win. Being awarded the first 'Best Wicket Keeper in the World' award in 1983 when India won its first World Cup at Lord's, which no other wicketkeeper in the world has been awarded till date, was the second-best moment of my cricketing journey. My dedication to pray five times a day and my unshakable trust and faith in the Almighty and his plans has played a very important role in my success. Though I faced many setbacks in my career, I have no regrets whatsoever.

This book covers not only my cricketing journey but also talks about the person that cricket has made me to be. It is the untold story of my life, humour and strength. I always emphasize the importance of three Ds in life—discipline, dedication and determination. I place discipline first because that is what it takes to build one's character. Discipline, along with respect and regard, takes you a long way.

I would like to thank the Almighty Lord for bestowing me with the name and fame with which I stand here today. I thank the Lord for bringing me into this world and for the most loving parents, who gave me the upbringing that helped me make my family, alma mater, state and country proud.

I would also like to thank my wife, for all her love and sacrifices, and my three children for their invaluable and enduring support.

Not to forget my extended family, fans, well-wishers and my co-writers, without whom this wonderful book would not have been possible.

Wishing all my readers the best in life with good health, happiness and prosperity.

God Bless!
Cheers,
Syed M.H. Kirmani

Part I

My Cricketing Journey

The Story Untold
Facts Unfiltered Without Any Bias

Chapter 1

Birth and Early Years

I was born in Pudupet, Chennai, in 1951. The house where I was born still stands, although in a dilapidated condition. My mother was from Chennai and my father belonged to Hyderabad. Soon after I was born, my mother and I joined my father in Hyderabad, where I spent my early childhood days. I was admitted to lower kindergarten in St Paul's School and studied in the revered school that stood right across the famous Abid Road (also called Abid's) opposite a branch of the State Bank of India for two years. I completed my lower kindergarten and upper kindergarten at the school before my family shifted to Bangalore.

In 1956, the reorganization of Hyderabad was in progress. Hyderabad was a state in independent India, after the accession of the princely state of Hyderabad to the Indian Union on 17 September 1948. Following the States Reorganisation Act 1956, the state of Hyderabad merged with Andhra and was renamed Andhra Pradesh. My father worked for the government of Hyderabad and after the reorganization, he was transferred from Mysore to Bangalore. We joined my father in Bangalore in1957; I would have been about six at that time. A government quarter in Rajajinagar fourth block area of Bangalore city was allotted to my father, who worked as a lower division stenographer in Mysore state. We lived there for a year before moving to a bigger living quarter in Jayamahal extension, a developing area in Bangalore that was full of boulders, rocks and ponds. There were two types of government quarters, C type and D type, constructed in that area. My father was allotted a one-bedroom quarter, a 20'×30' construction. Even though it was not a sprawling property, we had a small garden in our quarter and enjoyed our stay there.

I was admitted to the third standard in St Xavier's Convent in Benson Town that was a co-educational school. However, my time there lasted a year as boys could only study in the co-ed set-up till the third standard. When I moved to fourth standard, I was shifted to St Germain Academy, which was diagonally opposite St Xavier's.

I can vividly remember our school principal, Fr Stan Aranjo, who was very strict and known to be a disciplinarian. He, along with Mr Brown, our physical training and sports instructor, would wait at the main gate of the school to catch latecomers every day. Fr Ranjo was a terror among the children. He used to carry a rope with knots, which he used to give two solid lashes on the bums of erring children. We used to watch this gruesome scene every day from the windows of our classrooms. Once, I also got a taste of this punishment when I reached school late. It was very painful and the marks on my body

דוד: "עד אשר נגנז בימי יאשיהו"; נראה מדבריו שהפרשה נכתבה במקור עוד לפני ימי יאשיהו, והוכנסה לספר מלכים בידי ירמיהו, עורכו. כך יתבאר גם הכתוב הזה: "כָּל הָעָם הַנּוֹתָר מִן הָאֱמֹרִי הַחִתִּי הַפְּרִזִּי הַחִוִּי וְהַיְבוּסִי אֲשֶׁר לֹא מִבְּנֵי יִשְׂרָאֵל הֵמָּה. בְּנֵיהֶם אֲשֶׁר נֹתְרוּ אַחֲרֵיהֶם בָּאָרֶץ אֲשֶׁר לֹא יָכְלוּ בְּנֵי יִשְׂרָאֵל לְהַחֲרִימָם וַיַּעֲלֵם שְׁלֹמֹה לְמַס עֹבֵד עַד הַיּוֹם הַזֶּה" (מל"א ט', כא-כב). מסתבר שפסוקים אלו נכתבו לפני זמן חתימת הספר, שהרי לאחר שגלה עם ישראל מארצו, בוודאי לא העלו לו מס. נראה אפוא שגם הכתוב הזה נכתב בידי נביא בתקופה מוקדמת (אולי ב"ספר דברי שלמה"), וירמיהו שילב אותו בספר מלכים.

על כל פנים, ניתן להוכיח מן הכתובים שעורך ספר מלכים חי לפני שיבת ציון, ובכך הוא שונה מעורכיו של ספר דברי הימים, שהם, על פי חז"ל, עזרא ונחמיה. שני הספרים, מלכים ודברי הימים, מסתיימים בדבר דומה – חורבן בית המקדש; אך לשניהם יש גם אפילוג – סיום בדבר טוב. עורך דברי הימים, שחי בתקופת שיבת ציון, חתם את הספר בהצהרת כורש (דה"ב ל"ו, כב-כג). ספר מלכים, לעומת זאת, מסיים בדבר הרבה יותר מינורי – הטבת תנאיו של יהויכין בגלותו שבבבל: "וַיְהִי בִשְׁלֹשִׁים וָשֶׁבַע שָׁנָה לְגָלוּת יְהוֹיָכִין מֶלֶךְ יְהוּדָה בִּשְׁנֵים עָשָׂר חֹדֶשׁ בְּעֶשְׂרִים וְשִׁבְעָה לַחֹדֶשׁ נָשָׂא אֱוִיל מְרֹדַךְ מֶלֶךְ בָּבֶל בִּשְׁנַת מָלְכוֹ אֶת רֹאשׁ יְהוֹיָכִין מֶלֶךְ יְהוּדָה מִבֵּית כֶּלֶא. וַיְדַבֵּר אִתּוֹ טֹבוֹת וַיִּתֵּן אֶת כִּסְאוֹ מֵעַל כִּסֵּא הַמְּלָכִים אֲשֶׁר אִתּוֹ בְּבָבֶל. וְשִׁנָּא אֵת בִּגְדֵי כִלְאוֹ וְאָכַל לֶחֶם תָּמִיד לְפָנָיו כָּל יְמֵי חַיָּיו. וַאֲרֻחָתוֹ אֲרֻחַת תָּמִיד נִתְּנָה לּוֹ מֵאֵת הַמֶּלֶךְ דְּבַר יוֹם בְּיוֹמוֹ כֹּל יְמֵי חַיָּו" (מל"ב כ"ה, כז-ל). ניכר בבירור שזהו הדבר החיובי ביותר שמצא עורך ספר מלכים לסיים בו את הספר, ומכאן שהספר נערך לפני עליית פרס והצהרת כורש.

פרק א

המלכת שלמה

א. והמלך דוד זקן

ספר מלכים פותח, מעט במפתיע, באפיזודה קצרה שעניינה טעון ביאור:

(א) וְהַמֶּלֶךְ דָּוִד זָקֵן בָּא בַּיָּמִים וַיְכַסֻּהוּ בַּבְּגָדִים וְלֹא יִחַם לוֹ:[1]
(ב) וַיֹּאמְרוּ לוֹ עֲבָדָיו יְבַקְשׁוּ לַאדֹנִי הַמֶּלֶךְ נַעֲרָה בְתוּלָה וְעָמְדָה
לִפְנֵי הַמֶּלֶךְ וּתְהִי לוֹ סֹכֶנֶת[2] וְשָׁכְבָה בְחֵיקֶךָ וְחַם לַאדֹנִי הַמֶּלֶךְ:

1. רש"י הביא את מדרש חז"ל (ברכות סב ע"ב): "אמרו רבותינו: כל המבזה בגדים אינו נהנה מהם לסוף, לפי שקרע את כנף המעיל לשאול". ונראה שאין כוונת המדרש לביזוי בגדים ככלל, אלא לאותו מעשה בפרט, שאף דוד התחרט עליו (עיינו שמ"א כ"ד), ויש כאן משום עונש סמלי על המעשה. אבל רד"ק כתב: "וזה הדרש רחוק", וביאר על דרך הפשט: "ואף על פי שלא היה אלא בן שבעים שנה, מפני המלחמות אשר נלחם תשש כחו וקפצה עליו הזקנה, והזקן כל זמן שהולך ומזקין החום הטבעי הולך וחסר".
2. למילה 'סוכנת' הובאו במפרשים שני פירושים. רש"י כתב שסוכנת היא "מחממת", על פי הפסוק "בּוֹקֵעַ עֵצִים יִסָּכֶן בָּם" (קהלת י', ט [אמנם פשט הפסוק הזה אינו חד־משמעי, וראב"ע שם פירש: "'יִסָּכֶן בָּם' – מלשון סכנה"]); ועיינו רד"ק, שהביא לכך סימוכין מן הערבית. מפרשים אחרים כתבו ש'סוכנת' היינו:

(ג) וַיְבַקְשׁוּ נַעֲרָה יָפָה בְּכֹל גְּבוּל יִשְׂרָאֵל וַיִּמְצְאוּ אֶת אֲבִישַׁג הַשּׁוּנַמִּית וַיָּבִאוּ אֹתָהּ לַמֶּלֶךְ: (ד) וְהַנַּעֲרָה יָפָה עַד מְאֹד וַתְּהִי לַמֶּלֶךְ סֹכֶנֶת וַתְּשָׁרְתֵהוּ וְהַמֶּלֶךְ לֹא יְדָעָהּ:

מדוע פותח הספר בסיפור קטן זה? היה אפשר לומר שפסוקים אלו הם מצג למה שיסופר להלן (ב׳, יג-כב) על בקשתו של אדוניהו משלמה לקבל את אבישג לאישה; והמצג הובא כבר כאן, שלא לקטוע את רצף הסיפור.

ברם, דומה שסיפור זה בא גם לחדד עניין אחר. השאלה המרכזית בפרק היא מה פשר שתיקתו של דוד אל מול שאיפות המלכות של אדוניהו, מצד אחד, ומצד שני – מדוע לא מיהר לקיים את שבועתו לבת שבע ולהמליך את שלמה. כפי שנראה, לשאלה זו יש כמה תשובות. מכל מקום, הספר פותח באחת הסיבות לכך: חולשתו הגדולה של דוד. בכך גם מודגש מאוד המהפך שחל באישיותו של דוד כשהחליט, בסופו של דבר, להמליך את שלמה.

התיאור שלפנינו מזכיר מאוד תיאורים של שני מלכים אחרים במקרא: שאול (שמ״א ט״ז, יד-כג) ואחשוורוש (אסתר ב׳, א-ד, יז). כמה דברים משותפים לשלושת הסיפורים:

1. בשלושתם מסופר על מלך הנמצא במצב קשה: דוד – ״וַיְכַסֻּהוּ בַּבְּגָדִים וְלֹא יִחַם לוֹ״; שאול – ״וְרוּחַ ה׳ סָרָה מֵעִם שָׁאוּל וּבִעֲתַתּוּ רוּחַ רָעָה מֵאֵת ה׳״; ואחשוורוש – ״כְּשֹׁךְ חֲמַת הַמֶּלֶךְ אֲחַשְׁוֵרוֹשׁ זָכַר אֶת וַשְׁתִּי וְאֵת אֲשֶׁר עָשָׂתָה וְאֵת אֲשֶׁר נִגְזַר עָלֶיהָ״.
2. בכל הסיפורים התערבו עבדי המלך על מנת לשפר את מצבו של מלכם: אצל דוד – ״וַיֹּאמְרוּ לוֹ עֲבָדָיו...״; אצל שאול – ״וַיֹּאמְרוּ עַבְדֵי שָׁאוּל אֵלָיו...״; ואצל אחשוורוש – ״וַיֹּאמְרוּ נַעֲרֵי הַמֶּלֶךְ מְשָׁרְתָיו...״.

אוצרת, ממונה על ענייני בית המלך, כמו בישעיהו כ״ב, טו: ״לֶךְ בֹּא אֶל הַסֹּכֵן הַזֶּה עַל שֶׁבְנָא אֲשֶׁר עַל הַבָּיִת״. ועיינו להלן.

3. ובכל הסיפורים יעצו העבדים לערוך חיפוש נרחב אחר המיועד/ת לסייע למלך: אצל דוד – ״**יְבַקְשׁוּ** לַאדֹנִי הַמֶּלֶךְ נַעֲרָה בְתוּלָה וְעָמְדָה לִפְנֵי הַמֶּלֶךְ וּתְהִי לוֹ סֹכֶנֶת וְשָׁכְבָה בְחֵיקֶךָ וְחַם לַאדֹנִי הַמֶּלֶךְ״; אצל שאול – ״**יְבַקְשׁוּ** אִישׁ יֹדֵעַ מְנַגֵּן בַּכִּנּוֹר וְהָיָה בִּהְיוֹת עָלֶיךָ רוּחַ אֱלֹהִים רָעָה וְנִגֵּן בְּיָדוֹ וְטוֹב לָךְ״; ואצל אחשוורוש – ״**יְבַקְשׁוּ** לַמֶּלֶךְ נְעָרוֹת בְּתוּלוֹת טוֹבוֹת מַרְאֶה... וְהַנַּעֲרָה אֲשֶׁר תִּיטַב בְּעֵינֵי הַמֶּלֶךְ תִּמְלֹךְ תַּחַת וַשְׁתִּי״.

והנה, דווקא הקבלה זו מדגישה את חולשתו של דוד. ראשית, בסיפורים האחרים המלך מעורב בתהליך החיפוש: על שאול נאמר ״וַיֹּאמֶר שָׁאוּל אֶל עֲבָדָיו רְאוּ נָא לִי אִישׁ מֵיטִיב לְנַגֵּן וַהֲבִיאוֹתֶם אֵלָי״; ועל אחשוורוש נאמר ״וְיַפְקֵד הַמֶּלֶךְ פְּקִידִים בְּכָל מְדִינוֹת מַלְכוּתוֹ וְיִקְבְּצוּ אֶת כָּל נַעֲרָה בְתוּלָה... וַיִּיטַב הַדָּבָר בְּעֵינֵי הַמֶּלֶךְ וַיַּעַשׂ כֵּן״. דוד, לעומת זאת, פסיבי לחלוטין בכל התהליך. שנית, בסיפורים האחרים נזכרת שביעות רצונו של המלך ואף אהבתו לנבחר/ת, ומתברר שהעצה אכן סייעה: בשאול נאמר ״וַיָּבֹא דָוִד אֶל שָׁאוּל וַיַּעֲמֹד לְפָנָיו **וַיֶּאֱהָבֵהוּ** מְאֹד... וְהָיָה בִּהְיוֹת רוּחַ אֱלֹהִים אֶל שָׁאוּל וְלָקַח דָּוִד אֶת הַכִּנּוֹר וְנִגֵּן בְּיָדוֹ וְרָוַח לְשָׁאוּל וְטוֹב לוֹ וְסָרָה מֵעָלָיו רוּחַ הָרָעָה״; ובאחשוורוש – ״**וַיֶּאֱהַב** הַמֶּלֶךְ אֶת אֶסְתֵּר... וַיַּמְלִיכֶהָ תַּחַת וַשְׁתִּי״. ואילו אצל דוד יש פער בין ההצעה לביצוע: ההצעה הייתה ״וּתְהִי לוֹ סֹכֶנֶת וְשָׁכְבָה בְחֵיקֶךָ וְחַם לַאדֹנִי הַמֶּלֶךְ״; אך לבסוף נזכר רק תפקידה השני – ״וַתְּהִי לַמֶּלֶךְ סֹכֶנֶת וַתְּשָׁרְתֵהוּ״.[3]

חולשתו של דוד ניכרת גם בדברים אחרים. בפסוק ״וְהַנַּעֲרָה יָפָה עַד מְאֹד וַתְּהִי לַמֶּלֶךְ סֹכֶנֶת וַתְּשָׁרְתֵהוּ וְהַמֶּלֶךְ לֹא יְדָעָהּ״ יש ניגוד: למרות יופייה החריג של אבישג (שהיא האישה היחידה במקרא שנאמר עליה שהייתה ״יפה עד מאד״), המלך לא ידעה. דומה שהמקרא בא

3. ואולי משום כך נקט המקרא במילה ׳סוכנת׳, שיש לה באמת שני פירושים (עיינו בהערה הקודמת): הכוונה הייתה להביא ׳מחממת׳, אך בסופו של דבר לא שימשה אלא כ׳אוצרת׳.

גם לרמוז לקשר בין "וְהַמֶּלֶךְ **לֹא יְדָעָהּ**" לבין דברי נתן לבת שבע בהמשך הפרק (פס' יא): "וַאֲדֹנֵינוּ דָוִד **לֹא יָדָע**",[4] רוצה לומר: פסיביות בכל תחומי החיים.

ממה נבעה חולשה זו של דוד? האומנם הייתה זו חולשה אובייקטיבית גרידא, בשל מצבו הפיזי? בהמשך הפרק דוד משנס את מותניו ופועל בנחרצות רבה. מסתבר אפוא שחולשתו נבעה בעיקר ממצב נפשי, והפסיביות שלו אינה אלא סופו של תהליך ארוך, שתחילתו מיד לאחר פרשת בת שבע. לאורך הפרקים האחרונים של ספר שמואל ניתן לראות שדוד מאבד את אופיו המנהיגותי ומתנהל באופן פסיבי. הוא נמנע מלהוכיח את אמנון על אונס תמר;[5] נגרר אחרי יואב להשיב את אבשלום; כשהלה מורד דוד ממהר לברוח, ואחר כך מניח את ניהול המלחמה לאנשי הצבא שלו; וככלל, כמעט שאינו נוקט יזמה. כל זאת בניגוד חריף לדרכו לפני החטא. דוד טרוד בקבלת הדין על שורת העונשים שנשא בעקבות הפרשה,[6] ולמעשה חדל לתפקד כמלך.

רמז לקשר בין פסוקי הפתיחה של ספר מלכים לבין פרשת בת שבע ניתן למצוא בצירוף המופיע בדברי עבדיו "וְשָׁכְבָה בְחֵיקֶךָ". הופעתו הקודמת של צירוף זה הייתה בסיפור כבשת הרש, שנאמר עליה: "וּבְחֵיקוֹ תִשְׁכָּב" (שמ"ב י"ב, ג).[7]

כללו של דבר, פסוקי הפתיחה של הספר באים לתאר את מצבו הפיזי והנפשי הקשה של דוד, שהיה אחד מן הגורמים לפסיביות

4. וכן בדברי בת שבע לדוד (פס' יח): "וְעַתָּה אֲדֹנִי הַמֶּלֶךְ **לֹא יָדָעְתָּ**".
5. הכתוב מדגיש: "וְהַמֶּלֶךְ דָּוִד שָׁמַע אֵת כָּל הַדְּבָרִים הָאֵלֶּה וַיִּחַר לוֹ מְאֹד" (שמ"ב י"ג, כא), ולמרות זאת לא אמר לאמנון דבר על כך.
6. כך, למשל, אמר במהלך בריחתו בזמן מרד אבשלום, כשסיקל אותו שמעי בן גרא באבנים וקילל אותו: "וַיֹּאמֶר הַמֶּלֶךְ: מַה לִּי וְלָכֶם בְּנֵי צְרֻיָה, כֹּה יְקַלֵּל כִּי **ה' אָמַר לוֹ קַלֵּל אֶת דָּוִד**, וּמִי יֹאמַר מַדּוּעַ עָשִׂיתָה כֵּן... הַנִּחוּ לוֹ וִיקַלֵּל כִּי **אָמַר לוֹ ה'**. אוּלַי יִרְאֶה ה' בְּעֵינִי וְהֵשִׁיב ה' לִי טוֹבָה תַּחַת קִלְלָתוֹ הַיּוֹם הַזֶּה" (שמ"ב ט"ז, י–יב).
7. אלו שתי ההופעות הראשונות (מתוך חמש) במקרא של הצירוף הזה.

שאחזה בו ולשתיקתו אל מול המלכת אדוניהו, תוך התעלמות מהבטחתו לבת שבע ששלמה ימלוך אחריו.

ב. מתנשא למלוך

לאחר פסוקי הפתיחה מגיע הכתוב לנושא המרכזי – אדוניהו בן חגית:

(ה) וַאֲדֹנִיָּה בֶן חַגִּית מִתְנַשֵּׂא לֵאמֹר אֲנִי אֶמְלֹךְ וַיַּעַשׂ לוֹ רֶכֶב
וּפָרָשִׁים וַחֲמִשִּׁים אִישׁ רָצִים לְפָנָיו: (ו) וְלֹא עֲצָבוֹ אָבִיו מִיָּמָיו
לֵאמֹר מַדּוּעַ כָּכָה עָשִׂיתָ וְגַם הוּא טוֹב תֹּאַר מְאֹד וְאֹתוֹ יָלְדָה אַחֲרֵי
אַבְשָׁלוֹם: (ז) וַיִּהְיוּ דְבָרָיו עִם יוֹאָב בֶּן צְרוּיָה וְעִם אֶבְיָתָר הַכֹּהֵן
וַיַּעְזְרוּ אַחֲרֵי אֲדֹנִיָּה: (ח) וְצָדוֹק הַכֹּהֵן וּבְנָיָהוּ בֶן יְהוֹיָדָע וְנָתָן הַנָּבִיא
וְשִׁמְעִי וְרֵעִי[8] וְהַגִּבּוֹרִים אֲשֶׁר לְדָוִד לֹא הָיוּ עִם אֲדֹנִיָּהוּ: (ט) וַיִּזְבַּח
אֲדֹנִיָּהוּ צֹאן וּבָקָר וּמְרִיא[9] עִם אֶבֶן הַזֹּחֶלֶת[10] אֲשֶׁר אֵצֶל עֵין רֹגֵל[11]

8. הצירוף ״שִׁמְעִי וְרֵעִי״ מופיע במקרא רק כאן. מצודת דוד פירש: ״ושמעי – אולי הוא שמעי בן גרא; ורעי – יתכן שהוא חושי הארכי, הנקרא ריע המלך״; אבל הדוחק בפירושו בולט. מן ההקבלה לפס׳ לח – ״וַיֵּרֶד צָדוֹק הַכֹּהֵן וְנָתָן הַנָּבִיא וּבְנָיָהוּ בֶּן יְהוֹיָדָע וְהַכְּרֵתִי וְהַפְּלֵתִי״ – עולה האפשרות ש״שמעי ורעי״ מקבילים בדרך כלשהי ל״כרתי והפלתי״. עוד יש לציין כי להלן ד׳, יח מסופר שאחד מנציבי שלמה (הנציב בבנימין) נקרא ״שמעי״.

9. למילה ״מריא״, הנזכרת בכמה מקומות (כגון שמ״ב ו׳, יג; ישעיהו י״א, ו) בהקשר של בעלי חיים, ניתנו שני פירושים. מרבית המפרשים הבינו שהכוונה לבהמות מפוטמות, והמילה ״מריא״ היא תואר, הנגזר מן הפועל להמרות, המופיע בכמה מקומות בלשון חז״ל במשמעות של פיטום (כגון במשנה שבת פכ״ד מ״ג: ״ואין ממרים את העגלים״). אבל רס״ג פירש שהכוונה לג׳מוס, דהיינו למין אחר של בהמה.

10. צירוף זה אינו ברור. רש״י כתב ש״אבן הזוחלת״ היא ״אבן גדולה שהיו הבחורים מנסין בה את כחם להזיזה ולגררה, לשון מים זוחלין, ׳זוחלי עפר׳ (דברים ל״ב, כד); ויונתן תרגם ׳אבן סכותא׳ – שעומדין עליה וצופין למרחוק״. רד״ק פירש: ״שהיו מים זוחלין אצל האבן״. ואילו רלב״ג כתב: ״ונקראת האבן ההיא כך לסבה לא ידענוה, ואפשר כי האבן ההיא היתה גדולה וחלקה מאד ולרוב חלקותיה היו מניעין אותה הנה והנה״.

11. מקובל לזהות את עין רוגל עם ביר איוב – באר בקצה הדרומי של עיר דוד,

וַיִּקְרָא אֶת כָּל אֶחָיו בְּנֵי הַמֶּלֶךְ וּלְכָל אַנְשֵׁי יְהוּדָה עַבְדֵי הַמֶּלֶךְ:
(י) וְאֶת נָתָן הַנָּבִיא וּבְנָיָהוּ וְאֶת הַגִּבּוֹרִים וְאֶת שְׁלֹמֹה אָחִיו לֹא קָרָא:

אנו מתוודעים כאן לדמותו של אדוניה, הרואה את עצמו כמיועד לרשת את דוד אביו. הפסוק מציין שהוא הבן שנולד אחרי אבשלום, כדי לומר שלאחר מותו של אבשלום, חבן השלישי,[12] אדוניהו הוא יורש העצר, האמור למלוך על פי הסדר הרגיל של הדברים.

כיצד עלינו לשפוט את מעשיו של אדוניה? האם מדובר במרד של ממש, או שמא רק בהכרזה שהוא היורש? האם העובדה שאביו "לֹא עֲצָבוֹ" מלמדת עליו זכות?

דומה שהמקרא מבקר את אדוניהו בבירור. בהעדר בן בכור, דוד הוא שאמור למנות את יורשו, כדברי נתן הנביא בהמשך הפרק: "וְאַתָּה אֲדֹנִי הַמֶּלֶךְ עֵינֵי כָל יִשְׂרָאֵל עָלֶיךָ לְהַגִּיד לָהֶם מִי יֵשֵׁב עַל כִּסֵּא אֲדֹנִי הַמֶּלֶךְ אַחֲרָיו" (פס' כ). החלטתו של אדוניהו שהוא המיועד למלוך והצעדים שעשה להמליך את עצמו היו על דעתו בלבד, בלא רשות מפורשת מאביו. המקרא נוקט כמה דרכים להבעת השלילה שבמעשי אדוניהו. בין היתר, המקרא יוצר לאורך כל הפרק הקבלות רבות בינו ובין אבשלום, הבן שמרד באביו בגלוי. הקבלות אלו בולטות כבר בשלב זה, ונציין כעת שלוש מהן:

1. ראשית, מעשי אדוניהו בפס' ה הם חזרה מדויקת על מעשיו של

במפגש של נחל קדרון, השוכן ממזרח לעיר, הגיא שממערבה וגיא בן הינום שבדרומה.

12. עיינו שמ"ב ג', ב-ד: "וַיִּוָּלְדוּ לְדָוִד בָּנִים בְּחֶבְרוֹן וַיְהִי בְכוֹרוֹ אַמְנוֹן לַאֲחִינֹעַם הַיִּזְרְעֵאלִת. וּמִשְׁנֵהוּ כִלְאָב לַאֲבִיגַיִל אֵשֶׁת נָבָל הַכַּרְמְלִי וְהַשְּׁלִשִׁי אַבְשָׁלוֹם בֶּן מַעֲכָה בַּת תַּלְמַי מֶלֶךְ גְּשׁוּר. וְהָרְבִיעִי אֲדֹנִיָּה בֶן חַגִּית וְהַחֲמִישִׁי שְׁפַטְיָה בֶן אֲבִיטָל". ומה באשר לכלאב, הבן השני? מדוע לא נחשב הוא ראוי ליורש עצר, ונעלם כליל מסיפורי בית דוד? רד"ק כתב כי נראה שכלאב כבר מת. על הצעה אחרת ראו **שמואל ב' – מלכות דוד**, עמ' 33.

אבשלום לפני המרד: ״וַיְהִי מֵאַחֲרֵי כֵן וַיַּעַשׂ לוֹ אַבְשָׁלוֹם מֶרְכָּבָה וְסֻסִים וַחֲמִשִּׁים אִישׁ רָצִים לְפָנָיו״ (שמ״ב ט״ו, א). מעשים אלו מעידים על כוונה להיות מלך.[13]

2. הזיקה לאבשלום ממשיכה בפס׳ ו: ״וְאֹתוֹ יָלְדָה אַחֲרֵי אַבְשָׁלוֹם״. בפסוק זה יש קושי תחבירי, שהרי אמו של אבשלום הייתה מעכה (עיינו הערה 12) ולא חגית, אמו של אדוניה. שיעור הכתוב הוא אפוא: ואותו ילדה חגית לאחר שילדה מעכה את אבשלום. על כל פנים, הלשון החסרה כביכול של הפסוק מחזקת את הזיקה שבין אדוניהו לאבשלום.
3. אדוניהו פותח את ההכנות להמלכתו בזבח: ״וַיִּזְבַּח אֲדֹנִיָּהוּ צֹאן וּבָקָר וּמְרִיא״, וגם בכך הוא משחזר את תחילתו של מרד אבשלום, שנפתח אף הוא בזבח: ״וַיִּשְׁלַח אַבְשָׁלוֹם אֶת אֲחִיתֹפֶל הַגִּילֹנִי יוֹעֵץ דָּוִד מֵעִירוֹ מִגִּלֹה בְּזָבְחוֹ אֶת הַזְּבָחִים וַיְהִי הַקֶּשֶׁר אַמִּץ וְהָעָם הוֹלֵךְ וָרָב אֶת אַבְשָׁלוֹם״ (שמ״ב ט״ו, יב).

השיפוט השלילי של מעשי אדוניהו עולה גם מן ההשוואה בין רשימת התומכים בו לבין הרשימה של מי שלא תמכו בו. אדוניהו נעזר בשני האנשים שהדיח דוד: יואב ואביתר. יואב הודח לאחר מותו של אבשלום במרד (שמ״ב י״ט, יד),[14] ומקומו של אביתר הלך ונדחק מפני

13. ריצה לפני המרכבה הייתה ביטוי של כבוד, בדומה לנסיעת אופנועים לפני מכוניות שרד של שליטי מדינות בימינו, וכפי שהזהיר שמואל את ישראל: ״זֶה יִהְיֶה מִשְׁפַּט הַמֶּלֶךְ אֲשֶׁר יִמְלֹךְ עֲלֵיכֶם אֶת בְּנֵיכֶם יִקָּח וְשָׂם לוֹ בְּמֶרְכַּבְתּוֹ וּבְפָרָשָׁיו וְרָצוּ לִפְנֵי מֶרְכַּבְתּוֹ״ (שמ״א ח׳, יא). בהקשר שונה במקצת מסופר על אליהו הנביא: ״וַיְהִי גֶּשֶׁם גָּדוֹל וַיִּרְכַּב אַחְאָב וַיֵּלֶךְ יִזְרְעֶאלָה. וְיַד ה׳ הָיְתָה אֶל אֵלִיָּהוּ וַיְשַׁנֵּס מָתְנָיו וַיָּרָץ לִפְנֵי אַחְאָב עַד בֹּאֲכָה יִזְרְעֶאלָה״ (מל״א י״ח, מה–מו), והעיר על כך המדרש: ״מלמד שחלק כבוד למלכות״ (ילקוט שמעוני מל״א רמז ריז).
14. נראה (עיינו בהרחבה **שמואל ב׳ – מלכות דוד**, עמ׳ 252-253) שהדחה זו נעשתה בעקבות האחריות שהטיל דוד על יואב לחיי אבשלום, מצד אחד, ומתוך רצון לחזק את הקשר עם מחנה המורדים על ידי מינויו של עמשא בן יתר לשר צבא, מצד שני. עוד ראינו שם כי נראה שצעד זה לא היה ראוי; ואכן, לאחר כישלונו של עמשא בן יתר לגייס את תומכי דוד במהלך מרד שבע בן בכרי, נזקק דוד לעזרתו של יואב, כמסופר שם בפרק כ׳.

צדוק הכוהן (עיינו שמ״ב ט״ו, כד-כז). תמיכתם של הללו באדוניהו אינה מפתיעה אפוא. סביר להניח שגם הם הבינו שאדוניהו פועל שלא על דעתו של דוד, וקיוו שאם יתמכו בו, יגמול להם הלה בעתיד ויחזירם למעמדם המכובד.

לעומת זאת, אלו שהמקרא מציין בפירוש שלא תמכו באדוניה הם דמויות חיוביות – ׳גורמים קואליציוניים׳, הנמנים עם תומכי דוד ונאמניו: צדוק הכוהן, שהחליף, כאמור, את אביתר בתפקיד הכוהן הגדול; בניהו בן יהוידע, הנמנה ברשימות של גיבורי דוד (שמ״ב כ״ג, כ) ושריו (ח׳, יח); וכמובן נתן הנביא, המייצג המובהק ביותר של דבר ה׳. המקרא מדגיש רשימה זו פעמיים: בפעם הראשונה (פס׳ ח) הוא מציין שאנשים אלו ״לֹא הָיוּ עִם אֲדֹנִיָּהוּ״, ובפעם השנייה (פס׳ י) הם נזכרים כמי שאדוניהו ״לֹא קָרָא״.[15] מובן שאדוניהו לא שיתף אותם בהמלכתו בהנחה ברורה שלא ישתפו עמו פעולה; אך ידיעה זו לא מנעה ממנו להמשיך במעשיו. מכל מקום, שתי הרשימות הן ביטוי ברור לשיפוט השלילי של המקרא כלפי אדוניהו ולתפיסת המלכתו כמרד לכל דבר.

ג. וְלֹא עֲצָבוֹ אָבִיו מִיָּמָיו

מכל זה עולה השאלה: מדוע שתק דוד אל מול מעשיו של אדוניה? לכאורה אפשר לענות בפשטות, שדוד הזקן והחולה כלל לא היה מודע למתרחש מחוץ לכותלי ביתו. אלא שהמקרא מציין כי שתיקתו

15. יוצא מכלל זה צדוק הכוהן, הנמנה ברשימה של מי שלא היו עם אדוניהו, אך איננו מופיע ברשימה השנייה, של אלו שלא הוזמנו להמלכתו. מכאן היה אפשר ללמוד, שאדוניהו אכן הזמין את צדוק הכוהן לטקס – כנראה חשב שיוכל לשכנע את הכוהן הגדול לתמוך בו – אבל צדוק לא נענה להזמנה. עם זאת, להלן אומר נתן לדוד: ״וְלִי אֲנִי עַבְדֶּךָ **וּלְצָדֹק הַכֹּהֵן** וְלִבְנָיָהוּ בֶן יְהוֹיָדָע וְלִשְׁלֹמֹה עַבְדְּךָ לֹא קָרָא״ (פס׳ כו) – משמע שצדוק לא הוזמן כלל. ושמא צדוק אכן הוזמן, אבל נתן הסיק מהעדרו שאדוניהו לא הזמין אותו, כשם שלא הזמין אחרים, ולא העלה על דעתו את האפשרות שאדוניהו הזמין את צדוק. וצריך עיון.

של דוד הייתה חלק מעמדה שיטתית כלפי מעשיו של אדוניהו: ״וְלֹא עֲצָבוֹ אָבִיו מִיָּמָיו לֵאמֹר מַדּוּעַ כָּכָה עָשִׂיתָ״. המילה ״מִיָּמָיו״ מפתיעה למדיי, שהרי בפשטות התחיל אדוניה לנהוג בגינוני מלכות רק עתה. ואולם, מסתבר שאכן מדובר ביחסו הכללי של דוד לאדוניה, וכפי שכתב רד״ק:

> כשהיה עושה שום דבר רע, לא היה מכלימו ומיסרו לאמר: מדוע ככה עשית. לפיכך יצא לדרך רעה ולמרוד באביו, כי יודע היה אדוניהו כי דוד אמר להמליך שלמה, אף על פי שלא הודיע דוד המלוכה עדיין, אבל חשב בלבו: אבי אוהב אותי ולא גער בי מימי, אכנס בדבר המלוכה בימיו, ואם לא ירע לו ידעתי שאני אמלוך.

לדברי רד״ק, אדוניהו ניצל את יחסו הסלחני של דוד כלפיו, והניח שכשם שעד עתה לא העיר לו דוד מאומה על מעשיו, כך לא יצא נגדו גם כעת אם ינקוט צעדים להמליך את עצמו.

מדוע באמת נקט דוד בדרך זו כלפי אדוניהו? מדוע לא עשה דבר כלפי מעשיו, שהוכיחו את שאיפות המלכות שלו?

את הסיבה לכך ניתן ללמוד מן התקדים שאדוניהו מחקה – אבשלום. יחסו של דוד לאבשלום מעורר קשיים גדולים עוד יותר מיחסו לאדוניהו. אבשלום רצח את אמנון בדם קר – מעשה שלא הייתה לו הצדקה, למרות האונס האכזרי של תמר, אחות אבשלום. אף על פי כן, יותר משהתאבל דוד על מותו של אמנון בכורו, הצטער על העדרו של אבשלום, שנאלץ לברוח לאחר הרצח לממלכת גשור: ״וַתְּכַל דָּוִד הַמֶּלֶךְ לָצֵאת אֶל אַבְשָׁלוֹם כִּי נִחַם עַל אַמְנוֹן כִּי מֵת״ (שמ״ב י״ג, לט). לאחר מכן, במקום לדון את אבשלום על הרצח, הסכים דוד לשובו לירושלים, ולמעשה העניק לו חנינה (שם י״ד). אבשלום גמל לדוד רעה תחת טובה ופתח במרד. דוד הבין היטב שאם לא ימהר לנוס מירושלים, יגבה ממנו בנו האהוב מחיר כבד: ״וַיֹּאמֶר דָּוִד לְכָל עֲבָדָיו אֲשֶׁר אִתּוֹ בִירוּשָׁלַ͏ִם קוּמוּ וְנִבְרָחָה כִּי לֹא תִהְיֶה לָנוּ פְלֵיטָה

מִפְּנֵי אַבְשָׁלוֹם מַהֲרוּ לָלֶכֶת פֶּן יְמַהֵר וְהִשִּׂגֻנוּ וְהִדִּיחַ עָלֵינוּ אֶת הָרָעָה וְהִכָּה הָעִיר לְפִי חָרֶב" (שם ט"ו, יד).[16] ולמרות זאת, לפני תחילתו של הקרב האחרון עם כוחות אבשלום הטרידה את דוד בעיקר דאגה אחת, שאותה אמר לשרי הצבא: "לְאַט לִי לַנַּעַר לְאַבְשָׁלוֹם" (שם י"ח, ה). ומשנודע לו על מות אבשלום – שגרם למותם של אלפים רבים מישראל – הגיב דוד תגובה קיצונית, שלא היה לה שום דמיון לתגובתו על מות אמנון (שם י"ט, א-ה). מה עמד מאחרי יחסו זה של דוד לאבשלום?[17]

בעיצומם של סיפורי אבשלום יש פִּסקה עצמאית, הנראית כקוטעת לחלוטין את רצף האירועים:

> וּכְאַבְשָׁלוֹם לֹא הָיָה אִישׁ יָפֶה בְּכָל יִשְׂרָאֵל לְהַלֵּל מְאֹד מִכַּף רַגְלוֹ וְעַד קָדְקֳדוֹ לֹא הָיָה בוֹ מוּם. וּבְגַלְּחוֹ אֶת רֹאשׁוֹ וְהָיָה מִקֵּץ יָמִים לַיָּמִים אֲשֶׁר יְגַלֵּחַ כִּי כָבֵד עָלָיו וְגִלְּחוֹ וְשָׁקַל אֶת שְׂעַר רֹאשׁוֹ מָאתַיִם שְׁקָלִים בְּאֶבֶן הַמֶּלֶךְ. (שמ"ב י"ד, כה-כו)

אין ספק שהנושא המרכזי בפִּסקה הוא יופיו הנדיר של אבשלום. אין שום דמות אחרת בתנ"ך – לא איש ולא אישה – המתוארת תיאור מעין זה, וניתן אפוא לקבוע שאבשלום הוא האדם היפה ביותר במקרא. דומה שפסקה זו באה לבאר את פשר יחסו המיוחד של דוד לאבשלום. יופיו הנדיר של אבשלום משך את תשומת לבו של דוד, ומסתבר שדוד ראה ביופי החיצוני ביטוי ליופי פנימי עמוק.[18] יופי

16. דוד גם היה מודע היטב לגורל הצפוי לו אישית מיד בנו, כפי שהתבטא מאוחר יותר: "הִנֵּה בְנִי אֲשֶׁר יָצָא מִמֵּעַי מְבַקֵּשׁ אֶת נַפְשִׁי" (שמ"ב ט"ז, יא).
17. על נושא זה ראו בהרחבה **שמואל ב' – מלכות דוד**, עמ' 196-198. הדברים שלהלן מבוססים על מאמרו של ר"א סמט, "ויברח אבשלום... ואבשלום ברח... ואבשלום ברח", **מגדים** יא תש"ן, עמ' 63-72.
18. כידוע, בדמויות חיוביות מרכזיות רבות בתנ"ך מצוין יופי מיוחד: הן בנשים – כמו שרה (בראשית י"ב, יא), רבקה (שם כ"ד, טז), רחל (שם כ"ט, יז) ואביגיל (שמ"א כ"ה, ג); הן באנשים – כגון דוד עצמו (שמ"א ט"ז, יב) ויוסף (בראשית ל"ט, ו).

זה הוא ההסבר של המקרא ליחסו המיוחד של דוד לבן הזה והתשובה לכל השאלות ששאלנו. אכן, זהו יחס חריג, סבוך וטרגי, ובעטיו ניחתו על דוד צרות רבות. אבל צירוף ההנחה שהמקרא לא יותיר אותנו ללא הסבר ליחסו של דוד לאבשלום עם התיאור החריג כל כך ליופיו מביא למסקנה שיחסו של דוד לאבשלום אכן נבע מיופי זה, ומשום כך קטע המקרא את רצף הסיפור בתיאור יופי נדיר זה.

אם כנים הדברים, כי אז יש בפרקנו המשך ישיר לתופעה זו: ״וְלֹא עֲצָבוֹ אָבִיו מִיָּמָיו לֵאמֹר מַדּוּעַ כָּכָה עָשִׂיתָ **וְגַם הוּא טוֹב תֹּאַר מְאֹד** וְאֹתוֹ יָלְדָה אַחֲרֵי אַבְשָׁלוֹם״. אין ספק שהייתור ״וגם״ מוסב אף הוא על אבשלום, ומתברר שגם יחסו הסלחני של דוד לאדוניהו נבע מיופיו המיוחד של זה.

בניתוח פסוקי הפתיחה עמדנו על סיבה אחת לעמדתו הפסיבית של דוד כלפי המלכת אדוניהו: חולשתו הפיזית הגדולה, שנבעה, כפי שראינו, ממצוקה רוחנית. כאן עמדנו על סיבה אחרת: יחסו המיוחד לאדוניהו, שנבע כנראה מאותה תכונה משותפת שהייתה לו עם אבשלום – יופי חיצוני יוצא דופן, שהיה עשוי להטעות בדבר אופיים הפנימי.

ד. בין דוד לבת שבע

כאמור, דוד לא הגיב על מעשיו של אדוניה בן חגית. אבל היה אדם אחר שלא יכול עוד להבליג על מעשים אלו:

(יא) וַיֹּאמֶר נָתָן אֶל בַּת שֶׁבַע אֵם שְׁלֹמֹה לֵאמֹר הֲלוֹא שָׁמַעַתְּ כִּי
מָלַךְ אֲדֹנִיָּהוּ בֶן חַגִּית וַאֲדֹנֵינוּ דָוִד לֹא יָדָע: (יב) וְעַתָּה לְכִי אִיעָצֵךְ
נָא עֵצָה וּמַלְּטִי אֶת נַפְשֵׁךְ וְאֶת נֶפֶשׁ בְּנֵךְ שְׁלֹמֹה:

נתן מחליט לשתף את בת שבע בדרך לשכנע את דוד המלך לעצור את אדוניהו ולהביא להמלכתו של שלמה.

אזכורם של בת שבע ושלמה מפתיע במקצת. מאז סופר על

הולדת שלמה, לאחר נישואי בת שבע לדוד בסוף פרשת החטא הטרגית (שמ"ב י"ב, כד), לא נזכרו השניים כלל, ופתאום אנו שבים ופוגשים בהם כאן! האם מקרה הוא, או שמא שתיקה מתמשכת זו מבטאת משהו מיחסו של דוד אליהם?

כדי לענות על שאלה זו עלינו לשוב ולעיין בקצרה בסיפור נישואיה של בת שבע לדוד.[19] בתוך סבך החטאים שנפל בהם דוד בפרשת בת שבע, יש קרן אור אחת המעידה על גדלותו גם בשעה הקשה בחייו, והיא תחושת האחריות שלו כלפי בת שבע. אחריות זו החלה כבר כששלחה בת שבע לדוד: "הָרָה אָנֹכִי" (שם י"א, ה). דוד אינו מגיב בתגובה הטבעית, ככל הנראה, של כל מלך אחר באותה תקופה; הוא אינו מתעלם מפנייתה, אלא מנסה לעזור לה בהבאתו של אוריה החתי לירושלים. אין ספק שמבחינת דוד היה סיבוך זה מיותר; החטא החד־פעמי היה אמור להסתיים בשיבת בת שבע אל ביתה. התחושה של דוד שעליו להגן על בת שבע לא נבעה מאינטרס אישי, שהרי סביר להניח שדוד יכול להתנער ממנה לחלוטין, וחזקה על עבדיו שהיו משתפים עמו פעולה. רצון זה הביא את דוד לחטא חמור אחר – שליחת אוריה החתי אל מותו, משנכשל הניסיון לטשטש את החטא הראשון. אבל לאחר מותו של אוריה שוב קיבל דוד אחריות כלפי בת שבע. הוא לא הותיר אותה לבדה, כאלמנה ההרה שלא לבעלה, אלא הביאהּ לביתו: "וַיַּעֲבֹר הָאֵבֶל וַיִּשְׁלַח דָּוִד וַיַּאַסְפָהּ אֶל בֵּיתוֹ וַתְּהִי לוֹ לְאִשָּׁה וַתֵּלֶד לוֹ בֵּן" (שם י"א, כז). מתיאור זה עולה שהבאת בת שבע לביתו של דוד הייתה מעשה חסד, ולא ניצול ציני של מותו המכוון של אוריה.[20]

הבנה זו מאירה את יחסו של דוד לבת שבע באור אחר. הדברים מתקשרים להתנהגותו התמוהה של דוד לאחר שנולד בנו מבת שבע, שנגזר דינו למוות. בעוד הילד חי, התפלל דוד בכל מאודו שהנער

19. ראו בהרחבה **שמואל ב' – מלכות דוד**, עמ' 144-147.

20. כך נראה מהופעות אחרות של הצירוף 'לאסוף אל הבית' במקרא, כגון: "וְאֵין אִישׁ מְאַסֵּף אוֹתָם הַבַּיְתָה לָלוּן" (שופטים י"ט, טו).

יחיה: ״וַיְבַקֵּשׁ דָּוִד אֶת הָאֱלֹהִים בְּעַד הַנָּעַר וַיָּצָם דָּוִד צוֹם וּבָא וְלָן וְשָׁכַב אָרְצָה. וַיָּקֻמוּ זִקְנֵי בֵיתוֹ עָלָיו לַהֲקִימוֹ מִן הָאָרֶץ וְלֹא אָבָה וְלֹא בָרָא אִתָּם לָחֶם״ (שם י״ב, טז-יז). בשל התנהגות זו חששו עבדי דוד להודיע לו שבסופו של דבר לא הועילו בקשותיו, והילד מת. אך למרבה ההפתעה, דוד הגיב על בשורת מות בנו בהיפוך גמור של מנהגו לפניה: ״וַיָּקָם דָּוִד מֵהָאָרֶץ וַיִּרְחַץ וַיָּסֶךְ וַיְחַלֵּף שִׂמְלֹתָו וַיָּבֹא בֵית ה׳ וַיִּשְׁתָּחוּ וַיָּבֹא אֶל בֵּיתוֹ וַיִּשְׁאַל וַיָּשִׂימוּ לוֹ לֶחֶם וַיֹּאכַל״ (שם, כ). רצף של תשעה פעלים בפסוק אחד אומר דרשני, והרושם הכללי המתקבל מן הפסוק הוא שדוד חש הקלה: הוא רוחץ; מחלף את שמלותיו, כיוסף בשעתו (בראשית מ״א, יד); ואז הולך לבית ה׳ ומשתחווה שם – ביטוי מובהק של הודיה לה׳.[21] מה פשר התנהגות זו? לעבדים המופתעים השיב דוד מה שהשיב,[22] אבל התנהגותו דורשת הסבר משמעותי יותר.

נראה שמבחינה אנושית טבעית, דוד לא חפץ באמת שהילד יחיה; לו נותר הילד בחיים, הייתה זו מזכרת עוון תמידית לחטאו הכבד. במותו של הילד הממזר, והוא בן שבעה ימים בלבד, נגולה אפוא אבן מעל לבו של דוד, והוא הודה לה׳ על שלא יישאר זכר לחטאו. ואולם, דווקא דבר זה מדגיש את מעלתו של דוד במעשיו קודם לכן, ואת הלקח מסיפור מות הילד: אף שהיה זה בניגוד לאינטרס האישי שלו, בכל זאת התפלל דוד לה׳ ועשה כל מאמץ לבטל את הגזרה. בכך הוכיח דוד שתשובתו הייתה שלמה. בשליחת אוריה למוות ביטל דוד את ערכם של חיי אדם מפני עניינו האישי, וכעת הוא מתקן את דרכו: הוא מבטא את מעלת ערכם של חיי אדם, ומתפלל על קיומו של הילד גם כשהדבר נוגד את עניינו האישי.

אם כנים דברינו, נוכל להוסיף עליהם עוד נדבך. אם אכן חש דוד הקלה עם מותו של הילד שנולד מן החטא, ייתכן שגם מבת שבע, שדוד אספה אל ביתו מתחושת אחריות, כאמור, היה דוד מסויג

21. כן מצינו בכמה מקומות, כגון בעבד אברהם (בראשית כ״ד, כו, נב), באלקנה ובעלי (שמ״א א׳, כח); ועיינו נחמיה ח׳, ו.

22. עיינו **שמואל ב׳ – מלכות דוד**, עמ׳ 156-158.

במידה מסוימת. נוכחותה של בת שבע בביתו של דוד משמשת אף היא מזכרת עוון קבועה עבורו. ואכן, מכאן ועד סוף הספר שוב אין אנו פוגשים בה. יתרה מזאת, ייתכן שמסיבה זו הסתייג דוד, ולוּ בתת־מודע, גם מבנה של בת שבע, שלמה, כמדויק מן הפסוקים המתארים את הולדתו: "וַיְנַחֵם דָּוִד אֵת בַּת שֶׁבַע אִשְׁתּוֹ וַיָּבֹא אֵלֶיהָ וַיִּשְׁכַּב עִמָּהּ וַתֵּלֶד בֵּן וַתִּקְרָא [ויקרא כתיב] אֶת שְׁמוֹ שְׁלֹמֹה וַה' אֲהֵבוֹ. וַיִּשְׁלַח בְּיַד נָתָן הַנָּבִיא וַיִּקְרָא אֶת שְׁמוֹ יְדִידְיָהּ בַּעֲבוּר ה'" (שם, כד-כה).

בת שבע היא הקוראת בשמו של שלמה (על פי הקרי), ואף הקב"ה נותן לו שם, אבל דוד נעדר משם. זאת ועוד, בפסוק נאמר "וַה' אֲהֵבוֹ", וקשה שלא להיזכר בפסוק אחר המסתיים בלשון דומה: "יֶשׁ לָנוּ אָב זָקֵן וְיֶלֶד זְקֻנִים קָטָן וְאָחִיו מֵת וַיִּוָּתֵר הוּא לְבַדּוֹ לְאִמּוֹ **וְאָבִיו אֲהֵבוֹ**" (בראשית מ"ד, כ). הניגוד בין שני הפסוקים בולט: הכתוב אינו מזכיר בדוד לשון אהבה כלפי שלמה בנו. בת שבע ובנה מזכירים בעצם נוכחותם את הנסיבות שבגינן הגיעו לביתו של דוד, וניתן להבין מדוע חש דוד שלא בנוח במחיצתם.

תחושה זו מתעצמת בפסוקים הבאים בפרקנו. בת שבע קיבלה את הצעתו של נתן:

> (טו) וַתָּבֹא בַת שֶׁבַע אֶל הַמֶּלֶךְ הַחַדְרָה וְהַמֶּלֶךְ זָקֵן מְאֹד וַאֲבִישַׁג הַשּׁוּנַמִּית מְשָׁרַת אֶת הַמֶּלֶךְ: (טז) וַתִּקֹּד בַּת שֶׁבַע וַתִּשְׁתַּחוּ לַמֶּלֶךְ וַיֹּאמֶר הַמֶּלֶךְ מַה לָּךְ:

למה נזכרת כאן אבישג, שאינה מופיעה כלל בהמשך הפרק? דומה שהדבר בא להמחיש את הניגוד בין בת שבע, שנדרשת לבוא אל המלך ולהשתחוות לו, לבין אבישג השונמית, השוהה עם המלך בחדרו. גם תגובתו של דוד – "מַה לָּךְ" – היא תגובה קרירה, ואינה מסבירת פנים.[23]

23. ניתן להבחין בין שני סוגים של מענה לבקשה במילים "מה לך". כאשר האדם שפנו אליו רואה את הפונה בחיוב, הוא מציין את שמו הפרטי, כגון: "וַיִּקְרָא

דברים אלו משלימים את התשובה לשאלה מדוע שתק דוד אל מול מעשיו של אדוניהו, ולא מיהר להמליך את שלמה. מלבד חולשתו הנפשית והפיזית ומלבד החיבה שרחש לאדוניהו, הייתה לדוד הסתייגות מסוימת מבת שבע ומשלמה, שגרמה לו להרחיק את נוכחותם בסביבתו. שלושת הגורמים הללו הם אפוא התשובה המלאה לשאלה שבה פתחנו את עיוננו בפרק זה, ומבארים היטב את פשר התנהגותו של דוד.

ה. השבועה

נעבור עתה לבחון את הצעתו של נתן הנביא לבת שבע:

(יג) לְכִי וּבֹאִי אֶל הַמֶּלֶךְ דָּוִד וְאָמַרְתְּ אֵלָיו הֲלֹא אַתָּה אֲדֹנִי הַמֶּלֶךְ
נִשְׁבַּעְתָּ לַאֲמָתְךָ לֵאמֹר כִּי שְׁלֹמֹה בְנֵךְ יִמְלֹךְ אַחֲרַי וְהוּא יֵשֵׁב עַל
כִּסְאִי וּמַדּוּעַ מָלַךְ אֲדֹנִיָּהוּ: (יד) הִנֵּה עוֹדָךְ מְדַבֶּרֶת שָׁם עִם הַמֶּלֶךְ
וַאֲנִי אָבוֹא אַחֲרַיִךְ וּמִלֵּאתִי אֶת דְּבָרָיִךְ:

תכניתו של נתן היא להפעיל על דוד לחץ כפול כי עליו לנקוט עמדה כנגד מעשיו של אדוניהו, וכי עליו לעשות זאת בדחיפות. את זה מבקש נתן להשיג על ידי הופעה מתוזמנת היטב – אך נראית כמקרית – של בת שבע תחילה, ואחר כך של נתן, שיחרה יחזיק אחריה.

מַלְאַךְ אֱלֹהִים אֶל הָגָר מִן הַשָּׁמַיִם וַיֹּאמֶר לָהּ **מַה לָּךְ הָגָר** אַל תִּירְאִי" (בראשית כ"א, יז); "וַיֹּאמֶר לָהּ הַמֶּלֶךְ **מַה לָּךְ אֶסְתֵּר הַמַּלְכָּה** וּמַה בַּקָּשָׁתֵךְ עַד חֲצִי הַמַּלְכוּת וְיִנָּתֵן לָךְ" (אסתר ה', ג). לעומת זאת, כשאין שמו של הפונה נזכר, מתקבל הרושם שהפונה מטריד את זה שאליו פנה, ואין דעתו של הלה נוחה מן הפנייה, כגון: "וַיְהִי מֶלֶךְ יִשְׂרָאֵל עֹבֵר עַל הַחֹמָה וְאִשָּׁה צָעֲקָה אֵלָיו לֵאמֹר הוֹשִׁיעָה אֲדֹנִי הַמֶּלֶךְ. וַיֹּאמֶר אַל יוֹשִׁעֵךְ ה' מֵאַיִן אוֹשִׁיעֵךְ הֲמִן הַגֹּרֶן אוֹ מִן הַיָּקֶב. וַיֹּאמֶר לָהּ הַמֶּלֶךְ **מַה לָּךְ**" (מל"ב ו', כו-כח); ועיינו עוד יהושע ט"ו, יח; שופטים י"ח, כג; שמ"ב י"ד, ה. העדר שמה של בת שבע מן המשפט "מה לך" עשוי אפוא ללמד על העדר חיבה של דוד לבת שבע.

ואולם, השאלה המרכזית בעניין תכנית זו נוגעת לדברי נתן לבת שבע להזכיר את השבועה שנשבע לה דוד ששלמה בנו יֵשב על כסאו. באיזו שבועה מדובר? וכי היכן מצינו שדוד נשבע לבת שבע ששלמה ימלוך אחריו?![24]

אכן, יש מן החוקרים שסברו ששבועה זו לא הייתה ולא נבראה, ונתן הערים על דוד וניצל את זקנתו וחולשתו כדי לשכנע אותו כאילו באמת נשבע כך.

ברם, טענה זו איננה מתקבלת על הדעת, משלוש סיבות. ראשית, אין במקרא רמז שחולשתו של דוד חרגה מהתחום הפיזי לתחום המנטלי,[25] ועל פי התנהגותו בהמשך הספר, קשה להאמין שהיה קל כל כך להערים עליו. בצוואתו לשלמה דוד זוכר היטב מי פגע בו ומי סייע לו, וקשה להניח שהיה אפשר להערים עליו בנושא כה משמעותי. שנית, מן הסיפור נראה שייעודו של שלמה למלכות היה ידוע גם לאחרים, ובראשם אדוניהו. רק כך ניתן להבין מדוע הזמין אדוניהו את כל אחיו מלבד שלמה, ומה עומד מאחרי האזהרה של נתן לבת שבע "וּמַלְּטִי אֶת נַפְשֵׁךְ וְאֶת נֶפֶשׁ בְּנֵךְ שְׁלֹמֹה"; ברור מכאן, שאדוניהו ראה בשלמה לבדו סכנה למלכותו. ושלישית, אין זה מסתבר שנתן הנביא יציע לבת שבע לשקר לדוד בגלוי, בלא שום ביקורת של המקרא על כך; ולוּ רצה נתן לגרום להמלכת שלמה בכל מחיר, היה יכול לפנות לדוד ישירות בשם ה' ולומר לו ששלמה הוא המלך המיועד.

24. רד"ק כתב: "ולמה נשבע לה? אמרו, כי כשמת הילד אמרה בת שבע: הילד מת מפני העוון, אפילו יהיה לי ממך בן של קיימא יבוזו אותו אחיו מפני שבאתי אליך בעוון מתחילה, ולא רצתה להיזקק לו עד שנשבע לה כי הבן שיהיה לו ממנה ראשונה ימלוך אחריו, ואמר לה כי על פי הנבואה נאמר לו זה". דבריו מבוססים על שמ"ב י"ב, כד-כה: "וַיְנַחֵם דָּוִד אֵת בַּת שֶׁבַע אִשְׁתּוֹ וַיָּבֹא אֵלֶיהָ וַיִּשְׁכַּב עִמָּהּ וַתֵּלֶד בֵּן וַתִּקְרָא אֶת שְׁמוֹ שְׁלֹמֹה וַה' אֲהֵבוֹ. וַיִּשְׁלַח בְּיַד נָתָן הַנָּבִיא וַיִּקְרָא אֶת שְׁמוֹ יְדִידְיָהּ בַּעֲבוּר ה'". עם זאת, לא נאמר שם בפירוש שדוד נשבע לבת שבע או שהקב"ה בחר בשלמה למלך.

25. באופן כללי, זקנה מתאפיינת במקרא בחוכמה, ואין רמז לפגיעה ביכולת השכלית בתקופה זו.

נראה אפוא, שדוד אכן נשבע כך לבת שבע, הגם שלא סופר על כך קודם לכן. התופעה של ׳השלמת העבר׳ מוכרת במקרא, ולא פעם אנו קוראים על התרחשותם של אירועים מסוימים לאו דווקא בסיפור המרכזי שאירע באותו זמן, אלא בשלב מאוחר יותר.[26] אכן, בכל מקרה כזה מן הראוי לשאול מדוע באמת סופרו הדברים בדרך זו.

כדי לענות על שאלה זו, נציג דוגמה אחת לתופעה זו, שההסבר לה מתאים בעיקרון גם לפרקנו. כשלקח יוסף את שמעון ודרש מאחיו להביא אליו את בנימין, אמרו האחים איש אל רעהו: ״אֲבָל אֲשֵׁמִים אֲנַחְנוּ עַל אָחִינוּ אֲשֶׁר רָאִינוּ צָרַת נַפְשׁוֹ **בְּהִתְחַנְנוֹ אֵלֵינוּ וְלֹא שָׁמָעְנוּ** עַל כֵּן בָּאָה אֵלֵינוּ הַצָּרָה הַזֹּאת״ (בראשית מ״ב, כא). זעקתו של יוסף אל אחיו לא נזכרה בסיפור עצמו (בראשית ל״ז), וכבר עמד על כך רמב״ן שם: ״והכתוב לא סיפר זה שם, או מפני שהדבר ידוע בטבע כי יתחנן אדם לאחיו בבואו לידם להרע לו וישביעם בחיי אביהם ויעשה כל אשר יוכל להציל נפשו ממות, או שירצה הכתוב לקצר בסורחנם, או מדרך הכתובים שמקצרים במקום אחד ומאריכים בו במקום אחר״. מאיר וייס[27] הסביר יפה מדוע נזכר בכיו של יוסף רק כעת, ולא קודם לכן: ״דווקא באמצעות השלמה של פרט שלא היה ידוע עד כה, נותנת לנו ה׳הבטה לאחור׳ הזדמנות לחדור במבטנו אל מצפונם של האחים. היא מאפשרת לנו לעמוד על כך שהאחים רואים בצרתם בהווה גמול על צרת יוסף בעבר. תחנוני האח, יותר משהם עולים מתוך הבור, הם עולים מתוך לבם של האחים שנשתנה עכשיו... אין הכוונה להשלים נתון מנבכי העבר אלא להוסיף ממד של עומק לסיפור המתרחש בהווה. מה שצף ועולה בתודעת האחים ובזיכרונם ממעמקי העבר אינו עוד התרחשות חיצונית שחלפה, אלא חוויה פנימית בהווה״.

דומה שדברים דומים ניתן לומר בעניין שבועתו של דוד לבת

26. כגון בדברי יעקב לנשותיו: ״וַאֲבִיכֶן הֵתֶל בִּי וְהֶחֱלִף אֶת מַשְׂכֻּרְתִּי עֲשֶׂרֶת מֹנִים״ (בראשית ל״א, ז) — דבר שאין לו שום רמז קודם לכן, וכפי שציין רמב״ן שם: ״זה היה אמת, ואם לא ספרו הכתוב מתחלה... וכזה במקומות רבים בתורה״.

27. בספרו **מקראות ככוונתם**, ירושלים תשמ״ח, עמ׳ 330–331.

שבע הנזכרת כאן. עמדנו עד עתה על הסיבות השונות שבעטיין נמנע דוד מלפעול להמלכת שלמה, ואף שתק אל מול כוונותיו הברורות של אדוניהו: חולשתו הפיזית והנפשית, נטייתו הרגשית החיובית כלפי אדוניהו יפה התואר והסתייגותו מבת שבע ומשלמה, שהיו מזכרת עוון תמידית לחטאו. נראה שכל אלו גרמו לדוד להדחיק ממחשבתו את שבועתו לבת שבע, ומשום כך התעלם ממעשיו של אדוניהו, שעמדו בניגוד לשבועה זו. כעת נדרש דוד לעבור מסלול דומה למסלול שעברו אחי יוסף: להיזכר – במשמעות של הפנמה ודרבון – במחויבותו לבת שבע ולשלמה, למרות כל המכשולים העומדים לפניו.

ו. דברי בת שבע ודברי נתן

כשהגיעה שעתה של בת שבע לדבר עם דוד, היא פונה אליו בלשון זו:

(יז) וַתֹּאמֶר לוֹ אֲדֹנִי אַתָּה נִשְׁבַּעְתָּ בַּה' אֱלֹהֶיךָ לַאֲמָתֶךָ כִּי שְׁלֹמֹה
בְנֵךְ יִמְלֹךְ אַחֲרָי וְהוּא יֵשֵׁב עַל כִּסְאִי: (יח) וְעַתָּה הִנֵּה אֲדֹנִיָּה מָלָךְ
וְעַתָּה[28] אֲדֹנִי הַמֶּלֶךְ לֹא יָדָעְתָּ: (יט) וַיִּזְבַּח שׁוֹר וּמְרִיא וְצֹאן לָרֹב
וַיִּקְרָא לְכָל בְּנֵי הַמֶּלֶךְ וּלְאֶבְיָתָר הַכֹּהֵן וּלְיֹאָב שַׂר הַצָּבָא וְלִשְׁלֹמֹה

28. מתרגום יונתן נראה שבמקום הופעתה השנייה של המילה "ועתה" גרס 'ואתה': "**וכען** הא אדניה מלך **ואת** רבוני מלכא לא ידעתא" (אמנם בנוסח התרגום שבמהדורת 'הכתר' גם ה"ועתה" השני מתורגם "וכען"). גם מפירוש ר"י אברבנאל נראה שעמדה לפניו הגִרסה 'ואתה'. וכן כתב בעל **מנחת שי**: "בספר אחד ישן מצאתי כתוב 'ואתה', וכן תרגם יונתן...".
נוסח זה אמנם נראה מתאים יותר לתוכן ולהקשר. אך בהמשך דבריו מביא **המנחת שי** את דברי רד"ק כאן: "רבים מהסופרים טעו בזאת המלה וכתבו אותה באל"ף לפי שהוא קרוב לענין, אבל ברור הוא אצלינו כי הוא 'ועתה' בעי"ן מפי ספרים המדוייקים ומפי המסורת". ועוד ציין המנחת שי להערת מסורה המזהירה מפני הגִרסה 'ואתה': "ג' סבירין 'אתה' וקרינן 'עתה' ומטעין ביה" [כלומר בשלושה מקומות במקרא (וזה אחד מהם) יש טועים וגורסים 'אתה' במקום 'עתה' מפני שגִרסה זו נראית סבירה יותר].

עַבְדְּךָ לֹא קָרָא: (כ) וְאַתָּה[29] אֲדֹנִי הַמֶּלֶךְ עֵינֵי כָל יִשְׂרָאֵל עָלֶיךָ
לְהַגִּיד לָהֶם מִי יֵשֵׁב עַל כִּסֵּא אֲדֹנִי הַמֶּלֶךְ אַחֲרָיו: (כא) וְהָיָה כִּשְׁכַב
אֲדֹנִי הַמֶּלֶךְ עִם אֲבֹתָיו וְהָיִיתִי אֲנִי וּבְנִי שְׁלֹמֹה חַטָּאִים:[30]

דברים אלו שונים למדיי ממה ששם נתן בפיה קודם לכן: "וְאָמַרְתְּ אֵלָיו הֲלֹא אַתָּה אֲדֹנִי הַמֶּלֶךְ נִשְׁבַּעְתָּ לַאֲמָתְךָ לֵאמֹר כִּי שְׁלֹמֹה בְנֵךְ יִמְלֹךְ אַחֲרַי וְהוּא יֵשֵׁב עַל כִּסְאִי וּמַדּוּעַ מָלַךְ אֲדֹנִיָּהוּ". נעמוד על כמה שינויים והוספות שעשתה בת שבע:

א. על מנת לחזק את המחויבות של דוד לשבועה, הוסיפה בת שבע: "אַתָּה נִשְׁבַּעְתָּ בַּה׳ אֱלֹהֶיךָ לַאֲמָתֶךָ". הוספת שם ה׳ לחיזוק ולהדגשה מוכרת לנו ממקום אחר: יצחק אמר לעשו "וְהָבִיאָה לִּי וְאֹכֵלָה בַּעֲבוּר תְּבָרֶכְךָ נַפְשִׁי בְּטֶרֶם אָמוּת" (בראשית כ"ז, ד); אבל כשרבקה מספרת על כך ליעקב היא מוסיפה את שם ה׳ – "הָבִיאָה לִּי צַיִד וַעֲשֵׂה לִי מַטְעַמִּים וְאֹכֵלָה וַאֲבָרֶכְכָה לִפְנֵי ה׳ לִפְנֵי מוֹתִי" – על מנת לדרבן את יעקב לפעול.
ב. נתן אומר לבת שבע לטעון כלפי דוד: "וּמַדּוּעַ מָלַךְ אֲדֹנִיָּהוּ" – משמע שהמלכת אדוניהו הייתה בידיעתו של דוד. ואילו בת שבע נוקטת סגנון מתון, המניח שדוד לא ידע מכך: "וְעַתָּה הִנֵּה אֲדֹנִיָּה מָלָךְ וְעַתָּה אֲדֹנִי הַמֶּלֶךְ לֹא יָדָעְתָּ". כך היא יוצרת בדוד תחושת שותפות, ואינה תוקפת אותו באופן שעלול לגרום לו להגיב בהתגוננות.
ג. בת שבע מזכירה את יואב ואת אביתר – שתי הדמויות שדוד דחה מעל פניו, והצטרפו כעת להמלכת אדוניהו – כדי לחזק בדוד את

29. כאן תרגם יונתן "וכען" – משמע שגרס 'ועתה' (וגם כאן נוסח התרגום שבמהדורת 'הכתר' תואם לנוסח המסורה: "ואת"). ואף כאן העיר רד"ק: "זהו 'ואתה' באל"ף, וטועים בו בעי"ן, לפי שהענין יותר קרוב".
30. כלומר היא ושלמה ייחשבו פושעים, ועל כן ייפגעו ("חַטָּאִים"=פושעים, כמו: "וְאַנְשֵׁי סְדֹם רָעִים וְחַטָּאִים לַה׳ מְאֹד" [בראשית י"ג, יג]; "אַשְׁרֵי הָאִישׁ אֲשֶׁר לֹא הָלַךְ בַּעֲצַת רְשָׁעִים וּבְדֶרֶךְ חַטָּאִים לֹא עָמָד" [תהילים א׳, א]; ועוד).

ההסתייגות מאדוניהו. ועוד היא מוסיפה שאדוניהו לא זימן את שלמה, ובכך יוצרת ניגוד וחציצה בין שלמה לבין מחנה אדוניהו.

ד. בת שבע מוסיפה דבר שלא נאמר כלל עד כה: "עֵינֵי כָל יִשְׂרָאֵל עָלֶיךָ לְהַגִּיד לָהֶם מִי יֵשֵׁב עַל כִּסֵּא אֲדֹנִי הַמֶּלֶךְ אַחֲרָיו". רוצה לומר: דוד אינו יכול להמשיך להיות פסיבי ובלתי־מעורב, שהרי כל ישראל מצפים להחלטתו, ולכן העדר תגובה למעשיו של אדוניהו משמעה הכרעה בעד המלכתו.

ה. בת שבע מדגישה את הסכנה האורבת לה ואת הזיקה המיוחדת לשלמה ("וְלִשְׁלֹמֹה עַבְדְּךָ לֹא קָרָא"; "וְהָיִיתִי אֲנִי וּבְנִי שְׁלֹמֹה חַטָּאִים"), ובכך היא מבקשת לומר ששתיקה לאדוניהו כעת אינה רק פגיעה בשבועה, אלא גם סיכון של חייה ושל חיי שלמה.

הוספות אלו מעידות על חוכמתה של בת שבע. אין היא משננת את דבריו של נתן וחוזרת עליהם כפי שנאמרו, אלא היא נוקטת אמצעים שונים להגביר את הפוטנציאל של הדברים להשפיע על דוד. דבריה האחרונים, המדגישים את הפן האישי והמחויבות המוסרית של דוד כלפיה, מזכירים במידה רבה את פנייתה הראשונה של בת שבע לדוד, בשעה ששלחה לו את הידיעה: "הָרָה אָנֹכִי" (שמ"ב י"א, ה). כאז כן עתה, נדרש דוד להכרעה מוסרית הנוגעת למחויבותו כלפי בת שבע.

כעת מגיע נתן הנביא:

(כב) וְהִנֵּה עוֹדֶנָּה מְדַבֶּרֶת עִם הַמֶּלֶךְ וְנָתָן הַנָּבִיא בָּא:[31] (כג) וַיַּגִּידוּ לַמֶּלֶךְ לֵאמֹר הִנֵּה נָתָן הַנָּבִיא וַיָּבֹא לִפְנֵי הַמֶּלֶךְ וַיִּשְׁתַּחוּ לַמֶּלֶךְ עַל אַפָּיו אָרְצָה:

אין הכתוב מזכיר שבת שבע יוצאת, אך הדבר מובן מן ההמשך, שכן לאחר שסיים נתן את דבריו, קרא דוד לבת שבע (פס' כח). סביר להניח, שלא היה זה ראוי שתהיה בת שבע נוכחת בשעת השיחה בין

31. כהבטחתו (לעיל פס' יד): "הִנֵּה עוֹדָךְ מְדַבֶּרֶת שָׁם עִם הַמֶּלֶךְ וַאֲנִי אָבוֹא אַחֲרַיִךְ".

המלך והנביא. השתחווייתו של נתן היא רמז מקדים שהוא בא לפני דוד בבקשה, ולא בתוכחה. הדבר בולט כשמשווים את בואו לדוד כאן לבואו אליו לאחר פרשת בת שבע: ״וַיִּשְׁלַח ה׳ אֶת נָתָן אֶל דָּוִד וַיָּבֹא אֵלָיו וַיֹּאמֶר לוֹ שְׁנֵי אֲנָשִׁים הָיוּ בְּעִיר אֶחָת...״ (שמ״ב י״ב, א); שם לא נזכרה שום פעולה המבטאת כבוד כלפי המלך.

נתן מתאר את המלכת אדוניהו מנקודת המבט שלו:

(כד) וַיֹּאמֶר נָתָן אֲדֹנִי הַמֶּלֶךְ אַתָּה אָמַרְתָּ[32] אֲדֹנִיָּהוּ יִמְלֹךְ אַחֲרָי
וְהוּא יֵשֵׁב עַל כִּסְאִי: (כה) כִּי יָרַד הַיּוֹם וַיִּזְבַּח שׁוֹר וּמְרִיא וְצֹאן
לָרֹב וַיִּקְרָא לְכָל בְּנֵי הַמֶּלֶךְ וּלְשָׂרֵי הַצָּבָא וּלְאֶבְיָתָר הַכֹּהֵן וְהִנָּם
אֹכְלִים וְשֹׁתִים לְפָנָיו וַיֹּאמְרוּ יְחִי הַמֶּלֶךְ אֲדֹנִיָּהוּ: (כו) וְלִי אֲנִי
עַבְדֶּךָ וּלְצָדֹק הַכֹּהֵן[33] וְלִבְנָיָהוּ בֶן יְהוֹיָדָע וְלִשְׁלֹמֹה עַבְדְּךָ לֹא קָרָא:
(כז) אִם מֵאֵת אֲדֹנִי הַמֶּלֶךְ נִהְיָה הַדָּבָר הַזֶּה וְלֹא הוֹדַעְתָּ אֶת עַבְדְּךָ
מִי יֵשֵׁב עַל כִּסֵּא אֲדֹנִי הַמֶּלֶךְ אַחֲרָיו:

האסטרטגיה של נתן שונה מהותית מן האסטרטגיה של בת שבע. בת שבע מניחה שדוד לא ידע מכל הסיפור, ואילו נתן בונה את טענתו על ההנחה שדוד יודע. הדגש בדבריו הוא בהפתעתו שדוד לא שיתף אותו, כביכול, בהחלטה החשובה להמליך את אדוניהו, ואף אדוניהו לא קרא לו ולנאמני דוד. לפי תיאורו, נרקמה מאחרי גבו מעין קונספירציה.

נתן איננו מזכיר את השבועה, שנאמרה, כנראה, במעמד אינטימי בין דוד ובת שבע, ונתן לא היה אמור לדעת על קיומה. נתן גם אינו מזכיר את יואב; דומה שבעולמו של נתן חשובה יותר דמותו של

32. על פי פשוטה זוהי שאלה: ׳האם אתה אמרת?׳. אבל השמטת ה״א השאלה עשויה ללמד, שנתן הנביא אמר זאת בהנגנה שניתן להבינה: ׳מן הסתם אתה אמרת...׳, ואם כן, יש כאן למעשה רמז לטענה כלפי דוד, ולא רק שאלה סתמית.

33. לעיל בפס׳ י, המונה את האנשים שאדוניהו לא הזמין, הוזכרו רק נתן, בניהו ושלמה, אך לא צדוק הכוהן. אמנם הוא נזכר בפס׳ ח, בין האנשים ש״לא היו עם אדניהו״.

אביתר, המבטאת סמכות דתית, ואילו יואב, שר הצבא, איננו קשור ישירות לעולמו. נתן גם מוסיף את התיאור המקומם: "וְהִנָּם אֹכְלִים וְשֹׁתִים לְפָנָיו וַיֹּאמְרוּ יְחִי הַמֶּלֶךְ אֲדֹנִיָּהוּ". תיאור זה לא נזכר קודם לכן בכתוב; ושמא נתן, שהגיע לאחר בת שבע, התעדכן בינתיים באירועים, וידע דברים שבת שבע לא ידעה על אודותם בבואה אל דוד. עוד יש להוסיף, שהן נתן הן בת שבע מכנים את שלמה: "עבדך".

נתן ובת שבע פועלים אפוא במשותף, אבל מבחינת דוד, כל אחד מהם פוגע בנקודה אחרת. בת שבע הציבה בפני דוד את שבועתו, ואילו נתן טען, למעשה, שדוד לא התייעץ עמו בעניין יורש העצר. עם זאת, נתן לא העלה בפני דוד את הטענה שה' הוא שבחר בשלמה, ושמסיבה זו, מעל כל חשבון אחר, עליו להמליך את שלמה. מסתבר שנתן ביקש לגרום לדוד להמליך את שלמה מכוח שבועתו ומכוח מחויבותו לבת שבע, מבלי להוסיף גורמים אחרים.

ובכן, נתן ובת שבע מציבים בפני דוד אתגר: האם יצליח להתגבר על כל הקשיים שהזכרנו ולעמוד במבחן הגדול שלפניו? האם יצלח את המשימה האחרונה בתפקידו כמלך?

ז. המלכת שלמה

מן הכתוב נראה שדוד לא היסס,[34] ולא הזדקק ליותר מכך:

(כח) וַיַּעַן הַמֶּלֶךְ דָּוִד וַיֹּאמֶר קִרְאוּ לִי לְבַת שָׁבַע וַתָּבֹא לִפְנֵי הַמֶּלֶךְ וַתַּעֲמֹד לִפְנֵי הַמֶּלֶךְ: (כט) וַיִּשָּׁבַע הַמֶּלֶךְ וַיֹּאמַר חַי ה' אֲשֶׁר פָּדָה אֶת נַפְשִׁי מִכָּל צָרָה: (ל) כִּי כַּאֲשֶׁר נִשְׁבַּעְתִּי לָךְ בַּה' אֱלֹהֵי יִשְׂרָאֵל לֵאמֹר כִּי שְׁלֹמֹה בְנֵךְ יִמְלֹךְ אַחֲרַי וְהוּא יֵשֵׁב עַל כִּסְאִי תַּחְתָּי כִּי כֵּן אֶעֱשֶׂה הַיּוֹם הַזֶּה:

34. בכתר ארם צובה (עיינו תנ"ך מהדורת ברויאר [לעומת מהדורת קורן]) יש כאן פִּסקה. ייתכן שפִּסקה זו מרמזת כי דוד המתין זמן מה בטרם החליט.

דוד מחזיר את בת שבע לחדרו, ובניסוח המעיד על חגיגיות המעמד נשבע שנית ששלמה ישב על כיסאו. המקרא מדגיש, שאת ההכרעה דוד מקבל כלפי המחויבות המוסרית שלו לבת שבע. דוד איננו מתייחס כלל לדבריו של נתן, שהם כשלעצמם לא הוסיפו לו מידע שלא היה ידוע לו. הוא פונה לבת שבע בלבד, ובכך מדגיש שרק מחויבותו כלפיה היא שמביאה אותו כעת לשנות את דרכו. החיזוק בשבועה שנייה מלמד שדוד נשבע מתוך מודעות מלאה וקבלת אחריות על שבועה זו, נוסף על מה שהיה בשבועה הקודמת.

במפתיע, דוד מוסיף היבט שלא היה קיים קודם לכן, ואף לא התבקש מאת בת שבע ונתן: דוד מתחייב לא רק להודיע מי היורש שיירש את המלוכה – כדברי בת שבע "עֵינֵי כָל יִשְׂרָאֵל עָלֶיךָ לְהַגִּיד לָהֶם מִי יֵשֵׁב עַל כִּסֵּא אֲדֹנִי הַמֶּלֶךְ **אַחֲרָיו**" – אלא גם שיורש זה ייכנס לתפקידו עוד בחיי דוד, ודבר זה יקרה כבר היום: "כִּי שְׁלֹמֹה בְנֵךְ יִמְלֹךְ אַחֲרַי וְהוּא יֵשֵׁב עַל כִּסְאִי **תַּחְתָּי** כִּי כֵּן אֶעֱשֶׂה הַיּוֹם הַזֶּה". בכך הראה דוד כי הוא מבין שעליו לפעול במהירות על מנת למנוע את האפשרות שלאחר מותו ישתלטו אדוניהו ותומכיו על המלוכה בכוח. בכך מבטא דוד מחויבות עמוקה ביותר לשבועתו, ועומד היטב במבחן האחרון של חייו.

תגובתה של בת שבע היא:

(לא) וַתִּקֹּד בַּת שֶׁבַע אַפַּיִם אֶרֶץ וַתִּשְׁתַּחוּ לַמֶּלֶךְ וַתֹּאמֶר יְחִי אֲדֹנִי הַמֶּלֶךְ דָּוִד לְעֹלָם:

דומה שבזה ביקשה בת שבע להדגיש את הניגוד שבינה, כנאמנה לדוד, לבין תומכיו של אדוניהו, שאמרו: "יְחִי הַמֶּלֶךְ אֲדֹנִיָּהוּ" (פס׳ כה). בכך היא גם מתקנת את הרושם שנוצר קודם לכן בדבריה לדוד: "וְהָיָה כִּשְׁכַב אֲדֹנִי הַמֶּלֶךְ עִם אֲבֹתָיו..." (פס׳ כא). יתרה מזאת, ייתכן שברכתה באה לומר גם כי אף על פי שדוד הסכים לפרוש מן המלוכה, עדיין אין לראות בזה את סיום חייו, והיא מאחלת לו אריכות ימים גם לאחר שירד מכס המלכות.

מכאן ואילך דוד פועל באינטנסיביות רבה. הוא מתחיל בכמה הוראות, מתוך תחושת דחיפות לפעול בטרם יבסס אדוניהו את מעמדו:

(לב) וַיֹּאמֶר הַמֶּלֶךְ דָּוִד קִרְאוּ לִי לְצָדוֹק הַכֹּהֵן וּלְנָתָן הַנָּבִיא וְלִבְנָיָהוּ בֶּן יְהוֹיָדָע וַיָּבֹאוּ לִפְנֵי הַמֶּלֶךְ: (לג) וַיֹּאמֶר הַמֶּלֶךְ לָהֶם קְחוּ עִמָּכֶם אֶת עַבְדֵי אֲדֹנֵיכֶם וְהִרְכַּבְתֶּם אֶת שְׁלֹמֹה בְנִי עַל הַפִּרְדָּה אֲשֶׁר לִי[35] וְהוֹרַדְתֶּם אֹתוֹ אֶל גִּחוֹן: (לד) וּמָשַׁח אֹתוֹ שָׁם צָדוֹק הַכֹּהֵן וְנָתָן הַנָּבִיא לְמֶלֶךְ עַל יִשְׂרָאֵל וּתְקַעְתֶּם בַּשּׁוֹפָר וַאֲמַרְתֶּם יְחִי הַמֶּלֶךְ שְׁלֹמֹה: (לה) וַעֲלִיתֶם אַחֲרָיו וּבָא וְיָשַׁב עַל כִּסְאִי וְהוּא יִמְלֹךְ תַּחְתָּי וְאֹתוֹ צִוִּיתִי לִהְיוֹת נָגִיד[36] עַל יִשְׂרָאֵל וְעַל יְהוּדָה:[37]

35. פרדות שימשו כבהמות רכיבה מלכותיות, ראו שמ"ב י"ג, כט: "וַיָּקֻמוּ כָּל בְּנֵי הַמֶּלֶךְ וַיִּרְכְּבוּ אִישׁ עַל פִּרְדּוֹ וַיָּנֻסוּ". רכיבה על פרדת המלך היא ביטוי של כבוד וייעוד למלוכה (רש"י: "הוא סימן לו שימלוך ותחלת הגדולה, שאין הדיוט רוכב על סוסו של מלך"; והשווה לעצת המן להרכיב את האיש אשר המלך חפץ ביקרו על "סוס אשר רכב עליו המלך" [אסתר ו', ח]), ולכן הדגיש אותה גם יהונתן בן אביתר בדבריו להלן (פס' מד): "וַיַּרְכִּבוּ אֹתוֹ עַל פִּרְדַּת הַמֶּלֶךְ". דרך אגב נעיר, כי השימוש בפרדה כבהמת הרכיבה המלכותית נותן משמעות סמלית מיוחדת למה שאירע לאבשלום (שמ"ב י"ח, ט): "וַיִּקָּרֵא אַבְשָׁלוֹם לִפְנֵי עַבְדֵי דָוִד וְאַבְשָׁלוֹם רֹכֵב עַל הַפֶּרֶד וַיָּבֹא הַפֶּרֶד תַּחַת שׂוֹבֶךְ הָאֵלָה הַגְּדוֹלָה וַיֶּחֱזַק רֹאשׁוֹ בָאֵלָה וַיֻּתַּן בֵּין הַשָּׁמַיִם וּבֵין הָאָרֶץ וְהַפֶּרֶד אֲשֶׁר תַּחְתָּיו עָבָר"; הניתוק בין אבשלום ובין הפרד הוא ביטוי סמלי לתום מלכותו.

36. המילה "נגיד" נאמרה גם במשיחותיהם של שאול ודוד, עיינו שמ"א ט', טז; שם י', א – "וַיִּקַּח שְׁמוּאֵל אֶת פַּךְ הַשֶּׁמֶן וַיִּצֹק עַל רֹאשׁוֹ וַיִּשָּׁקֵהוּ וַיֹּאמֶר הֲלוֹא כִּי **מְשָׁחֲךָ** ה' עַל נַחֲלָתוֹ **לְנָגִיד**"; ושמ"ב ה', ב-ג – "וַיֹּאמֶר ה' לְךָ אַתָּה תִרְעֶה אֶת עַמִּי אֶת יִשְׂרָאֵל וְאַתָּה תִּהְיֶה **לְנָגִיד** עַל יִשְׂרָאֵל. וַיָּבֹאוּ כָּל זִקְנֵי יִשְׂרָאֵל אֶל הַמֶּלֶךְ חֶבְרוֹנָה וַיִּכְרֹת לָהֶם הַמֶּלֶךְ דָּוִד בְּרִית בְּחֶבְרוֹן לִפְנֵי ה' **וַיִּמְשְׁחוּ** אֶת דָּוִד לְמֶלֶךְ עַל יִשְׂרָאֵל". מסתבר (עיינו **שמואל א' – מלך בישראל**, עמ' 122), ש'נגיד' היינו 'רועה', ונקיטת תואר זה דווקא בזמן ההמלכה נועדה לומר שמלך ישראל איננו בעליו של העם, אלא הוא משמש כרועה המטפל בצאנו של בעל הבית – הלוא הוא מלך מלכי המלכים.

37. ההפרדה בין ישראל ויהודה, שלא הופיעה במשיחות של שאול ושל דוד, עשויה לרמוז לפיצול ההולך ומתקרב – במידה רבה באשמתו של שלמה, כפי שנראה בפרקים הבאים.

ראשית יש לעמוד על מילה אחת נוגעת ללב בדבריו של דוד: ״בני״. מתחילת הפרק כונה שלמה בנה של בת שבע ארבע פעמים – שלוש מהן בציטוטים משבועת דוד לה: ״כִּי שְׁלֹמֹה **בְנֵךְ** יִמְלֹךְ אַחֲרַי וְהוּא יֵשֵׁב עַל כִּסְאִי״ (פס׳ יג, יז, ל). בת שבע ונתן, בפניותיהם לדוד, כינו שניהם את שלמה: ״עבדך״ (פס׳ יט, כו). כעת, לאחר שבועתו, דוד מתייחס לשלמה לראשונה כאל ״בני״, ומכוח זה הוא ממליכו תחתיו (והדבר בולט במיוחד לאור העובדה שעשר פעמים הוא השתמש בכינוי זה ביחס לאבשלום בספר שמ״ב, ואף לא פעם אחת ביחס לבן אחר שלו).

תחילה דוד מזמן אליו שלושה אנשים: ״קִרְאוּ לִי לְצָדוֹק הַכֹּהֵן וּלְנָתָן הַנָּבִיא וְלִבְנָיָהוּ בֶּן יְהוֹיָדָע״. אך לאחר שהם מגיעים אליו, הוא מצווה אותם להוריד את שלמה אל הגיחון, ושם ימשחו אותו רק שניים מהם – צדוק ונתן. מסתבר, שהציווי הכללי נועד בראש ובראשונה לבניהו בן יהוידע, שהוא האחראי על הביצוע כולו. ואכן, בניהו הוא האיש שמשיב למלך לאחר הציווי:

> (לו) וַיַּעַן בְּנָיָהוּ בֶן יְהוֹיָדָע אֶת הַמֶּלֶךְ וַיֹּאמֶר אָמֵן כֵּן יֹאמַר ה׳ אֱלֹהֵי אֲדֹנִי הַמֶּלֶךְ: (לז) כַּאֲשֶׁר הָיָה ה׳ עִם אֲדֹנִי הַמֶּלֶךְ כֵּן יְהְיֶה עִם שְׁלֹמֹה וִיגַדֵּל אֶת כִּסְאוֹ מִכִּסֵּא אֲדֹנִי הַמֶּלֶךְ דָּוִד:

עם זאת, בניהו איננו אמור להשתתף בעצם המשיחה של שלמה למלך. זוהי פעולה דתית, ואותה יבצעו האחראים בתחום הדתי – צדוק הכוהן ונתן הנביא.

ח. משיחת שלמה

לאחר ששמעו מפי דוד את הציוויים על המלכת שלמה, עוברים השומעים לביצוע ההמלכה בפועל:

> (לח) וַיֵּרֶד צָדוֹק הַכֹּהֵן וְנָתָן הַנָּבִיא וּבְנָיָהוּ בֶּן יְהוֹיָדָע וְהַכְּרֵתִי

וְהַפְּלֵתִי[38] וַיַּרְכִּבוּ אֶת שְׁלֹמֹה עַל פִּרְדַּת הַמֶּלֶךְ דָּוִד וַיֹּלִכוּ אֹתוֹ עַל גִּחוֹן: (לט) וַיִּקַּח צָדוֹק הַכֹּהֵן אֶת קֶרֶן הַשֶּׁמֶן מִן הָאֹהֶל[39] וַיִּמְשַׁח אֶת שְׁלֹמֹה וַיִּתְקְעוּ בַּשּׁוֹפָר וַיֹּאמְרוּ כָּל הָעָם יְחִי הַמֶּלֶךְ שְׁלֹמֹה: (מ) וַיַּעֲלוּ כָל הָעָם אַחֲרָיו וְהָעָם מְחַלְּלִים בַּחֲלִלִים וּשְׂמֵחִים שִׂמְחָה גְדוֹלָה וַתִּבָּקַע הָאָרֶץ בְּקוֹלָם:[40]

בתיאור זה יש קושי. בציוויו של דוד נאמר במפורש "וּמָשַׁח אֹתוֹ שָׁם צָדוֹק הַכֹּהֵן **וְנָתָן הַנָּבִיא** לְמֶלֶךְ עַל יִשְׂרָאֵל"; אם כן, מדוע במעשה המשיחה בפועל נזכר רק צדוק הכוהן, ולא נתן? הדבר מפתיע במיוחד לאור העובדה, שבמשיחות אחרות במקרא המושח הוא תמיד הנביא:

38. רש"י הביא את תרגום יונתן, שלפיו מדובר בקשתים ובקלעים, וכן את פירוש חז"ל שהכוונה לאורים ותומים. רד"ק (בפירושו לשמ"ב ח', יח) הביא פירוש אחר: שאלו שמותיהן של שתי משפחות בישראל שהיו מקורבות למלך. על דרך הפשט מסתבר שהכוונה לגדוד של שכירי חרב נוכרים, מכרתים ומפלשת, שבניהו בן יהוידע פיקד עליו. מכל מקום, הכרתי והפלתי כבר הוכיחו את נאמנותם לדוד במהלך מרד אבשלום (שמ"ב ט"ו, יח) ומרד שבע בן בכרי (שם כ', ז).

39. סביר להניח שהכוונה לאוהל שהארון היה מונח בו, כנזכר בשמ"ב ו', יז: "וַיָּבִאוּ אֶת אֲרוֹן ה' וַיַּצִּגוּ אֹתוֹ בִּמְקוֹמוֹ בְּתוֹךְ הָאֹהֶל אֲשֶׁר נָטָה לוֹ דָּוִד". והוסיף רש"י כאן: "שהארון נתון בעיר דוד וצלוחית של שמן המשחה לפני הארון". רד"ק, לעומת זאת, סבר שהכוונה לאוהל מועד, דהיינו למשכן, "ואף על פי שאהל מועד היה בזמן ההוא בגבעון, הלך שם צדוק או שלח להביאו, ואף על פי שאמר כי צלוחית של שמן המשחה היתה נתונה לפני הארון, זה היה כשהארון היה באהל מועד, אבל כשהוציאו אותו משם למלחמת פלשתים הצלוחית וצנצנת המן הניחו שם באהל מועד ולא לקחו שם אלא הארון". פירוש זה קשה מאוד, כי אין מסתבר שהספיקו להביא את השמן מגבעון בזמן כה קצר.

40. דוד ציווה גם: "וַעֲלִיתֶם אַחֲרָיו וּבָא וְיָשַׁב עַל כִּסְאִי וְהוּא יִמְלֹךְ תַּחְתָּי" (פס' לה). אבל הקיום של ציווי זה בפועל נזכר רק בדברי יונתן בן אביתר (פס' מו), ולא בסדרת הפעולות שתוארה קודם לכן. נראה שסדרת הפעולות נקטעה כדי לעבור למחנה אדוניהו (פס' מא) ולתגובתם הראשונה לשמיעת הקולות מטקס המלכת שלמה, ותגובה זו התחילה עוד בטרם שב שלמה לבית דוד וישב על כסאו. רק לאחר מכן הגיע יונתן בן אביתר, ובפיו התיאור המלא של המלכת שלמה.

שמואל משח את שאול (שמ"א י׳, א) ואת דוד (שם ט"ז, יג), ואת יהוא משח אחד מבני הנביאים בשליחותו של אלישע (מל"ב ט׳, ז).

אמנם להלן, כשתיאר יונתן בן אביתר את משיחת שלמה באוזני אדוניהו ותומכיו, אמר במפורש (פס׳ מה): "וַיִּמְשְׁחוּ אֹתוֹ צָדוֹק הַכֹּהֵן וְנָתָן הַנָּבִיא לְמֶלֶךְ בְּגִחוֹן". אבל דבר זה מעצים את השאלה: אם כן, מדוע לא נזכר נתן בתיאור האובייקטיבי של המקרא?

קשה לתת תשובה ברורה לשאלה זו, אך ייתכן שנוכל להשיב עליה על פי פסוק הנמצא במקום דומה – בפתיחה למלכות שאול. אחד הפסוקים המפורסמים בקושיים במקרא הוא: "בֶּן שָׁנָה שָׁאוּל בְּמָלְכוֹ וּשְׁתֵּי שָׁנִים מָלַךְ עַל יִשְׂרָאֵל" (שמ"א י"ג, א). כיצד ייתכן ששאול היה בן שנה כשמלך? אחת ההצעות המעניינות שהועלתה כפתרון לקושי זה,[41] הייתה שהפסוק נכתב בכוונה בלשון חסרה: היה צריך לכתוב "בן X שנה שאול במלכו", כפי הנוסח הסטנדרטי הנוהג במלכים אחרים; אך המקרא בחר לכתוב את פסוק הכותרת למלכות שאול בלשון פגומה, לרמוז שמלכות זו לא הגשימה את הציפייה ממנה, ובסופו של דבר לא זכה שאול להקים בית מלוכה בישראל.

ייתכן אפוא, שגם השמטת שמו של נתן בפסוקנו מבטאת את ניתוקו ממלכות שלמה. ודוק: מכאן ואילך שוב אין המקרא מזכיר את נתן, מלבד אזכורו בתוך תיאורו של יונתן בן אביתר בהמשך הסיפור. נתן הנביא איננו מופיע כלל בהקשר של מלכות שלמה; המעשה האחרון של נתן שהמקרא עצמו מספר עליו – ירידתו לגיחון – נעשה רגע לפני משיחתו של שלמה. דומה שיש כאן רמז מטרים לטרגדיה של שלמה, שעליה נעמוד בפרקים הבאים. טרגדיה זו נגעה במיוחד לנתן, שביטא את מעלתו הייחודית של שלמה: "וַיִּשְׁלַח בְּיַד נָתָן הַנָּבִיא וַיִּקְרָא אֶת שְׁמוֹ יְדִידְיָהּ בַּעֲבוּר ה׳" (שמ"ב י"ב, כה). היעדרותו הגמורה של נתן ממלכות שלמה עשויה להיות ביטוי ספרותי לאכזבה שעתידה מלכות זו להנחיל.

יש לציין שמשיחתו של שלמה הייתה ייחודית: הוא נמשח בשמן

41. ראו בהרחבה **שמואל א׳ – מלך בישראל**, עמ׳ 163-166.

שנלקח מן האוהל, שלו קדושה מיוחדת, והדבר מדגיש את הבחירה האלוהית בו. במשיחות של שאול, דוד ויהוא (שהזכרנו לעיל) לא נזכר ייחוד לשמן. ייתכן שהיה כאן צורך מיוחד להדגיש את הבחירה בשלמה ואת משיחתו הסמלית וההפגנתית,[42] וייתכן שיש כאן רמז מטרים להיותו של שלמה בונה המקדש, ולפיכך משיחתו הוצרכה להיות מתוך הקודש.

ט. התגובה של אדוניהו ואנשיו

כאן חוזר המקרא לתאר את הנעשה במחנה אדוניהו:

(מא) וַיִּשְׁמַע אֲדֹנִיָּהוּ וְכָל הַקְּרֻאִים אֲשֶׁר אִתּוֹ וְהֵם כִּלּוּ לֶאֱכֹל
וַיִּשְׁמַע יוֹאָב אֶת קוֹל הַשּׁוֹפָר וַיֹּאמֶר מַדּוּעַ קוֹל הַקִּרְיָה הוֹמָה:[43]
(מב) עוֹדֶנּוּ מְדַבֵּר וְהִנֵּה יוֹנָתָן בֶּן אֶבְיָתָר הַכֹּהֵן בָּא וַיֹּאמֶר אֲדֹנִיָּהוּ
בֹּא כִּי אִישׁ חַיִל אַתָּה וְטוֹב תְּבַשֵּׂר: (מג) וַיַּעַן יוֹנָתָן וַיֹּאמֶר לַאֲדֹנִיָּהוּ
אֲבָל אֲדֹנֵינוּ הַמֶּלֶךְ דָּוִד הִמְלִיךְ אֶת שְׁלֹמֹה:

הסיפור על יונתן בן אביתר מזכיר מאוד את סיפורו של אחימעץ בן צדוק בסוף מרד אבשלום (שמ"ב י"ח, יט-לב). דברי אדוניהו שיונתן הוא איש חיל, ולכן חזקה עליו שבא לבשר טוב, דומים לדברי דוד על אחימעץ בן צדוק: "וַיֹּאמֶר הַמֶּלֶךְ אִישׁ טוֹב זֶה וְאֶל בְּשׂוֹרָה טוֹבָה יָבוֹא" (שם, כז). בשני הסיפורים נחלו השומעים אכזבה: הם שמעו בשורות שהיו רעות מבחינתם, אף שמנקודת מבטו של המקרא באמת היו אלו

42. עיינו כריתות ה ע"ב: "ואין מושחין מלך בן מלך, ואם תאמר: מפני מה משחו את שלמה? מפני מחלוקת אדוניה".

43. אדוניהו וכל הקרואים שמעו רק את קולות השמחה של העם, אך יואב, איש הצבא המנוסה, הבחין גם בקול השופר, ששימש באותם ימים ככלי להעברת מסרים רשמיים, והוא עצמו נעזר בו לא אחת (עיינו שמ"ב ב', כח; י"ח, טז; כ', כב). מסתבר שסוף הפסוק חוזר לאדוניהו, ששמע רק את קולות העם ותמה: "מַדּוּעַ קוֹל הַקִּרְיָה הוֹמָה".

בשורות טובות (מות אבשלום, המלכת שלמה). נראה, שבסיפור זה סוגר המקרא את מעגל ההקבלה בין תחילתו וסופו של מרד אבשלום לבין תחילתו וסופו של ניסיון ההמלכה הכושל של אדוניהו. בתחילת הפרק ראינו את הדמיון בין הצעדים שנקט אדוניהו כשהתנשא למלוך לבין צעדיו הראשונים של אבשלום. כעת אנו רואים שגם סופם של השניים דומה. בדרך זו המקרא שב ומדגיש, כי הגם שאדוניהו לא מרד באביו ביד רמה, המלכתו את עצמו בלא אישורו המפורש של אביו נתפסת בעיני המקרא כמרד.

אבל יש בין שני הסיפורים גם ניגוד מעניין. משני הסיפורים עולה כי יש צדק בסברה שאיש טוב מבשר טובות, אלא שבשני הסיפורים טעה מקבל הבשורה: דוד תפס את הבשורה כרעה, אף על פי שבאמת הייתה זו בשורה טובה; ואילו אדוניהו טעה בראותו את יונתן כאיש טוב, שהרי בעצם הצטרפותו לאדוניהו נעשה יונתן דמות שלילית.

כעת נעבור לעיין בדברי יונתן, המספר את שראו עיניו. דברי יונתן בנויים בהדרגה, ובסופם פס׳ מו-מח, הפותחים שלושתם ב"וגם" ומעידים על עליית המדרגה משלב לשלב:

(מד) וַיִּשְׁלַח אִתּוֹ הַמֶּלֶךְ אֶת צָדוֹק הַכֹּהֵן וְאֶת נָתָן הַנָּבִיא וּבְנָיָהוּ בֶּן יְהוֹיָדָע וְהַכְּרֵתִי וְהַפְּלֵתִי וַיַּרְכִּבוּ אֹתוֹ עַל פִּרְדַּת הַמֶּלֶךְ:
(מה) וַיִּמְשְׁחוּ אֹתוֹ צָדוֹק הַכֹּהֵן וְנָתָן הַנָּבִיא לְמֶלֶךְ בְּגִחוֹן וַיַּעֲלוּ מִשָּׁם שְׂמֵחִים וַתֵּהֹם הַקִּרְיָה הוּא הַקּוֹל אֲשֶׁר שְׁמַעְתֶּם:

(מו) וְגַם יָשַׁב שְׁלֹמֹה עַל כִּסֵּא הַמְּלוּכָה:

(מז) וְגַם בָּאוּ עַבְדֵי הַמֶּלֶךְ לְבָרֵךְ אֶת אֲדֹנֵינוּ[44] הַמֶּלֶךְ דָּוִד לֵאמֹר

44. זו הפעם השנייה שיונתן מזכיר את היות דוד "אדוננו" (הראשונה בפס׳ מא). בכך באה לידי ביטוי ההנחה שאיש מתומכי אדוניהו איננו מתכוון לצאת באופן ישיר נגד דוד.

יֵיטֵב אֱלֹהִים אֶת שֵׁם שְׁלֹמֹה מִשְּׁמֶךָ וִיגַדֵּל אֶת כִּסְאוֹ מִכִּסְאֶךָ[45]
וַיִּשְׁתַּחוּ הַמֶּלֶךְ עַל הַמִּשְׁכָּב:

(מח) וְגַם כָּכָה אָמַר הַמֶּלֶךְ בָּרוּךְ ה׳ אֱלֹהֵי יִשְׂרָאֵל אֲשֶׁר נָתַן הַיּוֹם
יֹשֵׁב עַל כִּסְאִי וְעֵינַי רֹאוֹת:

דבריו האחרונים של יונתן מעידים על דבריו הראשונים. שלמה היה יכול להימשח גם שלא מדעתו של דוד, וההנחה של יונתן (בפס׳ מד) שהמלך עומד מאחריה מבוססת רק על המשך סיפורו. בשלב זה עדיין יכלו אפוא אדוניהו ואנשיו לפקפק אם דוד עומד מאחרי הדברים. לכן הוסיף יונתן כמה עובדות. ראשית, שלמה ישב על כיסא המלך – צעד שמן הסתם לא היה ניתן להיעשות בלא הסכמתו, אך עדיין מותיר ספק כלשהו. שנית, העבדים באו לברך את דוד, ודוד השתחווה. ועבור מי שעדיין היה בלבו ספק, שמא לא הבין דוד את המתרחש כהווייתו, הביא יונתן את שורת המחץ, המסירה כל ספק בדבר מעורבותו הברורה של דוד בנעשה: ״וְגַם כָּכָה אָמַר הַמֶּלֶךְ בָּרוּךְ ה׳ אֱלֹהֵי יִשְׂרָאֵל אֲשֶׁר נָתַן הַיּוֹם יֹשֵׁב עַל כִּסְאִי וְעֵינַי רֹאוֹת״. בכך התמוסס כל רעיון ההמלכה המוקדמת של אדוניהו, שהושתת על המחשבה שדוד אינו פעיל, אינו מגיב ואינו מודע למה שקורה סביבו. יש אפוא בתיאור זה כדי להעצים את גודל האתגר שעמד בפני דוד, ליצור שינוי שאיש לא צפה שיקרה.

יש להניח שהפתעתם של אנשי אדוניה הייתה מוחלטת. מן הסתם לא ציפו שבתוך זמן כה קצר – מתחילת טקס ההמלכה של אדוניה ועד סמוך לסופו – יתחולל בדוד מהפך גדול כל כך. ואכן, מיד התפזרו תומכיו של אדוניה לכל עבר:

(מט) וַיֶּחֶרְדוּ וַיָּקֻמוּ כָּל הַקְּרֻאִים אֲשֶׁר לַאֲדֹנִיָּהוּ וַיֵּלְכוּ אִישׁ לְדַרְכּוֹ:

45. מכאן אמרו חז״ל (סנהדרין קה ע״ב): ״בכל אדם מתקנא, חוץ מבנו ותלמידו״.

י. קרנות המזבח

הפרק מסתיים באפילוג קצר על תגובתו של אדוניהו לכישלון ההמלכה:

(נ) וַאֲדֹנִיָּהוּ יָרֵא מִפְּנֵי שְׁלֹמֹה וַיָּקָם וַיֵּלֶךְ וַיַּחֲזֵק בְּקַרְנוֹת הַמִּזְבֵּחַ:
(נא) וַיֻּגַּד לִשְׁלֹמֹה לֵאמֹר הִנֵּה אֲדֹנִיָּהוּ יָרֵא אֶת הַמֶּלֶךְ שְׁלֹמֹה וְהִנֵּה
אָחַז בְּקַרְנוֹת הַמִּזְבֵּחַ לֵאמֹר יִשָּׁבַע לִי כַיּוֹם הַמֶּלֶךְ שְׁלֹמֹה אִם יָמִית
אֶת עַבְדּוֹ בֶּחָרֶב: (נב) וַיֹּאמֶר שְׁלֹמֹה אִם יִהְיֶה לְבֶן חַיִל לֹא יִפֹּל
מִשַּׂעֲרָתוֹ אָרְצָה וְאִם רָעָה תִמָּצֵא בוֹ וָמֵת: (נג) וַיִּשְׁלַח הַמֶּלֶךְ
שְׁלֹמֹה וַיֹּרִדֻהוּ מֵעַל הַמִּזְבֵּחַ וַיָּבֹא וַיִּשְׁתַּחוּ לַמֶּלֶךְ שְׁלֹמֹה וַיֹּאמֶר
לוֹ שְׁלֹמֹה לֵךְ לְבֵיתֶךָ:

בתחילת הפרק אמר נתן לבת שבע שאם ימלוך אדוניהו, יהיו חייה וחיי בנה בסכנה. מכאן יובן היטב חששו של אדוניהו שכעת, משהתהפכו היוצרות, ישלם על המרד בחייו. משום כך הוא ממהר לברוח ולאחוז בקרנות המזבח.

מה משמעותו של מעשה זה?[46] נראה שהמזבח נתפס כטריטוריה של הקב"ה, שאין לאדם רשות להתקרב אליה. בדין רוצח במזיד ציוותה התורה: "וְכִי יָזִד אִישׁ עַל רֵעֵהוּ לְהָרְגוֹ בְעָרְמָה מֵעִם מִזְבְּחִי תִּקָּחֶנּוּ לָמוּת" (שמות כ"א, יד) – מכאן שבעיקרון המזבח הוא אכן מקום שאסור לקחת ממנו, ורק ברוצח במזיד יש היתר מיוחד לעשות כן.[47]

46. כך עשה גם יואב כשניסה לברוח מעונש המוות שגזר עליו שלמה (להלן ב', כח).
47. וכן נפסק להלכה (רמב"ם הלכות רוצח פ"ה הלכות יב-יד): "המזבח קולט, שהרי נאמר בהורג בזדון 'מעם מזבחי תקחנו למות' – מכלל שההורג בשגגה אינו נהרג במזבח, לפיכך ההורג בשגגה וקלטו מזבח והרגו שם גואל הדם, הרי זה נהרג עליו כמי שהרגו בתוך עיר מקלטו... ואינו קולט אלא כהן ועבודה בידו... במה דברים אמורים? במחוייב גלות. אבל מי שפחד מן המלך שלא יהרגנו בדין המלכות או מבית דין שלא יהרגוהו בהוראת שעה וברח למזבח ונסמך לו, ואפילו היה זר – הרי זה ניצל, ואין לוקחין אותו מעל המזבח למות לעולם, אלא אם כן נתחייב מיתת בין דין בעדות גמורה והתראה כשאר כל הרוגי בית דין תמיד".

לפיכך סבר אדוניהו שבריחה לקרנות המזבח עשויה להציל אותו, ולוּ לזמן קצר.[48]

ואכן, בשלב זה שלמה איננו פוגע באדוניהו, אלא שולח אותו לביתו באזהרה שעליו להישמר לבל תימצא בו רעה. סיפור זה הוא מצג לקיצו של אדוניהו בפרק ב׳.

לסיום נציין, שבדברי הימים מסופר על המלכת שלמה בפסוק אחד, ״וְדָוִיד זָקֵן וְשָׂבַע יָמִים וַיַּמְלֵךְ אֶת שְׁלֹמֹה בְנוֹ עַל יִשְׂרָאֵל״ (דה״א כ״ג, א), וכל דבר המאבק אינו נזכר בו כלל ועיקר – כדרכו של ספר זה, המדבר בשבח מלכות בית דוד, שאיננו מזכיר גם את פרשת בת שבע ומרד אבשלום, וממילא לא יכול לכלול בתוכו את כל הצדדים המורכבים של הסיפור בפרקנו. מצד שני, בדברי הימים נאמר דבר שלא נזכר בספרי שמואל ומלכים – ששלמה הומלך על פי ציווי מפורש מהקב״ה: ״וַיֹּאמֶר דָּוִיד לִשְׁלֹמֹה בְּנִי אֲנִי הָיָה עִם לְבָבִי לִבְנוֹת בַּיִת לְשֵׁם ה׳ אֱלֹהָי. וַיְהִי עָלַי דְּבַר ה׳ לֵאמֹר... הִנֵּה בֵן נוֹלָד לָךְ הוּא יִהְיֶה אִישׁ מְנוּחָה וַהֲנִחוֹתִי לוֹ מִכָּל אוֹיְבָיו מִסָּבִיב כִּי **שְׁלֹמֹה** יִהְיֶה שְׁמוֹ וְשָׁלוֹם וָשֶׁקֶט אֶתֵּן עַל יִשְׂרָאֵל בְּיָמָיו. הוּא יִבְנֶה בַיִת לִשְׁמִי וְהוּא יִהְיֶה

48. הרעיון שהמזבח מצוי בחסותו של הקב״ה, ואינו שייך לאדם, מתבטא גם בפסח מצרים. מן הסיפור בשמות י״ב עולה, שבאותו הלילה נעשה הבית כולו מזבח – מקום שכולו קודש לה׳ וחוסה בהגנתו. בראש ובראשונה נעשה דבר זה בנתינת הדם: ״וּטְבַלְתֶּם בַּדָּם אֲשֶׁר בַּסַּף וְהִגַּעְתֶּם אֶל הַמַּשְׁקוֹף וְאֶל שְׁתֵּי הַמְּזוּזֹת״ (שם, כב), המזכירה את נתינת הדם על קרנות המזבח: ״וַיִּטְבֹּל אֶצְבָּעוֹ בַּדָּם וַיִּתֵּן עַל קַרְנוֹת הַמִּזְבֵּחַ״ (ויקרא ט׳, ט). ואמרו חז״ל: ״ג׳ מזבחות היו שם: על המשקוף ועל שתי המזבחות״ (פסחים צו ע״א). כך ניתן להבין גם כמה מן ההלכות המיוחדות של קורבן פסח, כגון האיסור ״לֹא תוֹצִיא מִן הַבַּיִת מִן הַבָּשָׂר חוּצָה״ (י״ב, מו), המובן היטב אם הבית נתפס כמזבח. לאור זאת יתבאר גם איסור החמץ, הנזכר עוד לפני יציאת מצרים, בפס׳ יט שם – ״כִּי כָּל אֹכֵל מַחְמֶצֶת וְנִכְרְתָה הַנֶּפֶשׁ הַהִוא מֵעֲדַת יִשְׂרָאֵל״ – שהרי אסור להעלות חמץ למזבח: ״כִּי כָל שְׂאֹר וְכָל דְּבַשׁ לֹא תַקְטִירוּ מִמֶּנּוּ אִשֶּׁה לַה׳... וְאֶל הַמִּזְבֵּחַ לֹא יַעֲלוּ לְרֵיחַ נִיחֹחַ״ (ויקרא ב׳, יא-יב). בפרשת הפסח בא אפוא לביטוי הרעיון שהקב״ה מגן על כל בית בישראל, כאילו היה בשטח המזבח. על ידי ההלכות המיוחדות שהזכרנו מקבל הבית מעמד מיוחד של קדושה ונעשה דומה למזבח – רשותו של הקב״ה.

לִּי לְבֵן וַאֲנִי לוֹ לְאָב **וַהֲכִינוֹתִי כִּסֵּא מַלְכוּתוֹ** עַל יִשְׂרָאֵל עַד עוֹלָם" (כ"ב, ז-י; וראה גם שם כ"ח, ה-ו). הפער בולט במיוחד בדרשת השם "שלמה" כדבר ה' – לעומת שמ"ב י"ב, כד, ששם מפורש כי ה' קרא לשלמה "ידידיה". שני הספרים מבטאים שתי בחירות שונות בשלמה – כחוב מוסרי של דוד כלפי בת שבע, או כבחירה א-לוהית שכלל לא הייתה תלויה בדוד.[49]

49. דבר דומה עולה מן הפער שבין שני הספרים בעניין בחירת ירושלים (נעמוד על כך בהרחבה להלן בפרק ו): ספר שמואל מספר כי דוד בחר בעיר, ואילו בדברי הימים מסופר על בחירת ה' בה. נראה שאלו ואלו דברי אלוהים חיים, וכל ספר מדגיש צד אחר של הבחירה. לענייננו, ספר מלכים מדגיש שבחירת דוד בשלמה נבעה מתחושת המחויבות של דוד לשבועתו לבת שבע, העומדת בפני עצמה, גם לולא הייתה זו בחירתו המפורשת של הקב"ה.

פרק ב

ראשית מלכות שלמה

א. אם ישמרו בניך את דרכם?

נראה שחלף זמן מה מהמלכת שלמה ועד למסופר בתחילת פרקנו:

(א) וַיִּקְרְבוּ יְמֵי דָוִד לָמוּת וַיְצַו אֶת שְׁלֹמֹה בְנוֹ לֵאמֹר:

כשראה דוד שהוא עומד ללכת בדרך כל הארץ, נפרד משלמה בצוואתו. הצוואה נחלקת לשניים. חלקה הראשון מחזק את שלמה ללכת בדרך ה׳ ולשמור את המצוות. חלקה השני מנחה אותו כיצד לנהוג בכמה אנשים: יואב בן צרויה, בני ברזילי הגלעדי ושמעי בן גרא. הנה החלק הראשון:

(ב) אָנֹכִי הֹלֵךְ בְּדֶרֶךְ כָּל הָאָרֶץ וְחָזַקְתָּ וְהָיִיתָ לְאִישׁ: (ג) וְשָׁמַרְתָּ אֶת מִשְׁמֶרֶת ה׳ אֱלֹהֶיךָ לָלֶכֶת בִּדְרָכָיו לִשְׁמֹר חֻקֹּתָיו מִצְוֹתָיו וּמִשְׁפָּטָיו וְעֵדְוֹתָיו כַּכָּתוּב בְּתוֹרַת מֹשֶׁה לְמַעַן תַּשְׂכִּיל אֵת כָּל אֲשֶׁר תַּעֲשֶׂה וְאֵת כָּל אֲשֶׁר תִּפְנֶה שָׁם:[1] (ד) לְמַעַן יָקִים ה׳ אֶת דְּבָרוֹ אֲשֶׁר

1. משפט זה מזכיר מאוד את דברי ה׳ ליהושע בתחילת הנהגתו את ישראל: ״רַק

דִּבֶּר עָלַי לֵאמֹר אִם יִשְׁמְרוּ בָנֶיךָ אֶת דַּרְכָּם לָלֶכֶת לְפָנַי בֶּאֱמֶת בְּכָל לְבָבָם וּבְכָל נַפְשָׁם לֵאמֹר לֹא יִכָּרֵת לְךָ אִישׁ מֵעַל כִּסֵּא יִשְׂרָאֵל:

הבעיה המרכזית בפסוקים אלו היא האמירה שמלכות בית דוד קיימת על תנאי. דוד מדגיש, שקיומה של מלכות בית דוד תלוי ב"אִם יִשְׁמְרוּ בָנֶיךָ אֶת דַּרְכָּם לָלֶכֶת לְפָנַי בֶּאֱמֶת", ורק אם יעשו כן תתקיים ההבטחה "לֹא יִכָּרֵת לְךָ אִישׁ מֵעַל כִּסֵּא יִשְׂרָאֵל". ובהמשך הספר, בתפילתו לפני ה׳ בחנוכת המקדש, חוזר שלמה על הדברים האלה ששמע מפי דוד: "וְעַתָּה ה׳ אֱלֹהֵי יִשְׂרָאֵל שְׁמֹר לְעַבְדְּךָ דָוִד אָבִי אֵת אֲשֶׁר דִּבַּרְתָּ לּוֹ לֵאמֹר לֹא יִכָּרֵת לְךָ אִישׁ מִלְּפָנַי יֹשֵׁב עַל כִּסֵּא יִשְׂרָאֵל **רַק אִם** יִשְׁמְרוּ בָנֶיךָ אֶת דַּרְכָּם לָלֶכֶת לְפָנַי כַּאֲשֶׁר הָלַכְתָּ לְפָנָי" (ח׳, כה). לכאורה זוהי סתירה גמורה להבטחת ה׳ לדוד בחזון נתן (שמ"ב ז׳), שמלכותו אינה על תנאי, ואם ינהג המלך שלא כשורה – הוא ייענש, אך לא יוחלף במלך מבית אחר כשם שאירע לשאול: "אֲשֶׁר בְּהַעֲוֹתוֹ וְהֹכַחְתִּיו בְּשֵׁבֶט אֲנָשִׁים וּבְנִגְעֵי בְּנֵי אָדָם. וְחַסְדִּי לֹא יָסוּר מִמֶּנּוּ כַּאֲשֶׁר הֲסִרֹתִי מֵעִם שָׁאוּל אֲשֶׁר הֲסִרֹתִי מִלְּפָנֶיךָ" (שם, יד-טו)!

אכן, לוּ עמדו בפנינו מקורות אלו בלבד, יכולנו ליישב את הסתירה בפשטות ולומר שהבטחת ה׳ אכן איננה על תנאי, אלא שדוד בצוואתו ביקש לזרז את שלמה להיזהר ללכת בדרך ה׳, ושלמה ציטט את דבריו.[2] דא עקא, שלהלן יאמר ה׳ לשלמה במפורש כך: "וְאַתָּה **אִם תֵּלֵךְ** לְפָנַי כַּאֲשֶׁר הָלַךְ דָּוִד אָבִיךָ בְּתָם לֵבָב וּבְיֹשֶׁר לַעֲשׂוֹת כְּכֹל אֲשֶׁר צִוִּיתִיךָ חֻקַּי וּמִשְׁפָּטַי תִּשְׁמֹר. וַהֲקִמֹתִי אֶת כִּסֵּא מַמְלַכְתְּךָ עַל יִשְׂרָאֵל

חֲזַק וֶאֱמַץ מְאֹד **לִשְׁמֹר** לַעֲשׂוֹת כְּכָל הַתּוֹרָה אֲשֶׁר צִוְּךָ **מֹשֶׁה** עַבְדִּי אַל תָּסוּר מִמֶּנּוּ יָמִין וּשְׂמֹאול **לְמַעַן תַּשְׂכִּיל** בְּכֹל אֲשֶׁר תֵּלֵךְ" (יהושע א׳, ז).

2. דברים דומים אמר דוד כשנפרד מהעם: "וַהֲכִינוֹתִי אֶת מַלְכוּתוֹ עַד לְעוֹלָם **אִם יֶחֱזַק** לַעֲשׂוֹת מִצְוֹתַי וּמִשְׁפָּטַי כַּיּוֹם הַזֶּה" (דה"א כ"ב, ז). וכן שורר בתהילים: "נִשְׁבַּע ה׳ לְדָוִד אֱמֶת לֹא יָשׁוּב מִמֶּנָּה מִפְּרִי בִטְנְךָ אָשִׁית לְכִסֵּא לָךְ. **אִם יִשְׁמְרוּ בָנֶיךָ בְּרִיתִי** וְעֵדֹתִי זוֹ אֲלַמְּדֵם גַּם בְּנֵיהֶם עֲדֵי עַד יֵשְׁבוּ לְכִסֵּא לָךְ" (תהילים קל"ב, יא-יב). גם שתי האמירות האלה הן מדברי דוד, ולא תיאור אובייקטיבי של המקרא או ציטוט מדברי נביא.

לְעֹלָם כַּאֲשֶׁר דִּבַּרְתִּי עַל דָּוִד אָבִיךָ לֵאמֹר לֹא יִכָּרֵת לְךָ אִישׁ מֵעַל כִּסֵּא יִשְׂרָאֵל" (מל"א ט', ד-ה)! ובאמת אין זו רק סתירה בין חזון נתן לבין פרקים אחרים במקרא, אלא גם סתירה בין חזון נתן לבין המציאות: זה אלפי שנים שאין לנו מלך מבית דוד; כיצד תתיישב מציאות זו עם חזון נתן?![3]

נראה שהתשובה לבעיה היא ההבדל שבין "עולם", במשמעות נצח, לבין 'תמיד'. ה' הבטיח לדוד מלכות נצח, אך אין בכך הבטחה לרציפות. אכן, מלכות בית דוד תתקיים לנצח, ולעולם לא יחליף בית מלוכה אחר את ביתו;[4] אך אין זאת אומרת שתמיד ימלוך מלך מבית דוד.

כיוצא בזה אתה מוצא בהבטחת ירושת הארץ: "לְךָ אֶתְּנֶנָּה וּלְזַרְעֲךָ עַד עוֹלָם" (בראשית י"ג, טו; ועיינו שם י"ז, ח ועוד). גם שם הכוונה היא שארץ ישראל שייכת תמיד לעם ישראל, אך אין זאת אומרת שעם ישראל ישב עליה תמיד. אדרבה, רציפות הישיבה על הארץ תלויה במעשיהם של בני ישראל, כפי שהתורה מזהירה שוב ושוב.

חזון נתן התרכז בדבר החיובי: בית דוד לא יוחלף בבית מלוכה אחר. אבל ספר מלכים, שנכתב מפרספקטיבה של חורבן, מדגיש דווקא את העובדה שהרציפות של מלכות דוד עומדת על תנאי, כשם שקיום המקדש – המוקד של ספר מלכים – עומד על תנאי.

3. ראו על כך בהרחבה **שמואל ב' – מלך בישראל**, עמ' 100-104.
4. אשר למלכות החשמונאים, מפורסמים דברי הרמב"ן בפירושו לבראשית מ"ט, י: "אבל כל זרע מתתיה חשמונאי הצדיק לא עברו אלא בעבור זה שמלכו ולא היו מזרע יהודה ומבית דוד, והסירו השבט והמחוקק לגמרי, והיה עונשם מדה כנגד מדה, שהמשיל הקדוש ברוך הוא עליהם את עבדיהם והם הכריתום". ועיינו בהמשך דבריו שם.

ב. אֵת אֲשֶׁר עָשָׂה לִי יוֹאָב בֶּן צְרוּיָה

כאמור, החלק השני דן בכמה אנשים. הראשון הוא יואב:

(ה) וְגַם אַתָּה יָדַעְתָּ אֵת אֲשֶׁר עָשָׂה לִי יוֹאָב בֶּן צְרוּיָה[5] אֲשֶׁר עָשָׂה לִשְׁנֵי שָׂרֵי צִבְאוֹת יִשְׂרָאֵל לְאַבְנֵר בֶּן נֵר וְלַעֲמָשָׂא בֶן יֶתֶר וַיַּהַרְגֵם וַיָּשֶׂם דְּמֵי מִלְחָמָה בְּשָׁלֹם וַיִּתֵּן דְּמֵי מִלְחָמָה בַּחֲגֹרָתוֹ אֲשֶׁר בְּמָתְנָיו וּבְנַעֲלוֹ אֲשֶׁר בְּרַגְלָיו: (ו) וְעָשִׂיתָ כְּחָכְמָתֶךָ וְלֹא תוֹרֵד שֵׂיבָתוֹ בְּשָׁלֹם שְׁאֹל:

הרקע לדברי דוד הוא שני הסיפורים שבהם הרג יואב שרי צבא: בשמ"ב ג' מסופר על הריגת אבנר בן נר, שר צבא שאול שערק למחנה דוד, שיואב הרגו כנקמה על הריגת עשהאל אחיו (שם ב'); ובשמ"ב כ' מסופר על הריגת עמשא בן יתר, שר הצבא שהעמיד דוד במקום יואב אחרי מותו של אבשלום, ונכשל בגיוס הלוחמים כשפרץ מרד שבע בן בכרי.[6]

במעשים אלו לכלך יואב את מדי הלוחם שלו בדם נקיים, כדברי דוד: "וַיָּשֶׂם דְּמֵי מִלְחָמָה בְּשָׁלֹם וַיִּתֵּן דְּמֵי מִלְחָמָה בַּחֲגֹרָתוֹ אֲשֶׁר בְּמָתְנָיו וּבְנַעֲלוֹ אֲשֶׁר בְּרַגְלָיו". דומה שבמשפט הציורי הזה נרמזים שני מעשי הרצח. המילים "וַיָּשֶׂם דְּמֵי מִלְחָמָה בְּשָׁלֹם" מכוונות כנראה להריגת

5. רש"י הביא את דברי מדרש תנחומא (מסעי פרשה יב), שהמילים "אֵת אֲשֶׁר עָשָׂה לִי" מכוונות לעניין אחר: שיואב הראה לאחרים את הספר שבו ציווה דוד על הריגת אוריה. עצם העובדה שיואב לא היה נאמן לדוד בעניין זה בולטת מדברי יואב והמלאך בשמ"ב י"א (ראו **שמואל ב' – מלך בישראל**, עמ' 142–143). אבל על דרך הפשט קשה לקבל פירוש זה. לעומת זאת, הריגת אבנר בן נר אכן פגעה גם בדוד, כפי שביארנו בהרחבה (שם, עמ' 42–45), ועל כן יש בהחלט היגיון בטענה שמעשה זה הוא גם בגדר "עָשָׂה לִי".

6. ראו **שמואל ב' – מלך בישראל**, על הריגת אבנר (עמ' 40–42) ועל הריגת עמשא (עמ' 267–269). באופן כללי, עמדנו שם על כך שבעוד האשמת יואב ברצח אבנר הייתה מוצדקת, הריגת עמשא בן יתר לא הייתה בהכרח מעשה אסור של שפיכות דמים, שכן עמשא ערק, כנראה, למחנה האויב.

אבנר; שם חטא יואב בנקמת דם שלא הייתה לה שום הצדקה, שהרי אבנר הרג את עשהאל "במלחמה" (כמודגש בשמ"ב ג', ל),[7] ואין 'לשים דמי מלחמה בשלום', היינו: לראות דם שנשפך במלחמה כאילו נשפך בעתות שלום. המילים "וַיִּתֵּן דְּמֵי מִלְחָמָה **בַּחֲגֹרָתוֹ** אֲשֶׁר **בְּמָתְנָיו**" רומזות כנראה להריגת עמשא, שנאמר בה: "וְעָלָו **חֲגוֹר** חֶרֶב מְצֻמֶּדֶת עַל **מָתְנָיו**" (שם כ', ח).

כעת מטיל דוד על שלמה לפגוע ביואב, הגם שהוא עצמו לא עשה זאת בחייו. לאחר רצח אבנר הסביר דוד מדוע לא יכול לפגוע ביואב על מעשה זה: "וְאָנֹכִי הַיּוֹם רַךְ וּמָשׁוּחַ מֶלֶךְ וְהָאֲנָשִׁים הָאֵלֶּה בְּנֵי צְרוּיָה קָשִׁים מִמֶּנִּי" (שם ג', לט). דברים אלו נאמרו בראשית מלכותו, בשעה שמלך על יהודה בלבד, וטרם הומלך על שאר שבטי ישראל. אך מסתבר שגם בחלוף השנים, לאחר שהתבססה מלכותו, עדיין היה דוד תלוי ביואב בן צרויה, שהציל אותו לא פעם בשעות קשות.[8] משום כך הותיר דוד לשלמה את המטלה של ענישת יואב בן צרויה על מעשי שפיכות הדמים שלו.[9]

ומסתבר שלא רק ענישה יש כאן. שותפותו של יואב בהמלכת אדוניהו המחישה עד כמה הוא עלול להיות מסוכן גם לשלמה. הריגת יואב הכרחית אפוא גם לייצוב מלכותו של שלמה, ולא בכדי מסתיים

7. וגם זאת לאחר שניסה שוב ושוב לשכנע את עשהאל לסור מאחריו, והזהיר אותו שאם לא יעשה כן, ייאלץ להרוג אותו (שמ"ב ב', יח-כג).

8. כך היה במלחמה עם עמון וארם (שמ"ב י'); כך היה במרד שבע בן בכרי; ולמעשה, גם מרד אבשלום לא היה מוכרע ללא יואב, אף שדוד התקשה להכיר בכך. אכן, דוד לא הזכיר כאן את הריגת אבשלום, ושמא יש בכך משום הכרה שבעניין זה היה הצדק עם יואב.

9. אמנם גם דוד מבין שהדבר איננו פשוט כלל ועיקר. הריגת שני שרי הצבא אינה יכולה להוות עילה מספקת לפגוע ביואב, שהרי מעשים אלו נעשו לפני זמן רב, וכבר חלה עליהם 'התיישנות' (במיוחד מאחר שדוד עצמו לא עשה ליואב דבר בעטיים). משום כך מצווה דוד את שלמה לפעול בשיקול דעת – "וְעָשִׂיתָ כְּחָכְמָתֶךָ" – ולמצוא עילה אחרת, ולוּ במובן הפורמלי, להריגת יואב. על עילה זו נעמוד בע"ה בהמשך הפרק.

פרק זה, לאחר הריגתם של יואב ושל אנשים אחרים שסיכנו את מלכות שלמה, במילים "וְהַמַּמְלָכָה נָכוֹנָה בְּיַד שְׁלֹמֹה".

ג. וְלִבְנֵי בַרְזִלַּי הַגִּלְעָדִי תַּעֲשֶׂה חֶסֶד

בין הציוויים על הריגת יואב בן צרויה ועל הריגת שמעי בן גרא עומדת בקשה בעלת מגמה הפוכה, המקהה את תחושת התקיפות שיש בצוואתו של דוד:

(ז) וְלִבְנֵי בַרְזִלַּי הַגִּלְעָדִי תַּעֲשֶׂה חֶסֶד וְהָיוּ בְּאֹכְלֵי שֻׁלְחָנֶךָ כִּי כֵן קָרְבוּ אֵלַי בְּבָרְחִי מִפְּנֵי אַבְשָׁלוֹם אָחִיךָ:

הדברים מוסבים על העזרה שקיבל דוד מברזילי הגלעדי, שהייתה קשורה אף היא באוכל: "וַיְהִי כְּבוֹא דָוִד מַחֲנָיְמָה וְשֹׁבִי בֶן נָחָשׁ מֵרַבַּת בְּנֵי עַמּוֹן וּמָכִיר בֶּן עַמִּיאֵל מִלֹּא דְבָר וּבַרְזִלַּי הַגִּלְעָדִי מֵרֹגְלִים. מִשְׁכָּב וְסַפּוֹת וּכְלִי יוֹצֵר וְחִטִּים וּשְׂעֹרִים וְקֶמַח וְקָלִי וּפוֹל וַעֲדָשִׁים וְקָלִי. וּדְבַשׁ וְחֶמְאָה וְצֹאן וּשְׁפוֹת בָּקָר הִגִּישׁוּ לְדָוִד וְלָעָם אֲשֶׁר אִתּוֹ לֶאֱכוֹל כִּי אָמְרוּ הָעָם רָעֵב וְעָיֵף וְצָמֵא בַּמִּדְבָּר" (שמ"ב י"ז, כז-כט). סביר להניח שברזילי הגלעדי, שכבר היה באותה עת זקן מופלג, לא העמיס את האוכל לבדו, אלא נעזר בבניו. מיד לאחר סיום המרד ביקש דוד לגמול לברזילי, אבל הקשיש בן השמונים סירב, ולכל היותר ניאות לשלוח את כמהם בנו עם דוד. כעת מבקש דוד משלמה לגמול חסד עם בני ברזילי כולם.

אין זה מקרה, שבדבריו האחרונים של דוד לשלמה נכלל גם הציווי לעשות חסד. מידת החסד היא אחת מן התכונות המאפיינות ביותר את דוד המלך,[10] ובשלושה מקרים ביקש דוד במפורש לגמול חסד עם מי שעשה מעשי חסד קודם לכן:

10. עיינו בהרחבה **שמואל ב׳ – מלך בישראל**, עמ׳ 18-19.

1. מיד עם עלייתו למלכות על שבט יהודה פנה דוד לאנשי יבש גלעד ואמר להם: "בְּרֻכִים אַתֶּם לַה' **אֲשֶׁר עֲשִׂיתֶם הַחֶסֶד** הַזֶּה עִם אֲדֹנֵיכֶם **עִם שָׁאוּל** וַתִּקְבְּרוּ אֹתוֹ. וְעַתָּה **יַעַשׂ ה' עִמָּכֶם חֶסֶד** וֶאֱמֶת וְגַם אָנֹכִי אֶעֱשֶׂה אִתְּכֶם הַטּוֹבָה הַזֹּאת אֲשֶׁר עֲשִׂיתֶם הַדָּבָר הַזֶּה" (שם ב', ה-ו). בזה ביטא דוד הערכה למעשה הגבורה שעשו אנשי יבש גלעד כשהפסיקו את ביזוי גופותיהם של שאול ובניו בידי הפלשתים (עיינו שמ"א ל"א, יא-יג).
2. בהמשך מלכותו ביקש דוד לעשות חסד עם נצר ליהונתן רעו: "וַיֹּאמֶר דָּוִד הֲכִי יֶשׁ עוֹד אֲשֶׁר נוֹתַר לְבֵית שָׁאוּל **וְאֶעֱשֶׂה עִמּוֹ חֶסֶד** בַּעֲבוּר יְהוֹנָתָן" (שמ"ב ט', א). דוד מביא אל ביתו את מפיבושת הפיסח, בנו של יהונתן, ודואג לשלומו ולטובתו.[11]
3. ובדומה לזה נפתח גם הסיפור הבא בספר שמואל: "וַיְהִי אַחֲרֵי כֵן וַיָּמָת מֶלֶךְ בְּנֵי עַמּוֹן וַיִּמְלֹךְ חָנוּן בְּנוֹ תַּחְתָּיו. וַיֹּאמֶר דָּוִד **אֶעֱשֶׂה חֶסֶד** עִם חָנוּן בֶּן נָחָשׁ כַּאֲשֶׁר עָשָׂה אָבִיו עִמָּדִי חֶסֶד וַיִּשְׁלַח דָּוִד לְנַחֲמוֹ בְּיַד עֲבָדָיו אֶל אָבִיו וַיָּבֹאוּ עַבְדֵי דָוִד אֶרֶץ בְּנֵי עַמּוֹן" (שם י', א-ב). אמנם שליחות זו אל נחש העמוני – אחד הצוררים הגדולים של בני ישראל, שביקש לנקר כל עין ימין ליושבי יבש גלעד (שמ"א י"א) – הייתה מעשה בעייתי מאוד.[12] אך מכל מקום, דוד עשה מה שעשה מתוך מידת החסד הטבועה בלבו, וטעותו הייתה שלא הציב למידה זו גבול במקום שהיה צריך לעשות כן.

הנה כי כן, כלילת עקרון החסד בצוואתו של דוד אינה מפתיעה, והיא חותמת את מרכזיותו של ערך זה בחייו.[13]

11. המילה "חֶסֶד" מופיעה בפרק זה שלוש פעמים (עיינו שם פס' ג, ז).
12. עיינו **שמואל ב' – מלך בישראל**, עמ' 127-129, שם עמדנו בהרחבה על הביקורת העולה מן המקרא ומדברי חז"ל על מעשה זה.
13. בזה יובן גם זעמו הגדול של דוד על התנהגותו של נבל (עיינו שמ"א כ"ה). דוד, שהקפיד עד יומו האחרון להכיר טובה למי שעשה עמו חסד, לא יכול לשאת התנהגות הפוכה, כזו של נבל, שלא הכיר טובה לדוד ולאנשיו על סיועם לו.

ד. שִׁמְעִי בֶן גֵּרָא

הדמות האחרונה שדוד מדבר עליה היא שמעי בן גרא:

(ח) וְהִנֵּה עִמְּךָ שִׁמְעִי בֶן גֵּרָא בֶן הַיְמִינִי מִבַּחֻרִים וְהוּא קִלְלַנִי קְלָלָה נִמְרֶצֶת בְּיוֹם לֶכְתִּי מַחֲנָיִם וְהוּא יָרַד לִקְרָאתִי הַיַּרְדֵּן וָאֶשָּׁבַע לוֹ בַה׳ לֵאמֹר אִם אֲמִיתְךָ בֶּחָרֶב: (ט) וְעַתָּה אַל תְּנַקֵּהוּ כִּי אִישׁ חָכָם אָתָּה וְיָדַעְתָּ אֵת אֲשֶׁר תַּעֲשֶׂה לּוֹ וְהוֹרַדְתָּ אֶת שֵׂיבָתוֹ בְּדָם שְׁאוֹל:

פעמיים יכול דוד להמית את שמעי בן גרא. כשברח דוד מפני אבשלום, ושמעי קילל אותו וסיקלו באבנים, הציע אבישי בן צרויה לדוד: ״לָמָּה יְקַלֵּל הַכֶּלֶב הַמֵּת הַזֶּה אֶת אֲדֹנִי הַמֶּלֶךְ אֶעְבְּרָה נָּא וְאָסִירָה אֶת רֹאשׁוֹ״ (שמ״ב ט״ז, ט); אבל דוד סירב, משום שראה במעשה זה עונש משמיים: ״מַה לִּי וְלָכֶם בְּנֵי צְרֻיָה כֹּה יְקַלֵּל כִּי ה׳ אָמַר לוֹ קַלֵּל אֶת דָּוִד וּמִי יֹאמַר מַדּוּעַ עָשִׂיתָה כֵּן״ (שם, י). כשהסתיים המרד, ושמעי מיהר להתנצל בפני דוד, שוב טען אבישי, שלא התרשם מחרטתו של שמעי, כי יש להרגו: ״הֲתַחַת זֹאת לֹא יוּמַת שִׁמְעִי כִּי קִלֵּל אֶת מְשִׁיחַ ה׳״ (שם י״ט, כב); וגם בפעם הזאת התנגד לכך דוד: ״מַה לִּי וְלָכֶם בְּנֵי צְרוּיָה כִּי תִהְיוּ לִי הַיּוֹם לְשָׂטָן הַיּוֹם יוּמַת אִישׁ בְּיִשְׂרָאֵל כִּי הֲלוֹא יָדַעְתִּי כִּי הַיּוֹם אֲנִי מֶלֶךְ עַל יִשְׂרָאֵל״ (שם, כג), ואף נשבע לשמעי שלא יפגע בו.[14] ברם, חנינה זו לא נבעה אלא מגודל השעה ומן הרצון שלא להעיב על אחדותה המחודשת של ממלכת ישראל עם סיומו של מרד אבשלום. דוד לא סלח לשמעי בן גרא על מעשיו

14. גם כאן באה התופעה של הוספת שם ה׳ שעמדנו עליה בפרק הקודם (בדבר היחס שבין פס׳ יג ופס׳ יז): בספר שמואל נאמר רק ״וַיֹּאמֶר הַמֶּלֶךְ אֶל שִׁמְעִי לֹא תָמוּת וַיִּשָּׁבַע לוֹ הַמֶּלֶךְ״ (שמ״ב י״ט, כד); אבל כעת, כשדוד מבקש להמחיש את הדבר לשלמה ביתר שאת, הוא מוסיף ״וָאֶשָּׁבַע לוֹ בַה׳ לֵאמֹר אִם אֲמִיתְךָ בֶּחָרֶב״.

החמורים, וראה גם בו סכנה למלכות שלמה.[15] אמנם בעילה להרוג את שמעי יש סיבוך: דוד נשבע לו שלא ימיתנו. על כן מבקש דוד משלמה להשתמש בחוכמתו, ולהצדיק את עונש המוות לשמעי. על הדרך המיוחדת שבה נקט שלמה בנושא זה נעמוד בהמשך הפרק.[16]

ה. ויתן לי את אבישג השונמית לאשה

משהובאה צוואתו של דוד לשלמה תם עידן דוד, ומלכות שלמה הולכת ומתחזקת:

(י) וַיִּשְׁכַּב דָּוִד עִם אֲבֹתָיו וַיִּקָּבֵר בְּעִיר דָּוִד: (יא) וְהַיָּמִים אֲשֶׁר מָלַךְ
דָּוִד עַל יִשְׂרָאֵל אַרְבָּעִים שָׁנָה בְּחֶבְרוֹן מָלַךְ שֶׁבַע שָׁנִים וּבִירוּשָׁלַםִ
מָלַךְ שְׁלֹשִׁים וְשָׁלֹשׁ שָׁנִים: (יב) וּשְׁלֹמֹה יָשַׁב עַל כִּסֵּא דָּוִד אָבִיו
וַתִּכֹּן מַלְכֻתוֹ מְאֹד:

המקרא אינו נוקט בלשון עבר רגילה – 'וַיֵּשֶׁב שלמה על כסא דוד' – אלא בלשון עבר מוקדם: "וּשְׁלֹמֹה יָשַׁב", שהרי שלמה ישב, כזכור, על כיסא דוד אביו עוד בחייו. עם זאת, מעתה תלך מלכות שלמה ותתבסס, ותהליך זה עומד במרכז הפרשיות הבאות. חציו השני

15. וחמור מה שציווה דוד על דבר שמעי ממה שציווה על דבר יואב: בשמעי נאמר "וְהוֹרַדְתָּ אֶת שֵׂיבָתוֹ בְּדָם שְׁאוֹל", ואילו ביואב נאמר רק "וְלֹא תוֹרֵד שֵׂיבָתוֹ בְּשָׁלֹם שְׁאֹל". מכאן שמעשיו של שמעי היו חמורים בעיני דוד יותר ממעשיו של יואב.

16. לסיום נעיר, שבדה"א כ"ב, ז-יט מובאת צוואת דוד באופן שונה: מוזכר בה מדוע לא בנה דוד את בית המקדש ("כי דמים רבים שפכת") – נימוק שאיננו מופיע, כידוע, בספר שמואל; מוזכר הציווי ללכת בדרך ה'; יש הנחיות על המשך המפעל של בניין המקדש (בספרי שמואל ומלכים אין זכר למעורבותו של דוד בבניין המקדש, והשווה שמ"ב ח', ח לדה"א י"ח, ח); ולא נזכרו הציווים הפרטיים שבפרקנו, שהרי הסיפורים שציוויים אלו קשורים אליהם – הריגת אבנר ועמשא בן יתר ומרד אבשלום – אינם מופיעים בספר דברי הימים, העוסק בשבחו של בית דוד.

של פרק ב׳ מתאר כיצד נכונה הממלכה ביד שלמה – דרך ׳טיפולו׳ בארבעה אנשים: אדוניהו, אביתר, יואב ושמעי.

הפרשה כולה מתחילה ביזמה של אדוניהו דווקא:

(יג) וַיָּבֹא אֲדֹנִיָּהוּ בֶן חַגִּית אֶל בַּת שֶׁבַע אֵם שְׁלֹמֹה וַתֹּאמֶר
הֲשָׁלוֹם בֹּאֶךָ וַיֹּאמֶר שָׁלוֹם: (יד) וַיֹּאמֶר דָּבָר לִי אֵלָיִךְ וַתֹּאמֶר דַּבֵּר:
(טו) וַיֹּאמֶר אַתְּ יָדַעַתְּ כִּי לִי הָיְתָה הַמְּלוּכָה וְעָלַי שָׂמוּ כָל יִשְׂרָאֵל
פְּנֵיהֶם לִמְלֹךְ וַתִּסֹּב הַמְּלוּכָה וַתְּהִי לְאָחִי כִּי מֵה׳ הָיְתָה לּוֹ:
(טז) וְעַתָּה שְׁאֵלָה אַחַת אָנֹכִי שֹׁאֵל מֵאִתָּךְ אַל תָּשִׁבִי אֶת פָּנָי
וַתֹּאמֶר אֵלָיו דַּבֵּר: (יז) וַיֹּאמֶר אִמְרִי נָא לִשְׁלֹמֹה הַמֶּלֶךְ כִּי לֹא יָשִׁיב
אֶת פָּנָיִךְ[17] וְיִתֶּן לִי אֶת אֲבִישַׁג הַשּׁוּנַמִּית לְאִשָּׁה: (יח) וַתֹּאמֶר בַּת
שֶׁבַע טוֹב אָנֹכִי אֲדַבֵּר עָלֶיךָ אֶל הַמֶּלֶךְ:

הדיאלוג בין אדוניהו ובת שבע נפתח, מן הסתם, בחשדנות. זה לא מכבר הזהיר נתן הנביא את בת שבע שאם יתפוס אדוניהו את המלוכה, ייפגעו היא ושלמה. בת שבע מבקשת אפוא לדעת אם פניו של אדוניהו לשלום, ורק משהשיב בחיוב התרצתה לשמוע את דבריו, ללא התחייבות: ״דַּבֵּר״.

אדוניהו פותח את דבריו במשפט שאינו עולה בקנה אחד עם האמור בפרק א׳: ״אַתְּ יָדַעַתְּ כִּי לִי הָיְתָה **הַמְּלוּכָה** וְעָלַי שָׂמוּ כָל יִשְׂרָאֵל פְּנֵיהֶם **לִמְלֹךְ** וַתִּסֹּב **הַמְּלוּכָה** וַתְּהִי לְאָחִי כִּי מֵה׳ הָיְתָה לּוֹ״. לפי דבריו, המלוכה הייתה נתונה לו, ועם ישראל כולו ציפה שהוא יהיה המלך – תיאור מוגזם מאוד.[18] הוא מציג את המהפך שנוצר כאירוע

17. למשפט זה ייתכנו שני פירושים. ניתן להבין ש״כי״ היינו ׳שהרי׳, רוצה לומר: אני פונה אלייך מפני שאני יודע שאם את תבקשי זאת מן המלך, הוא לא ישיב את פנייך. וניתן להבין ״כי״ כש׳ הזיקה, דהיינו: אדוניהו מבקש מבת שבע לומר לשלמה שלא ישיב את פניה.

18. לכל היותר מסופר שאדוניה קרא ל״כָל אֶחָיו בְּנֵי הַמֶּלֶךְ וּלְכָל אַנְשֵׁי יְהוּדָה עַבְדֵי הַמֶּלֶךְ״ (א׳, ט). דומה שבהמלכה בפועל לא הייתה השתתפות מרובה; ואדרבה, ״עבדי המלך״ בירכו את המלך שלמה דווקא (שם, מז).

שאין לו הסבר אנושי – "וַתִּסֹּב הַמְּלוּכָה וַתְּהִי לְאָחִי" – ומציג עצמו כמי שמקבל עליו את גזרת ה'. כעת הוא פונה לבת שבע בבקשה, ומבקש ממנה להסכים לה עוד בטרם יבאר מהי: "שְׁאֵלָה אַחַת אָנֹכִי שֹׁאֵל מֵאִתָּךְ אַל תָּשִׁבִי אֶת פָּנָי", כאומר: קיבלתי עליי באהבה את המהפך הקשה מבחינתי – לפיכך סַייעי לי, לכל הפחות, בהשגת דבר אחד, כפיצוי על עגמת הנפש הגדולה שנגרמה לי. ברם, בת שבע אינה נופלת בפח. אין היא מתחייבת להסכים למה שיבקש, אלא רק חוזרת על מה שאמרה קודם לכן: "דַּבֵּר".

אחרי ההקדמה הארוכה אדוניהו מגיע סוף סוף לבקשתו: שאבישג השונמית תינתן לו לאישה. מסתבר שאדוניהו היה מודע לבעייתיות שבבקשה זו, שאכן חרצה בסופו של דבר את גורלו. בכמה מקומות במקרא מצאנו שבנים הבאים על פילגשי אביהם עושים זאת כדי להכריז שהם היורשים. הדוגמה הבולטת ביותר היא כמובן אבשלום, ששכב, בעצת אחיתופל, עם פילגשי אביו על הגג לעיני כל ישראל (עיינו שמ"ב ט"ז, כ–כב). זהו כנראה גם פשר מעשהו של ראובן בשכבו עם בלהה פילגש אביו (בראשית ל"ה, כב). גם כעסו של איש בושת על אבנר, שבא על רצפה בת איה, פילגש שאול אביו, נבע מחשש שצעד זה מעיד על כוונתו של אבנר לכבוש את המלוכה על שבטי ישראל (שמ"ב ג', ו–ח).[19] אדוניהו מבין שעליו לנקוט זהירות רבה בנושא, ועל כן לא פנה ישירות לשלמה, אלא ניסה לשכנע את בת שבע לבקש משלמה בעדו.

מדוע עשה זאת אדוניהו? אין לשער שלא היה מודע למשמעויות שעשויות להילוות לצעד זה, שהרי זהירותו ניכרת מתוך פנייתו לבת שבע. האם באמת ביקש לשמור על מעמדו כמועמד למלכות, מכוח היותו בעלה של פילגש המלך? או שמא נבעה בקשתו מאהבה גרידא לאבישג השונמית, שכבר ראינו שהייתה בעלת יופי חריג – "יָפָה עַד

19. במובן מסוים ניתן להבין כך גם את טענת אחשוורוש כלפי המן: "וְהַמֶּלֶךְ שָׁב מִגִּנַּת הַבִּיתָן אֶל בֵּית מִשְׁתֵּה הַיַּיִן וְהָמָן נֹפֵל עַל הַמִּטָּה אֲשֶׁר אֶסְתֵּר עָלֶיהָ וַיֹּאמֶר הַמֶּלֶךְ הֲגַם לִכְבּוֹשׁ אֶת הַמַּלְכָּה עִמִּי בַּבָּיִת" (אסתר ז', ח).

מְאֹד"? יתרה מזאת, מעמדה של אבישג מצדו של דוד נותר מעומעם משהו. בתחילת הפרק הקודם נאמר עליה "וַתְּהִי לַמֶּלֶךְ סֹכֶנֶת וַתְּשָׁרְתֵהוּ וְהַמֶּלֶךְ לֹא יְדָעָהּ". האם הכוונה שהייתה רק משרתת, ומשום כך לא ידעהּ המלך? או שמא נישאה לדוד, אך בפועל תפקדה רק כסוכנת וכמשרתת, שכן המלך לא ידעהּ? אי־בהירות זו מוסיפה לַספק בדבר התועלת שהייתה עשויה לצמוח לאדוניהו ממעשה זה.

הכתוב גופו אינו מבאר זאת, וגם תקדימי העבר עשויים להורות לכאן ולכאן. מצד אחד, אין ספק שזו הייתה מגמתו של אבשלום כששכב עם פילגשי אביו. מצד שני, מעשהו של אבנר בן נר לא היה קשור, כנראה, לשאיפות מלכות. אבנר הגיב בכעס רב על דברי איש בושת שם, הגם שלא הכחיש כלל שבא על רצפה בת איה: "וַיִּחַר לְאַבְנֵר מְאֹד עַל דִּבְרֵי אִישׁ בֹּשֶׁת וַיֹּאמֶר הֲרֹאשׁ כֶּלֶב אָנֹכִי אֲשֶׁר לִיהוּדָה הַיּוֹם אֶעֱשֶׂה חֶסֶד עִם בֵּית שָׁאוּל אָבִיךָ אֶל אֶחָיו וְאֶל מֵרֵעֵהוּ וְלֹא הִמְצִיתִךָ בְּיַד דָּוִד וַתִּפְקֹד עָלַי עֲוֹן הָאִשָּׁה הַיּוֹם" (שם, ח). משמע שאבנר טוען כלפי איש בושת כך: הלוא אני הוא שהעלה אותך למלכות באותו רגע גורלי שבו כבר יכולתי להסגירך לידי דוד, אחרי מות שאול; אתה היית אמור להבין ולקבל את ׳הסידור׳ הזה, שהאיש הקובע בממלכה הוא אני, ואתה – המלך הרשמי; הסידור הזה נוח לי, שהרי איני בנו של שאול כמותך, ובמידה רבה הוא גם הסידור הטוב ביותר שיכולת אתה להשיג; וכעת, במקום להבין ולהפנים שעצם הקיום של ממלכתך תלוי בי, אתה מפנה כלפיי האשמות מרומזות על ניסיון לחתור תחתיך?!

נמצאנו למדים, שלא בכל מקרה בקשת הפילגש היא הכרזה על רצון למלוך, ולעתים היא נובעת מרצון כן לקשר עם אותה אישה. ובכן, כיצד יש לשפוט את בקשתו של אדוניה?

ו. בין בת שבע לשלמה

והנה, בת שבע ושלמה שופטים את בקשתו של אדוניהו בשני כיוונים שונים בתכלית. בת שבע, שגילתה עד כה יחס קר כלפי אדוניהו, מפשירה לפתע:

(יח) וַתֹּאמֶר בַּת שֶׁבַע טוֹב אָנֹכִי אֲדַבֵּר עָלֶיךָ אֶל הַמֶּלֶךְ:

מה הביא את בת שבע להגיב כך? האם הייתה תמימה, ולא הבינה את משמעות הבקשה של אדוניהו? קשה להניח כן. את חוכמתה של בת שבע ראינו בפרק הקודם, כששינתה בתבונה רבה את הדברים ששם נתן בפיה, ופנתה לדוד פנייה חכמה ונבונה. מסתבר אפוא, שבת שבע חשבה שמתן אישור לאדוניהו עשוי להשיג שקט ולספק לאדוניהו סולם 'לרדת מן העץ'. ייתכן שנישואיו עם אבישג השונמית ייתנו לו מידה של תחושת כבוד עצמי, לאחר שהושפל בכישלונו להשיג את המלוכה, והרגיעה תשוב למשפחת דוד.

מתוך תפיסה זו ניגשה בת שבע לשכנע את שלמה לאשר את בקשתו של אדוניהו:

(יט) וַתָּבֹא בַת שֶׁבַע אֶל הַמֶּלֶךְ שְׁלֹמֹה לְדַבֶּר לוֹ[20] עַל אֲדֹנִיָּהוּ וַיָּקָם הַמֶּלֶךְ לִקְרָאתָהּ וַיִּשְׁתַּחוּ לָהּ וַיֵּשֶׁב עַל כִּסְאוֹ וַיָּשֶׂם כִּסֵּא לְאֵם הַמֶּלֶךְ וַתֵּשֶׁב לִימִינוֹ:

יחסו של שלמה לבת שבע מעורר הערכה. הוא נוהג בה כבוד רב, שלא מצאנו כדוגמתו במקרא. בפרק הקודם השתחוו בת שבע ונתן הנביא למלך; כאן קם שלמה לקראת בת שבע ומשתחווה לה – ביטוי יחידאי של כבוד שנוהג מלך באמו. זהו המקום היחיד במקרא שמלך משתחווה בו לבשר ודם!

כעת מגיעה בת שבע ללב העניין. מילה אחת בדבריה מוכיחה, שהיא הבינה את רגישות בקשתו של אדוניה:

(כ) וַתֹּאמֶר שְׁאֵלָה אַחַת קְטַנָּה אָנֹכִי שֹׁאֶלֶת מֵאִתָּךְ אַל תָּשֶׁב אֶת

20. המלבי"ם סבור שהמילה "לו" מעידה כי בת שבע אכן חשבה שתהיה זו טובתו של שלמה להיענות לבקשתו של אדוניהו: "כל דבור שאחריו מלת 'לו' – פירוש: בשבילו, בת שבע חשבה כי זה יהיה לטובת שלמה גם כאן, כי בזה ישוב אליו לאהבה בשימלא חשק לבו".

> פָּנָי וַיֹּאמֶר לָהּ הַמֶּלֶךְ שַׁאֲלִי אִמִּי כִּי לֹא אָשִׁיב אֶת פָּנָיִךְ: (כא)
> וַתֹּאמֶר יֻתַּן אֶת אֲבִישַׁג הַשֻּׁנַמִּית לַאֲדֹנִיָּהוּ אָחִיךָ לְאִשָּׁה:

אדוניהו אמר: "שְׁאֵלָה אַחַת אָנֹכִי שֹׁאֵל מֵאִתָּךְ אַל תָּשִׁבִי אֶת פָּנָי". בת שבע מוסיפה את המילה "קְטַנָּה" – כבאה לצמצם את חשיבות העניין בעיני שלמה. לאחר שקיבלה משלמה הבטחה שלא ישיב את פניה, היא מדגישה בדבריה כי אדוניהו הוא "אָחִיךָ", ועל כן יש מקום להיענות לבקשה.

ואולם, שלמה דוחה את גישתה המפייסת של בת שבע מכול וכול:

> (כב) וַיַּעַן הַמֶּלֶךְ שְׁלֹמֹה וַיֹּאמֶר לְאִמּוֹ וְלָמָה אַתְּ שֹׁאֶלֶת אֶת אֲבִישַׁג
> הַשֻּׁנַמִּית לַאֲדֹנִיָּהוּ וְשַׁאֲלִי לוֹ אֶת הַמְּלוּכָה כִּי הוּא אָחִי הַגָּדוֹל מִמֶּנִּי
> וְלוֹ וּלְאֶבְיָתָר הַכֹּהֵן וּלְיוֹאָב בֶּן צְרוּיָה: (כג) וַיִּשָּׁבַע הַמֶּלֶךְ שְׁלֹמֹה
> בַּה׳ לֵאמֹר כֹּה יַעֲשֶׂה לִּי אֱלֹהִים וְכֹה יוֹסִיף כִּי בְנַפְשׁוֹ דִּבֶּר אֲדֹנִיָּהוּ
> אֶת הַדָּבָר הַזֶּה: (כד) וְעַתָּה חַי ה׳ אֲשֶׁר הֱכִינַנִי וַיּוֹשִׁיבַנִי עַל כִּסֵּא
> דָּוִד אָבִי וַאֲשֶׁר עָשָׂה לִי בַּיִת כַּאֲשֶׁר דִּבֵּר כִּי הַיּוֹם יוּמַת אֲדֹנִיָּהוּ:
> (כה) וַיִּשְׁלַח הַמֶּלֶךְ שְׁלֹמֹה בְּיַד בְּנָיָהוּ בֶן יְהוֹיָדָע וַיִּפְגַּע בּוֹ וַיָּמֹת:

את היחס העדין והמכבד של שלמה לבת שבע מחליפה כעת רוח כעס, מלֻווה באמרות ציניות, והוא מתעלם מהתחייבותו שלא להשיב את פניה. שלמה מזהה את בקשתו של אדוניהו בבירור עם שאיפות מלכות, וכורך עמה את אביתר הכוהן ויואב בן צרויה. הוא רואה בבקשה זו כוונה ברורה של אדוניהו להצהיר כי הוא יורשו של דוד, ועל כן חורץ את דינו למוות. ראוי לזכור, שגם עד עתה נותר אדוניהו בחיים 'על תנאי' מבחינתו של שלמה, שכבר הבהיר: "וְאִם רָעָה תִּמָּצֵא בוֹ – וָמֵת!" (א׳, נב).

עם מי היה הצדק בסיפור הזה: עם בת שבע או עם שלמה? מצד אחד, בסוף הפרק נאמר "וְהַמַּמְלָכָה נָכוֹנָה בְּיַד שְׁלֹמֹה", וניתן להבין שהדברים אמורים כלפי כל מעשיו של שלמה בפרק זה. מצד שני,

גישתה ההגיונית של בת שבע, והעובדה שהמקרא בחר לספר כי שלמה הפר את התחייבותו לבת שבע, מעלות לפחות ספק שמא היה אפשר לנהוג אחרת. זהו סימן השאלה הראשון מכמה סימני שאלה שיעלו על אודות מעשיו של שלמה בפרקי מלכותו הראשונים.

ז. גירוש אביתר

בשני הפסוקים הבאים עובר שלמה לאביתר הכוהן:

> (כו) וּלְאֶבְיָתָר הַכֹּהֵן אָמַר הַמֶּלֶךְ עֲנָתֹת לֵךְ עַל שָׂדֶיךָ כִּי אִישׁ מָוֶת אָתָּה וּבַיּוֹם הַזֶּה לֹא אֲמִיתֶךָ כִּי נָשָׂאתָ אֶת אֲרוֹן אֲדֹנָי ה׳ לִפְנֵי דָּוִד אָבִי וְכִי הִתְעַנִּיתָ בְּכֹל אֲשֶׁר הִתְעַנָּה אָבִי: (כז) וַיְגָרֶשׁ שְׁלֹמֹה אֶת אֶבְיָתָר מִהְיוֹת כֹּהֵן לַה׳ לְמַלֵּא אֶת דְּבַר ה׳ אֲשֶׁר דִּבֶּר עַל בֵּית עֵלִי בְּשִׁלֹה:

גם כאן יש לשאול: עד כמה הכתוב מצדיק את מעשהו של שלמה? האומנם היה אביתר "אִישׁ מָוֶת"?! מבחינת שלמה, שראה בבקשת אדוניהו את אבישג הוכחה כי הלה טרם זנח את חלומות המלוכה שלו, נותרו גם תומכיו המובהקים של אדוניהו סכנה למלכותו, כדבריו לבת שבע (פס׳ כב): "וְלָמָה אַתְּ שֹׁאֶלֶת אֶת אֲבִישַׁג הַשֻּׁנַמִּית לַאֲדֹנִיָּהוּ וְשַׁאֲלִי לוֹ אֶת הַמְּלוּכָה כִּי הוּא אָחִי הַגָּדוֹל מִמֶּנִּי **וְלוֹ וּלְאֶבְיָתָר הַכֹּהֵן וּלְיוֹאָב בֶּן צְרוּיָה**". אם כן, ניתן לראות בצעד הזה של שלמה משום חנינה לאביתר, שהיה ראוי לעונש מוות, אך בשל עברו המיוחד הסתפק שלמה בגירושו מן הכהונה.[21] מצד שני, הספק אם נהג שלמה באדוניהו כראוי תקֵף גם בעניין מנהגו באביתר, וביתר שאת, שכן אין ברור כלל שאביתר היה מעורב בבקשת אדוניהו את אבישג.

21. ייתכן ששלמה חש מחויבות מיוחדת לאביתר, כהמשך לדברי דוד אליו לאחר פרשת נוב: "וַיֹּאמֶר דָּוִד לְאֶבְיָתָר יָדַעְתִּי בַּיּוֹם הַהוּא כִּי שָׁם דּוֹאֵג הָאֲדֹמִי כִּי הַגֵּד יַגִּיד לְשָׁאוּל אָנֹכִי סַבֹּתִי בְּכָל נֶפֶשׁ בֵּית אָבִיךָ. שְׁבָה אִתִּי אַל תִּירָא כִּי אֲשֶׁר יְבַקֵּשׁ אֶת נַפְשִׁי יְבַקֵּשׁ אֶת נַפְשֶׁךָ כִּי מִשְׁמֶרֶת אַתָּה עִמָּדִי" (שמ"א כ"ב, כב-כג).

מכל מקום, המקרא רואה במעשה זה את התגשמות נבואת איש האלוהים על בית עלי. בנבואה זו נאמר שהכהונה תילקח מבית עלי: "אָמוֹר אָמַרְתִּי בֵּיתְךָ וּבֵית אָבִיךָ יִתְהַלְּכוּ לְפָנַי עַד עוֹלָם וְעַתָּה נְאֻם ה׳ חָלִילָה לִּי כִּי מְכַבְּדַי אֲכַבֵּד וּבֹזַי יֵקָלּוּ" (שמ"א ב׳, ל). ואף נזכר בה, שלא כל צאצאי עלי ימותו קודם זמנם,[22] אלא יהיו מבניו שייוותרו בחיים, כדי לראות כיצד בית כהונה אחר תופס את מקומם: "וְאִישׁ לֹא אַכְרִית לְךָ מֵעִם מִזְבְּחִי לְכַלּוֹת אֶת עֵינֶיךָ וְלַאֲדִיב אֶת נַפְשֶׁךָ" (שם, לג). כבר ציינו בפרק הקודם שעוד בימי דוד הלך מקומו של אביתר ונדחק מפני צדוק הכוהן. כעת מגיעה התגשמות הנבואה לשיאה: הכוהן האחרון לבית עלי[23] מגורש לביתו.[24]

ח. יואב

כזכור, בצוואתו לשלמה הנחה אותו דוד לנהוג בשיקול דעת על מנת

22. רבים מהם אכן מתו קודם זמנם, ובהם חפני ופינחס (עיינו שמ"א ד׳, יא) ואחימלך וכוהני נוב (שם כ"ב, יח-כ), שאביתר היה היחיד שנמלט מן הטבח בהם.
23. כזכור, אביתר הוא בנו של אחימלך בן אחיטוב (שמ"א כ"ב, כא), ואחיטוב הוא בנו של פינחס בן עלי הכוהן (שם י"ד, ג).
24. למרות האמור כאן, בפרק ד׳, ברשימת נושאי התפקידים בממלכתו של שלמה, נאמר "וְצָדוֹק וְאֶבְיָתָר כֹּהֲנִים" (פס׳ ד). המפרשים הציעו כיוונים שונים בדבר. רד"ק שם כתב: "מן הדומה כי כהן אחר היה שמו אביתר"; והדוחק בדבריו ברור. רלב"ג כתב: "ידמה כי אף על פי שגרש אותו מהיות כהן לה׳ ואמר לו שילך ענתות הנה הוכרח לעבוד בעת היות צדוק בלתי ראוי לעבודה". ואילו לדעת מצודת דוד, "צדוק כהן גדול ואביתר סגן".
ואולי יש לומר שסדר הכתובים אינו כסדר הכרונולוגי: הכתוב ריכז בפרקנו את כל המעשים הנוגעים ל"וְהַמַּמְלָכָה נָכוֹנָה בְּיַד שְׁלֹמֹה" (פס׳ מו); אך בזמן מסוים – לפני המסופר בפרקנו – שימשו צדוק ואביתר יחדיו בכהונה. והא ראיה: בהמשך הפרק נאמר "וַיֵּשֶׁב שִׁמְעִי בִּירוּשָׁלִַם **יָמִים רַבִּים**. וַיְהִי מִקֵּץ **שָׁלֹשׁ שָׁנִים**..." (פס׳ לט-מ) – מכאן שהמסופר בפרקנו השתרע על פני זמן רב. ייתכן אפוא שבקשת אדוניהו הייתה כעבור זמן מה, ובעקבותיה נפרע שלמה גם מן האחרים. אם כנים דברינו, ניתן להציע שאדוניהו ההין לבקש את אבישג גם משום שסבר כי הזמן שחלף מאז ניסיון ההמלכה הכושל שלו הקהה את המתח והחריפות.

לאפשר פגיעה ביואב: "וְעָשִׂיתָ כְּחָכְמָתֶךָ וְלֹא תוֹרֵד שֵׂיבָתוֹ בְּשָׁלֹם שְׁאֹל" (פס׳ ו). מסתבר שלא היה אפשר לפגוע ביואב בשל הריגתם של אבנר בן נר ועמשא בן יתר גרידא, שכן על מעשים אלו כבר חלה 'התיישנות', ומה עוד שדוד עצמו לא עשה לו דבר על כך. על כן נדרשה עילה אחרת, ולוּ במובן הפורמלי, להריגת יואב.[25]

את ההזדמנות לכך סיפק אדוניהו בשעה שביקש את אבישג השונמית לאישה. כבר ראינו לעיל, ששלמה ראה בכך לא רק הכרזה על כוונות מרד מצד אדוניהו עצמו, אלא גם חלק ממזימה כללית של אדוניהו ושני שותפיו – אביתר ויואב. כעת, לאחר שפגע בשניים הראשונים, עובר שלמה למשימה הקשה מכולם – פגיעה בשר צבאו של דוד, יואב בן צרויה:

(כח) וְהַשְּׁמֻעָה בָּאָה עַד יוֹאָב כִּי יוֹאָב נָטָה אַחֲרֵי אֲדֹנִיָּה וְאַחֲרֵי אַבְשָׁלוֹם לֹא נָטָה[26] וַיָּנָס יוֹאָב אֶל אֹהֶל ה׳ וַיַּחֲזֵק בְּקַרְנוֹת הַמִּזְבֵּחַ: (כט) וַיֻּגַּד לַמֶּלֶךְ שְׁלֹמֹה כִּי נָס יוֹאָב אֶל אֹהֶל ה׳ וְהִנֵּה אֵצֶל הַמִּזְבֵּחַ וַיִּשְׁלַח שְׁלֹמֹה אֶת בְּנָיָהוּ בֶן יְהוֹיָדָע לֵאמֹר לֵךְ פְּגַע בּוֹ: (ל) וַיָּבֹא

25. וכדברי רד"ק: "ושלמה לא הרגו עד עתה כי אמר עד שימצא לו קצת עילה להמיתו כי כן צוה לו דוד 'ועשית כחכמתך', והיה ממתין לו עד שימצא לו עילה להמיתו". אמנם רד"ק הבין אחרת מה הייתה העילה להמיתו.

26. מה ראה הכתוב להזכיר כאן שיואב לא נטה אחרי אבשלום? המפרשים הציעו כיוונים שונים. רש"י הסיק מכאן שגם למרד אבשלום ביקש יואב להצטרף, אך לא עשה זאת כי "נתיירא שעדיין לחלוחית של דוד קיימת". רד"ק סבור שהכתוב בא להטעים את חומרת התמיכה באדוניהו: לו נטה יואב אחרי אבשלום, שרוב עם ישראל תמך בו, לא היה בכך כדי להצדיק את הריגתו; אבל התמיכה בהמלכת אדוניהו, כנגד רצונו של דוד, היא מרד של ממש. ואילו רלב"ג חידש שמילים אלו רומזות לאשמה אחרת של יואב בעיני דוד: "כי יואב הרגיש היותו אשם משני צדדים: האחד, כי נטה אחרי אדניהו להמליכו בזולת עצת דוד, והשני כי לא נטה אחרי אבשלום **להצילו מן המות** כמו שצוהו דוד"; אמנם על דרך הפשט קשה לפרש ש"לא נטה" היינו 'לא נטה אחריו להצילו ממוות'. ואולי לא בא הכתוב להגיד אלא את מה שנאמר בו: יואב נטה אחרי אדוניהו, אף על פי שלא נטה אחרי אבשלום – והרי זו עדות נוספת למורכבות של אישיותו, שכבר עמדנו עליה בהרחבה בספר **שמואל ב׳ – מלכות דוד**.

בְנָיָהוּ אֶל אֹהֶל ה׳ וַיֹּאמֶר אֵלָיו כֹּה אָמַר הַמֶּלֶךְ צֵא וַיֹּאמֶר לֹא כִּי פֹה אָמוּת וַיָּשֶׁב בְּנָיָהוּ אֶת הַמֶּלֶךְ דָּבָר לֵאמֹר כֹּה דִבֶּר יוֹאָב וְכֹה עָנָנִי: (לא) וַיֹּאמֶר לוֹ הַמֶּלֶךְ עֲשֵׂה כַּאֲשֶׁר דִּבֶּר וּפְגַע בּוֹ וּקְבַרְתּוֹ וַהֲסִירֹתָ דְּמֵי חִנָּם אֲשֶׁר שָׁפַךְ יוֹאָב מֵעָלַי וּמֵעַל בֵּית אָבִי:[27] (לב) וְהֵשִׁיב ה׳ אֶת דָּמוֹ עַל רֹאשׁוֹ אֲשֶׁר פָּגַע בִּשְׁנֵי אֲנָשִׁים צַדִּקִים וְטֹבִים מִמֶּנּוּ וַיַּהַרְגֵם בַּחֶרֶב וְאָבִי דָוִד לֹא יָדָע[28] אֶת אַבְנֵר בֶּן נֵר שַׂר צְבָא יִשְׂרָאֵל וְאֶת עֲמָשָׂא בֶן יֶתֶר שַׂר צְבָא יְהוּדָה: (לג) וְשָׁבוּ דְמֵיהֶם בְּרֹאשׁ יוֹאָב וּבְרֹאשׁ זַרְעוֹ לְעֹלָם וּלְדָוִד וּלְזַרְעוֹ וּלְבֵיתוֹ וּלְכִסְאוֹ יִהְיֶה שָׁלוֹם עַד עוֹלָם מֵעִם ה׳: (לד) וַיַּעַל בְּנָיָהוּ בֶּן יְהוֹיָדָע וַיִּפְגַּע בּוֹ וַיְמִתֵהוּ וַיִּקָּבֵר בְּבֵיתוֹ בַּמִּדְבָּר:[29]

יואב עצמו כבר הבין, שלאחר אדוניהו ואביתר יבוא תורו, ועל כן לא המתין, אלא ברח לקרנות המזבח, באמונה שהן יצילו אותו, כשם שהצילו קודם לכן את אדוניהו (א׳, נ-נג). אילו הייתה התמיכה באדוניהו חטאו היחיד של יואב בעיני שלמה, ייתכן שצעד זה אכן היה מציל אותו ממוות, כפי שראינו בסוף פרק א׳. בכך שב סימן השאלה המלווה את הפרק, ומרחף כעת גם מעל הריגת יואב, שהרי

27. כשאדם נרצח, דמיו מוטלים על הרוצח. כל עוד הרוצח חי, קיימת אשמה קולקטיבית, כדברי התורה: ״וְלָאָרֶץ לֹא יְכֻפַּר לַדָּם אֲשֶׁר שֻׁפַּךְ בָּהּ כִּי אִם בְּדַם שֹׁפְכוֹ״ (במדבר ל״ה, לג; ועיינו בראשית ד׳, י). אשמה זו רובצת על בית דוד, שהיה אחראי להריגת הרוצח, ולא עשה זאת עד כה. בהריגת יואב יכופר לארץ, ודמי הנרצחים יבואו אל מנוחתם.
28. למילים אלו יש משמעות רבה בנוגע להריגת אבנר. המקרא עצמו אכן הדגיש ״וְדָוִד לֹא יָדָע״ (שמ״ב ג׳, כו), אבל לעם לא היה דבר זה ברור כלל ועיקר, ודוד נאלץ לצאת מגדרו על מנת להוכיח להם שידיו לא היו במעל, למרות הקשר ההדוק שלו עם יואב (ראו בהרחבה **שמואל ב׳ – מלכות דוד**, עמ׳ 42-45).
29. המדרש מצא בציון המקום המפתיע הזה רעיון מוסרי: ״כמדבר – מה מדבר מופקר לכל, אף ביתו של יואב מופקר לכל. דבר אחר: כמדבר – מה מדבר מנוקה מגזל ועריות, אף ביתו של יואב מנוקה מגזל ועריות״ (סנהדרין מט ע״א). גם מדרש זה מבטא את הצד החיובי באישיותו של יואב, ומציג אותו כדמות מורכבת יותר מכפי שהציגו שלמה.

ברי כי יואב נהרג לא רק משום שהרג את שני שרי צבאות ישראל, אלא גם משום שנטה אחרי אדוניהו.

על כל פנים, מאחר שהאשמה המהותית של יואב הייתה רצח, הייתה לשלמה הצדקה לפגוע בו גם בעודו אוחז בקרנות המזבח. אבל גם כאן, כמו בהריגת אדוניהו, מציג המקרא דמות העומדת בניגוד מסוים לשלמה: שם הייתה זו בת שבע, וכאן – בניהו בן יהוידע. העימות ביניהם הוא לא על עצם השאלה **האם** להרוג את יואב, אלא על השאלה **היכן** לעשות זאת: למרות הציווי המפורש של שלמה "לֵךְ פְּגַע בּוֹ", בניהו איננו מרגיש בנוח להרוג את יואב בעודו מחזיק בקרנות המזבח, וכפי שאכן עולה מפשט הפסוק: "וְכִי יָזִד אִישׁ עַל רֵעֵהוּ לְהָרְגוֹ בְעָרְמָה מֵעִם מִזְבְּחִי **תִּקָּחֶנּוּ** לָמוּת" (שמות כ"א, יד). ולכן, בהגיעו לאוהל ה', הוא פונה ליואב: "וַיֹּאמֶר אֵלָיו כֹּה אָמַר הַמֶּלֶךְ צֵא". לאחר שסירב יואב לזוז מן המקום, בניהו חוזר לשלמה ומתאר את המצב, אך שלמה עומד על דעתו: "עֲשֵׂה כַּאֲשֶׁר דִּבֶּר וּפְגַע בּוֹ וּקְבַרְתּוֹ". גם כאן, ייתכן שקשיחותו של שלמה מוגזמת, ומביאה לפגיעה במשכן.[30]

כאן יש להעיר על השוואה מאלפת בין ההגדרות של דוד ושלמה לשני שרי הצבא. דוד כינה אותם "שְׁנֵי שָׂרֵי צִבְאוֹת יִשְׂרָאֵל" (פס' ה), ואילו שלמה אמר: "אֶת אַבְנֵר בֶּן נֵר **שַׂר צְבָא יִשְׂרָאֵל** וְאֶת עֲמָשָׂא בֶן יֶתֶר **שַׂר צְבָא יְהוּדָה**". יש בכך רמז מטרים (בדומה למה שראינו לעיל א', לה) לפיצול הממלכה העתיד לבוא בעטיו של שלמה; פיצול זה נגרם, בין היתר, בגלל שלטונו התקיף של שלמה, שבא אולי לידי ביטוי כבר בפרקנו.

30. כדי לשכנע את בניהו בצדקתו, מוסיף שלמה מילים שלא הופיעו בצוואה של דוד: "וְהֵשִׁיב ה' אֶת דָּמוֹ עַל רֹאשׁוֹ אֲשֶׁר פָּגַע בִּשְׁנֵי אֲנָשִׁים **צַדִּקִים וְטֹבִים מִמֶּנּוּ** וַיַּהַרְגֵם בַּחֶרֶב" – תוספת שאין ברור כלל ועיקר כי היא נכונה. לעיל הערה 6 ראינו כי ייתכן בהחלט שעמשא בן יתר שב ומרד בדוד, והריגתו הייתה אפוא מוצדקת. אשר לאבנר, אף שלא הייתה הצדקה להרגו, אין ברור שהיה 'צדיק וטוב' מיואב: גם ידיו של אבנר היו מגואלות בדם, והוא היה האשם בפיצול הממלכה אחרי מות שאול (ראו **שמואל ב' – מלכות דוד**, עמ' 19-21).

הפִּסקה מסתיימת במשפט המאשר שהריגת יואב נעשתה כחלק ממגמה כללית של החלפת תומכי אדוניהו:

(לה) וַיִּתֵּן הַמֶּלֶךְ אֶת בְּנָיָהוּ בֶן יְהוֹיָדָע תַּחְתָּיו עַל הַצָּבָא וְאֶת צָדוֹק הַכֹּהֵן נָתַן הַמֶּלֶךְ תַּחַת אֶבְיָתָר:

כעת, לאחר סיפור המאבק בשלושת המנהיגים של מחנה אדוניהו, עובר המקרא להגשמת חלק אחר בצוואתו של דוד: הפגיעה בשמעי בן גרא.

ט. שמעי

כזכור, גם בעניין הריגת שמעי הנחה דוד את שלמה לפעול בחוכמה יתרה, שכן דוד נשבע לו שלא יפגע בו, ולעת עתה אין לשלמה הצדקה מוסרית לעשות כן. ואכן, שלמה נוקט כאן בדרך מתוחכמת במיוחד. תחילה הוא מורה לשמעי לשבת בירושלים:

(לו) וַיִּשְׁלַח הַמֶּלֶךְ וַיִּקְרָא לְשִׁמְעִי וַיֹּאמֶר לוֹ בְּנֵה לְךָ בַיִת בִּירוּשָׁלַ͏ִם
וְיָשַׁבְתָּ שָׁם וְלֹא תֵצֵא מִשָּׁם אָנֶה וָאָנָה: (לז) וְהָיָה בְּיוֹם צֵאתְךָ
וְעָבַרְתָּ אֶת נַחַל קִדְרוֹן יָדֹעַ תֵּדַע כִּי מוֹת תָּמוּת דָּמְךָ יִהְיֶה בְרֹאשֶׁךָ:
(לח) וַיֹּאמֶר שִׁמְעִי לַמֶּלֶךְ טוֹב הַדָּבָר כַּאֲשֶׁר דִּבֶּר אֲדֹנִי הַמֶּלֶךְ כֵּן
יַעֲשֶׂה עַבְדֶּךָ וַיֵּשֶׁב שִׁמְעִי בִּירוּשָׁלַ͏ִם יָמִים רַבִּים:

והנה, אף על פי שקיבל עליו את התנאי, כעבור שלוש שנים שמעי מפר אותו:

(לט) וַיְהִי מִקֵּץ שָׁלֹשׁ שָׁנִים וַיִּבְרְחוּ שְׁנֵי עֲבָדִים לְשִׁמְעִי אֶל
אָכִישׁ בֶּן מַעֲכָה מֶלֶךְ גַּת וַיַּגִּידוּ לְשִׁמְעִי לֵאמֹר הִנֵּה עֲבָדֶיךָ בְּגַת:
(מ) וַיָּקָם שִׁמְעִי וַיַּחֲבֹשׁ אֶת חֲמֹרוֹ וַיֵּלֶךְ גַּתָה אֶל אָכִישׁ לְבַקֵּשׁ אֶת
עֲבָדָיו וַיֵּלֶךְ שִׁמְעִי וַיָּבֵא אֶת עֲבָדָיו מִגַּת:

מה ראה שמעי לשטות זו? מדוע הפר באופן כה בוטה תנאי שחייו תלויים בו? נראה ששלמה נקט בכוונת מכוון בניסוח שיש בו כדי להטעות. מצד אחד, התנאי מדגיש את האיסור לצאת מירושלים לכל כיוון: "וְלֹא תֵצֵא מִשָּׁם אָנֶה וָאָנָה". מצד שני, עונש המוות נזכר על ההליכה מזרחה דווקא – "בְּיוֹם צֵאתְךָ וְעָבַרְתָּ אֶת נַחַל קִדְרוֹן..."; מכאן ניתן לשמעי פתח להבין שהאיסור הוא רק ללכת לביתו שבבחורים, ממזרח לקדרון,[31] אך לא מערבה. לכן כעבור שלוש שנים, כשנצרך ללכת בדחיפות להחזיר את עבדיו, הורה שמעי היתר לעצמו שלא יאונה לו רע אם ילך מערבה ויחזיר את עבדיו. אלא שבדיוק להזדמנות זו המתין שלמה:

(מא) וַיֻּגַּד לִשְׁלֹמֹה כִּי הָלַךְ שִׁמְעִי מִירוּשָׁלַםִ גַּת וַיָּשֹׁב: (מב) וַיִּשְׁלַח הַמֶּלֶךְ וַיִּקְרָא לְשִׁמְעִי וַיֹּאמֶר אֵלָיו הֲלוֹא הִשְׁבַּעְתִּיךָ בַה' וָאָעִד בְּךָ לֵאמֹר בְּיוֹם צֵאתְךָ וְהָלַכְתָּ אָנֶה וָאָנָה יָדֹעַ תֵּדַע כִּי מוֹת תָּמוּת וַתֹּאמֶר אֵלַי טוֹב הַדָּבָר שָׁמָעְתִּי: (מג) וּמַדּוּעַ לֹא שָׁמַרְתָּ אֵת שְׁבֻעַת ה' וְאֶת הַמִּצְוָה אֲשֶׁר צִוִּיתִי עָלֶיךָ:

ודוק: כששלמה מזכיר לשמעי את התנאי, הוא משמיט ממנו את האזכור של נחל קדרון, ומציין רק את תחילת דבריו – "בְּיוֹם צֵאתְךָ וְהָלַכְתָּ אָנֶה וָאָנָה יָדֹעַ תֵּדַע כִּי מוֹת תָּמוּת". בכך הוא מכריע שנחל קדרון נזכר כדוגמה בלבד, וכל יציאה מירושלים מחייבת מיתה. שלמה גם מוסיף כאן פרט שלא נזכר קודם לכן: "הִשְׁבַּעְתִּיךָ בַה'". בכך נסגר מעגל: הפרת השבועה של שמעי מכשירה את הדרך להריגתו, שנמנעה בגלל שבועתו של דוד.[32]

31. כידוע לנו מסיפור המפגש בין דוד ושמעי בזמן מרד אבשלום: תחילה חצה דוד את נחל קדרון (שמ"ב ט"ו, כג); אז המשיך בדרכו מזרחה וטיפס על הר הזיתים (שם, ל) עד לפסגתו (שם, לב); ולאחר שהתחיל לרדת מן ההר לכיוון מדבר יהודה (ט"ז, א) והגיע לבחורים, נתקל בשמעי (שם, ה).

32. הדרך המתוחכמת שנקט שלמה כלפי שמעי בן גרא, כפי שציווהו דוד, רק מחדדת שגם בהריגת יואב היה עליו לנהוג בדרך דומה, ולא בדרך הישירה שבה נקט.

במקרה זה אין שלמה מסתיר את מגמתו האמיתית, ושהפרת השבועה בנוגע ליציאה מן העיר איננה אלא עילה לפגוע בשמעי בן גרא:

(מד) וַיֹּאמֶר הַמֶּלֶךְ אֶל שִׁמְעִי אַתָּה יָדַעְתָּ אֵת כָּל הָרָעָה אֲשֶׁר יָדַע לְבָבְךָ אֲשֶׁר עָשִׂיתָ לְדָוִד אָבִי וְהֵשִׁיב ה' אֶת רָעָתְךָ בְּרֹאשֶׁךָ: (מה) וְהַמֶּלֶךְ שְׁלֹמֹה בָּרוּךְ וְכִסֵּא דָוִד יִהְיֶה נָכוֹן לִפְנֵי ה' עַד עוֹלָם:

אשמתו העיקרית של שמעי היא הפגיעה בדוד. באותה שעה ניצל מעונש בזכות הנסיבות הפוליטיות של סיום מרד אבשלום, שבעטיין חילץ מדוד שבועה שלא יפגע בו. כעת בא שמעי על עונשו.

דומה שבפרשת שמעי המקרא מצדיק את שלמה לחלוטין. ראשית, בפרשה זו שלמה פועל רק מתוך רצון להגשים את צוואת אביו, ואין לו אינטרס אישי, כמו בהריגת אדוניהו ויואב. שנית, שמעי אכן היה בן מוות לכל דבר, ורק נסיבות פוליטיות ספציפיות חילצו אותו בשעתו מעונש. שלישית, הסיומת של דברי שלמה – "וְהַמֶּלֶךְ שְׁלֹמֹה בָּרוּךְ וְכִסֵּא דָוִד יִהְיֶה נָכוֹן לִפְנֵי ה' עַד עוֹלָם" – מקבילה לתיאור האובייקטיבי של המקרא בפסוק הבא: "וְהַמַּמְלָכָה נָכוֹנָה בְּיַד שְׁלֹמֹה". ולבסוף, גם בפרקנו מוצג שמעי באופן שלילי: רדיפתו אחר עבדיו הבורחים מעידה על שתי תכונות רעות. ראשית, היא נובעת מרדיפת בצע גרידא (ואולי גם מרצון להפגין שליטה), וזהו צל נוסף על אישיותו, שבשל רדיפת בצע הסתכן בפרשנות המקלה לאזהרתו של שלמה. שנית, החזרת עבד נמלט מנוגדת לרעיון העומד מאחרי ציווי התורה "לֹא תַסְגִּיר עֶבֶד אֶל אֲדֹנָיו אֲשֶׁר יִנָּצֵל אֵלֶיךָ מֵעִם אֲדֹנָיו" (דברים כ"ג, טז), המלמד כי יש לנהוג בטוב בעבד שנמלט – כנראה בשל יחס רע שקיבל מאת אדוניו.

י. וְלִבְנֵי בַרְזִלַּי הַגִּלְעָדִי תַּעֲשֶׂה חֶסֶד?

הפרק מסתיים בפגיעה בשמעי בן גרא, ובסיכום חיובי של המצב כולו:

(מו) וַיְצַו הַמֶּלֶךְ אֶת בְּנָיָהוּ בֶּן יְהוֹיָדָע וַיֵּצֵא וַיִּפְגַּע בּוֹ וַיָּמֹת וְהַמַּמְלָכָה נָכוֹנָה בְּיַד שְׁלֹמֹה:

אין ספק שכעת ממלכתו של שלמה יציבה, ואין מי שמאיים עליה. מבחינה זו, הסיכום נראה כביטוי חיובי למציאות שיצר שלמה. עם זאת, כבר ראינו שהפרק מעלה כמה סימני שאלה על דרכו של שלמה, וייתכן שניתן לעמוד על הספק גם מתוך הפער שבין הנאמר בפס' יב: "וַתִּכֹּן מַלְכֻתוֹ מְאֹד", לבין מה שנאמר כעת בסוף הפרק: "וְהַמַּמְלָכָה נָכוֹנָה בְּיַד שְׁלֹמֹה", כלומר, שהפעילות הקשוחה של שלמה במידה מסוימת דווקא צמצמה את עוצמת נכונותה של הממלכה בידי שלמה.

יתרה מזאת, דומה שסימן השאלה החריף ביותר עולה דווקא ממה שלא נכתב בסיפור. שלמה מקיים את ציוויו של דוד לפגוע בשני אנשים – יואב בן צרויה ושמעי בן גרא – ומוסיף עליהם עוד שניים: אדוניה בן חגית ואביתר הכוהן. אבל בצוואתו של דוד היה עוד ציווי אחד, שלא מצאנו ששלמה קיים אותו: "וְלִבְנֵי בַרְזִלַּי הַגִּלְעָדִי תַּעֲשֶׂה חֶסֶד וְהָיוּ בְּאֹכְלֵי שֻׁלְחָנֶךָ כִּי כֵן קָרְבוּ אֵלַי בְּבָרְחִי מִפְּנֵי אַבְשָׁלוֹם אָחִיךָ". כזכור, הציווי לעשות חסד עם בני ברזילי הקהה את מידת הדין שאפיינה את יתר הצוואה. אבל אצל שלמה, שפוגע במספר כפול של אנשים, אין נזכר הקיום של הציווי הזה, לא כאן ולא בשום מקום אחר. אין ספק ששלמה עלה על אביו בכושר השלטון שלו. אך האם יוכל למצוא את האיזון הרצוי בין כוח ושלטון לבין חסד ורחמים, שהם תנאי חשוב לא־פחות ליציבות הממלכה? שאלה זו, העולה כאן מאליה, תוסיף ותלווה אותנו לאורך פרקי מלכות שלמה, עד לתשובה העגומה שבסופם.

פרק ג

משפט שלמה וחלום שלמה

א. נישואין עם בת פרעה וזביחה בבמות

לאחר שסופר כיצד יִיצב את שלמה את ממלכתו והגן עליה מפני אנשים שהיו עלולים לסכן אותה, מתחיל המקרא לספר על ראשית ממלכתו. בפסוקים הראשונים נזכרות שתי עובדות מרכזיות, שיש לעמוד על משמעותן:

(א) וַיִּתְחַתֵּן שְׁלֹמֹה אֶת פַּרְעֹה מֶלֶךְ מִצְרָיִם וַיִּקַּח אֶת בַּת פַּרְעֹה
וַיְבִיאֶהָ אֶל עִיר דָּוִד עַד כַּלֹּתוֹ לִבְנוֹת אֶת בֵּיתוֹ וְאֶת בֵּית ה׳ וְאֶת
חוֹמַת יְרוּשָׁלַם סָבִיב: (ב) רַק הָעָם מְזַבְּחִים בַּבָּמוֹת כִּי לֹא נִבְנָה
בַיִת לְשֵׁם ה׳ עַד הַיָּמִים הָהֵם: (ג) וַיֶּאֱהַב שְׁלֹמֹה אֶת ה׳ לָלֶכֶת
בְּחֻקּוֹת דָּוִד אָבִיו רַק בַּבָּמוֹת הוּא מְזַבֵּחַ וּמַקְטִיר: (ד) וַיֵּלֶךְ הַמֶּלֶךְ
גִּבְעֹנָה לִזְבֹּחַ שָׁם כִּי הִיא הַבָּמָה הַגְּדוֹלָה אֶלֶף עֹלוֹת יַעֲלֶה שְׁלֹמֹה
עַל הַמִּזְבֵּחַ הַהוּא:

כיצד יש לראות את נישואי שלמה עם בת פרעה ואת תופעת ההקטרה בבמות? דומה שגם כאן יש מורכבות מסוימת, הקשורה לשאלה באיזו מידה מתפרשים הדברים האלה על פי תוצאותיהם בעתיד.

נבחן תחילה את עניין נישואי שלמה עם נוכרית.[1] בכתוב שלפנינו אין רמז לביקורת כלשהי על שלמה בנושא זה, ונראה שמדובר בנישואין פוליטיים מקובלים בין מנהיגי מדינות, כשם שעשה גם דוד כשנשא את מעכה בת תלמי מלך גשור (שמ"ב ג', ג).[2] אמנם להלן נלמד שהנשים הנוכריות שנשא שלמה הטו את לבבו אחרי אלוהים אחרים: "**וְהַמֶּלֶךְ שְׁלֹמֹה אָהַב** נָשִׁים נָכְרִיּוֹת רַבּוֹת וְאֶת בַּת פַּרְעֹה מוֹאֲבִיּוֹת עַמֳּנִיּוֹת אֲדֹמִיֹּת צֵדְנִיֹּת חִתִּיֹּת... וַיְהִי לְעֵת זִקְנַת שְׁלֹמֹה נָשָׁיו הִטּוּ אֶת לְבָבוֹ אַחֲרֵי אֱלֹהִים אֲחֵרִים וְלֹא הָיָה לְבָבוֹ שָׁלֵם עִם ה' אֱלֹהָיו כִּלְבַב דָּוִיד אָבִיו" (י"א, א–ד). אבל לעת עתה עדיין ניכר שהמעשה מצד עצמו לא היה פסול. ודוק: להלן נאמר ששלמה "אהב" נשים נוכריות, אבל בפרקנו אין נזכרת אהבה לבת פרעה, אדרבה, הכתוב מדגיש "**וַיֶּאֱהַב שְׁלֹמֹה אֶת ה'** לָלֶכֶת בְּחֻקּוֹת דָּוִד אָבִיו".[3]

1. בבת פרעה הבעיה אינה רק היותה נוכרית, אלא גם היותה מצרית, שבפשטות נישואין עמה הם כנגד צו התורה: "לֹא תְתַעֵב מִצְרִי כִּי גֵר הָיִיתָ בְאַרְצוֹ. בָּנִים אֲשֶׁר יִוָּלְדוּ לָהֶם דּוֹר שְׁלִישִׁי יָבֹא לָהֶם בִּקְהַל ה'" (דברים כ"ג, ח–ט). רד"ק הביא שתי דעות בנושא זה מן הסוגיה ביבמות דף עו: לפי דעה אחת, האיסור הוא רק בלא נתגיירו, אבל אם נתגיירו – מותרות לישראל; ולסוברים שגם אם נתגיירו אסורות, אכן עשה שלמה איסור בנישואין אלו. רד"ק עצמו העדיף לפרש כדעה שנדחתה בגמרא (שם עז ע"ב), הסבורה שהאיסור נוהג רק בזכרים, ולא בנקבות ("כי מה שאמר 'בנים אשר ילדו להם דור שלישי' – 'בנים', ולא בנות"), והוסיף במפתיע: "**ואף על פי שלא נקבעה ההלכה כדברי זה החכם** אף על פי שאמר כי קבלה היתה בידו, **נראין דבריו** (!), כי לא ראינו בכתוב שחטא שלמה על שלקח בת פרעה, אלא על שהִרבה נשים ודבק בהם באהבה עד שהסירו את לבבו והניח נשיו הנוכריות לעבוד אלהים אחרים". דומה שרד"ק מעדיף לפרש כדעה שלא נפסקה להלכה, כי פירוש זה עולה מתוך פשוטו של מקרא.
2. חוקרים מציינים שמלכי מצרים – שלא כמלכי ארצות אחרות – לא נהגו להשיא את בנותיהם למלכים זרים, ובנישואי שלמה עם בת פרעה יש אפוא מעלה מיוחדת ועדות לחשיבותו היתרה.
3. דבר דומה מצינו בשמשון. שמשון נשא אף הוא נוכרית בתחילת דרכו, ואף שם לא נאמר הדבר לגנאי, אלא להפך: "וַיֵּרֶד שִׁמְשׁוֹן תִּמְנָתָה וַיַּרְא אִשָּׁה בְּתִמְנָתָה מִבְּנוֹת פְּלִשְׁתִּים. וַיַּעַל וַיַּגֵּד לְאָבִיו וּלְאִמּוֹ וַיֹּאמֶר אִשָּׁה רָאִיתִי בְתִמְנָתָה מִבְּנוֹת פְּלִשְׁתִּים וְעַתָּה קְחוּ אוֹתָהּ לִי לְאִשָּׁה... וְאָבִיו וְאִמּוֹ לֹא יָדְעוּ כִּי מֵה' הִיא כִּי תֹאֲנָה הוּא מְבַקֵּשׁ מִפְּלִשְׁתִּים וּבָעֵת הַהִיא פְּלִשְׁתִּים מֹשְׁלִים בְּיִשְׂרָאֵל" (שופטים

ככל פרקי שלמה, גם את הפרק הזה יש לקרוא פעמיים. בקריאה הראשונה אין אנו מרגישים בביקורת על מעשה זה. אבל בקריאה השנייה, כשכבר מכירים את סופו של שלמה, מבינים שכבר מלכתחילה הייתה מכשלה בביתו; וכפי שנראה בהמשך, בת פרעה מילאה תפקיד חשוב במלכות שלמה ובבעיותיה.[4]

בדומה לזה יש לראות גם את תופעת הזביחה בבמות. הציון בפס׳ ב "רַק הָעָם מְזַבְּחִים בַּבָּמוֹת" מפתיע, שכן למילה ׳רק׳ יש קונוטציה מסויגת. וכן מצינו בפס׳ ד: "וַיֶּאֱהַב שְׁלֹמֹה אֶת ה׳ לָלֶכֶת בְּחֻקּוֹת דָּוִד אָבִיו רַק בַּבָּמוֹת הוּא מְזַבֵּחַ וּמַקְטִיר". ואכן, כל שאר ההופעות של ביטוי זה באות בהקשר שלילי, כניגוד להליכתו של המלך בדרכי ה׳, כגון האמור ביהושפט – "וַיֵּלֶךְ בְּכָל דֶּרֶךְ אָסָא אָבִיו לֹא סָר מִמֶּנּוּ לַעֲשׂוֹת הַיָּשָׁר בְּעֵינֵי ה׳. אַךְ הַבָּמוֹת לֹא סָרוּ עוֹד הָעָם מְזַבְּחִים וּמְקַטְּרִים בַּבָּמוֹת" (מל״א כ״ב, מב-מד); ביואש – "וַיַּעַשׂ יְהוֹאָשׁ הַיָּשָׁר בְּעֵינֵי ה׳ כָּל יָמָיו אֲשֶׁר הוֹרָהוּ יְהוֹיָדָע הַכֹּהֵן. רַק הַבָּמוֹת לֹא סָרוּ עוֹד הָעָם מְזַבְּחִים וּמְקַטְּרִים בַּבָּמוֹת" (מל״ב י״ב, ג-ד); ובמלכים אחרים.[5] אלא שבכל ההופעות שלהלן כבר היה בית המקדש קיים, וההקרבה בבמות, מחוץ למקדש, הייתה אסורה. ואילו בפרקנו טרם נבנה המקדש, והכתוב עצמו מדגיש זאת: "כִּי לֹא נִבְנָה בַיִת לְשֵׁם ה׳ עַד הַיָּמִים הָהֵם". לפיכך יש להקשות: "למה אמר ׳רק׳, והלא מותרות היו הבמות עד שבנה הבית?" (רד״ק).

יש שסברו, שאמנם גם כאן יש לביטוי זה משמעות שלילית. רש״י כתב: "בגנותו דבר הכתוב, ששהה את בנין הבית ארבע שנים", ולדעתו הכתוב מבקר את שלמה על שלא החל בבניין המקדש מיד

י״ד, א-ד). אבל בסוף דרכו נאמר: "וַיְהִי אַחֲרֵי כֵן **וַיֶּאֱהַב** אִשָּׁה בְּנַחַל שֹׂרֵק וּשְׁמָהּ דְּלִילָה" (שם ט״ז, ד), ומעורבות רגשית זו הביאה עליו את סופו.

4. הקריאה השנייה, שכבר מודעת לסוף, תדקדק גם במה שנאמר בחלק השני של פס׳ א: "וַיְבִיאֶהָ אֶל עִיר דָּוִד עַד כַּלֹּתוֹ לִבְנוֹת **אֶת בֵּיתוֹ וְאֶת בֵּית ה׳** וְאֶת חוֹמַת יְרוּשָׁלַ‍ִם סָבִיב". כריכת בניין ביתו של שלמה בבניין בית ה׳ היא עניין מהותי בהמשך חייו של שלמה, כפי שיתבאר להלן בפרק ז׳.

5. כך נאמר גם באמציהו (מל״ב י״ד, א-ד), בעוזיהו (שם ט״ו, ד) וביותם (שם, לה).

בתחילת מלכותו. אבל רד"ק סבר שהבעיה אצל שלמה הייתה שלא הקריב במקום אחד, כדוד בשעתו, אלא בבמות רבות ושונות, והוסיף: "כי הרבות הבמות מביא האדם לעבודה זרה, כי הוא משפט הגוים שבונים במה בכל הר וגבעה ותחת כל עץ רענן". ונראה שגם את הדבר הזה יש להבין על פי גישת הקריאה השנייה. אכן, בשלב זה התמונה נראית חיובית, וכדברי הכתוב: "וַיֶּאֱהַב שְׁלֹמֹה אֶת ה'". אבל במבט לאחור ניתן לראות את הקשר שבין ריבוי הבמות ואלף העולות לבין הסוף הידוע – נישואין עם אלף נשים נוכריות, ובעקבות זאת: "אָז יִבְנֶה שְׁלֹמֹה בָּמָה לִכְמוֹשׁ שִׁקֻּץ מוֹאָב בָּהָר אֲשֶׁר עַל פְּנֵי יְרוּשָׁלָ‍ִם וּלְמֹלֶךְ שִׁקֻּץ בְּנֵי עַמּוֹן. וְכֵן עָשָׂה לְכָל נָשָׁיו הַנָּכְרִיּוֹת מַקְטִירוֹת וּמְזַבְּחוֹת לֵאלֹהֵיהֶן" (י"א, ז-ח).

ב. חלום שלמה

לאחר ההקרבה בגבעון, זוכה שלמה להתגלות ה' בחלום:

(ה) בְּגִבְעוֹן נִרְאָה ה' אֶל שְׁלֹמֹה בַּחֲלוֹם הַלָּיְלָה וַיֹּאמֶר אֱלֹהִים שְׁאַל מָה אֶתֶּן לָךְ:

הצעתו של הקב"ה לשלמה "שְׁאַל מָה אֶתֶּן לָךְ" היא חריגה במקרא.[6] מהמשך הדברים נראה, שהצעה זו היא בבחינת ניסיון, האם יֵדע שלמה לבקש את הבקשה הנכונה, ויזכה לקבל במאור פנים את בקשתו, ואף יותר ממה שביקש. משמעותו העמוקה של הסיפור תיבחן לאור תשובתו של שלמה:

(ו) וַיֹּאמֶר שְׁלֹמֹה אַתָּה עָשִׂיתָ עִם עַבְדְּךָ דָוִד אָבִי חֶסֶד גָּדוֹל כַּאֲשֶׁר הָלַךְ לְפָנֶיךָ בֶּאֱמֶת וּבִצְדָקָה וּבְיִשְׁרַת לֵבָב עִמָּךְ וַתִּשְׁמָר לוֹ אֶת

6. הדבר היחיד הדומה לה במקרא הוא ההצעה של אליהו לאלישע: "שְׁאַל מָה אֶעֱשֶׂה לָּךְ בְּטֶרֶם אֶלָּקַח מֵעִמָּךְ" (מל"ב ב', ט).

הַחֶסֶד הַגָּדוֹל הַזֶּה[7] וַתִּתֶּן לוֹ בֵן יֹשֵׁב עַל כִּסְאוֹ כַּיּוֹם הַזֶּה: (ז) וְעַתָּה ה׳ אֱלֹהָי אַתָּה הִמְלַכְתָּ אֶת עַבְדְּךָ תַּחַת דָּוִד אָבִי וְאָנֹכִי נַעַר קָטֹן לֹא אֵדַע צֵאת וָבֹא: (ח) וְעַבְדְּךָ בְּתוֹךְ עַמְּךָ אֲשֶׁר בָּחָרְתָּ עַם רָב אֲשֶׁר לֹא יִמָּנֶה וְלֹא יִסָּפֵר מֵרֹב: (ט) וְנָתַתָּ לְעַבְדְּךָ לֵב שֹׁמֵעַ לִשְׁפֹּט אֶת עַמְּךָ לְהָבִין בֵּין טוֹב לְרָע כִּי מִי יוּכַל לִשְׁפֹּט אֶת עַמְּךָ הַכָּבֵד הַזֶּה:

בקשתו של שלמה נראית כבחירה האידאלית: אין הוא מבקש דבר לטובת עצמו, אלא רק יכולת לשפוט את עם ישראל. ואכן, שלמה זוכה לתגובה חיובית ביותר מאת ה׳:

(יא) וַיֹּאמֶר אֱלֹהִים אֵלָיו יַעַן אֲשֶׁר שָׁאַלְתָּ אֶת הַדָּבָר הַזֶּה וְלֹא שָׁאַלְתָּ לְּךָ יָמִים רַבִּים וְלֹא שָׁאַלְתָּ לְּךָ עֹשֶׁר וְלֹא שָׁאַלְתָּ נֶפֶשׁ אֹיְבֶיךָ וְשָׁאַלְתָּ לְּךָ הָבִין לִשְׁמֹעַ מִשְׁפָּט: (יב) הִנֵּה עָשִׂיתִי כִּדְבָרֶיךָ הִנֵּה נָתַתִּי לְךָ לֵב חָכָם וְנָבוֹן אֲשֶׁר כָּמוֹךָ לֹא הָיָה לְפָנֶיךָ וְאַחֲרֶיךָ לֹא יָקוּם כָּמוֹךָ: (יג) וְגַם אֲשֶׁר לֹא שָׁאַלְתָּ נָתַתִּי לָךְ גַּם עֹשֶׁר גַּם כָּבוֹד אֲשֶׁר לֹא הָיָה כָמוֹךָ אִישׁ בַּמְּלָכִים כָּל יָמֶיךָ: (יד) וְאִם תֵּלֵךְ בִּדְרָכַי לִשְׁמֹר חֻקַּי וּמִצְוֹתַי כַּאֲשֶׁר הָלַךְ דָּוִיד אָבִיךָ וְהַאֲרַכְתִּי אֶת יָמֶיךָ:

שלמה מקבל הרבה יותר מכפי שביקש: ״הִנֵּה נָתַתִּי לְךָ לֵב חָכָם וְנָבוֹן **אֲשֶׁר כָּמוֹךָ לֹא הָיָה לְפָנֶיךָ וְאַחֲרֶיךָ לֹא יָקוּם כָּמוֹךָ**״. יש כאן הבטחה כפולה: ראשית, חוכמתו לא תהיה רק להבין משפט, אלא גם חוכמה יוצאת דופן בהיסטוריה האנושית; שנית, הוא יקבל לא רק תבונה, כבקשתו (״**לְהָבִין** בֵּין טוֹב לְרָע״, ״וְשָׁאַלְתָּ לְּךָ **הָבִין** לִשְׁמֹעַ מִשְׁפָּט״), אלא גם חוכמה – ״הִנֵּה נָתַתִּי לְךָ לֵב **חָכָם** וְנָבוֹן״. נראה שתבונה היא היכולת להכריע בין טוב לרע ולעשות משפט צדק, ואילו חוכמה כוללת גם כישרון למצוא דרכים מיוחדות לחשיפת האמת, כפי שהתגלה להלן, במשפט שלמה, שבסיומו נאמר: ״וַיִּרְאוּ מִפְּנֵי הַמֶּלֶךְ

7. הבטחת ה׳ לדוד שהמלכות תישאר בביתו עד עולם מכונה בכמה מקומות במקרא ׳חסד׳. עיינו לדוגמה שמ״ב ז׳, טו; תהילים פ״ט, ג, כה, כט, לד; דה״ב א׳, ח.

כִּי רָאוּ כִּי **חָכְמַת אֱלֹהִים בְּקִרְבּוֹ לַעֲשׂוֹת מִשְׁפָּט**" (פס׳ כח). החוכמה היא גם תכונה כללית, מלבד התבונה הקשורה במשפט, כפי שנאמר להלן: "וַיִּתֵּן אֱלֹהִים **חָכְמָה** לִשְׁלֹמֹה **וּתְבוּנָה** הַרְבֵּה מְאֹד **וְרֹחַב לֵב** כַּחוֹל אֲשֶׁר עַל שְׂפַת הַיָּם. וַתֵּרֶב **חָכְמַת** שְׁלֹמֹה **מֵחָכְמַת** כָּל בְּנֵי קֶדֶם וּמִכֹּל חָכְמַת מִצְרָיִם. **וַיֶּחְכַּם** מִכָּל הָאָדָם מֵאֵיתָן הָאֶזְרָחִי וְהֵימָן וְכַלְכֹּל וְדַרְדַּע בְּנֵי מָחוֹל וַיְהִי שְׁמוֹ בְכָל הַגּוֹיִם סָבִיב. וַיְדַבֵּר שְׁלֹשֶׁת אֲלָפִים מָשָׁל ויהי שִׁירוֹ חֲמִשָּׁה וָאָלֶף... וַיָּבֹאוּ מִכָּל הָעַמִּים לִשְׁמֹעַ אֵת **חָכְמַת** שְׁלֹמֹה מֵאֵת כָּל מַלְכֵי הָאָרֶץ אֲשֶׁר שָׁמְעוּ אֶת **חָכְמָתוֹ**" (ה׳, ט-יד). מלבד זאת קיבל שלמה גם דברים שלא ביקש כלל: עושר, כבוד ואריכות ימים. דומה אפוא ששלמה עמד במבחן היטב, ועל כן זכה לברכות רבות.

אבל מלבד המבחן, יש בסיפור זה גם חשיבות אחרת. הפרק מבטא את הרעיון שחוכמתו חסרת התקדים של שלמה באה לו מאת ה׳ – כפי התפיסה הכללית במקרא, שכוחות מיוחדים שיש לאדם ניתנו מאת ה׳. כיוצא בזה מצינו בשמשון: לסיפורו יוחדה הקדמה ארוכה, שעניינה לומר כי כוחו הפיזי יוצא הדופן בא לו מידי הקב"ה (שופטים י"ג). כל זאת כנגד תפיסות אליליות, שראו בני אדם בעלי כישרונות מיוחדים כבעלי מעמד אלוהי. תפיסה אלילית זו קיבלה ביטוי מיוחד בתיאור של נגיד צור, שנודע אף הוא בחוכמתו: "בֶּן אָדָם אֱמֹר לִנְגִיד צֹר כֹּה אָמַר אֲדֹנָי ה׳ יַעַן גָּבַהּ לִבְּךָ וַתֹּאמֶר אֵל אָנִי מוֹשַׁב אֱלֹהִים יָשַׁבְתִּי בְּלֵב יַמִּים וְאַתָּה אָדָם וְלֹא אֵל וַתִּתֵּן לִבְּךָ כְּלֵב אֱלֹהִים. הִנֵּה חָכָם אַתָּה מִדָּנִיֵּאל כָּל סָתוּם לֹא עֲמָמוּךָ. בְּחָכְמָתְךָ וּבִתְבוּנָתְךָ עָשִׂיתָ לְּךָ חָיִל וַתַּעַשׂ זָהָב וָכֶסֶף בְּאוֹצְרוֹתֶיךָ. בְּרֹב חָכְמָתְךָ בִּרְכֻלָּתְךָ הִרְבִּיתָ חֵילֶךָ וַיִּגְבַּהּ לְבָבְךָ בְּחֵילֶךָ" (יחזקאל כ"ח, א-ה). זהו אפוא החשש המרכזי באדם שקיבל מאת ה׳ כוחות מיוחדים, ומשום כך חשוב להדגיש שכוחות אלו אינם מעניקים לאדם זכות מיוחדת, כי אם חובה: לנצל את הכישורים שנתן לו ה׳ למטרות החיוביות שלשמן קיבל כוחות אלו.

עם זאת, חוכמתו המיוחדת של שלמה לא ניתנה לו בבחינת ׳יש מאין׳. כפי שראינו בפרק הקודם, החוכמה המיוחדת של שלמה נזכרה עוד לפני החלום, בצוואתו של דוד: "וְעָשִׂיתָ כְּחָכְמָתֶךָ וְלֹא

תוֹרִד שֵׂיבָתוֹ בְּשָׁלֹם שְׁאֹל... וְעַתָּה אַל תְּנַקֵּהוּ כִּי אִישׁ חָכָם אָתָּה" (ב', ו, ט). מסתבר שהייתה בשלמה חוכמה מלידה, וחוכמה זו רק התעצמה וגדלה בעקבות החלום בגבעון.

ג. לְהָבִין בֵּין טוֹב לְרָע

לכאורה סיפור זה מדבר כולו בשבחו של שלמה, שבחר בבחירה הנכונה וקיבל את שכרו משלם. ואולם, בעיון מעמיק יותר מתגלים רמזים שגם בפרשה זו התמונה איננה כה חלקה כפי שהיא נראית במבט ראשון.

הרמז הספרותי הבולט ביותר הוא הפער בין דברי ה' על מה שהיה שלמה יכול לבקש לבין דבריו על מה שניתן לשלמה בפועל. תחילה אמר ה' לשלמה: "יַעַן אֲשֶׁר שָׁאַלְתָּ אֶת הַדָּבָר הַזֶּה (1) וְלֹא שָׁאַלְתָּ לְּךָ יָמִים רַבִּים (2) וְלֹא שָׁאַלְתָּ לְּךָ עֹשֶׁר (3) וְלֹא שָׁאַלְתָּ נֶפֶשׁ אֹיְבֶיךָ". אבל בהמשך נאמר: "וְגַם אֲשֶׁר לֹא שָׁאַלְתָּ נָתַתִּי לָךְ (1) גַּם עֹשֶׁר גַּם **כָּבוֹד** אֲשֶׁר לֹא הָיָה כָמוֹךָ אִישׁ בַּמְּלָכִים כָּל יָמֶיךָ. (2) וְאִם תֵּלֵךְ בִּדְרָכַי לִשְׁמֹר **חֻקַּי וּמִצְוֺתַי** כַּאֲשֶׁר הָלַךְ דָּוִיד אָבִיךָ וְהַאֲרַכְתִּי אֶת יָמֶיךָ". בעניין בקשת העושר יש תוספת כפולה: ראשית, נלווה אליו גם כבוד; ושנית, אף הוא – כחוכמת שלמה – יהיה ללא תקדים. ההבטחה לאריכות ימים, לעומת זאת, מותנית בשמירת מצוות.[8] ואכן, הבטחת העושר והכבוד התקיימה במלואה, אך אריכות ימים לא נאמרה בשלמה, שהרי נאמר עליו "וְלֹא הָלְכוּ בִדְרָכַי לַעֲשׂוֹת הַיָּשָׁר בְּעֵינַי וְחֻקֹּתַי וּמִשְׁפָּטַי כְּדָוִד אָבִיו" (י"א, לג); הוא מלך ארבעים שנה (שם, מב), כדוד אביו, אבל גילו במותו לא נזכר.[9] והעיקר: בקשת

8. התניה זו אמורה כבר בפרשת המלך: "וְכָתַב לוֹ אֶת מִשְׁנֵה הַתּוֹרָה הַזֹּאת... לְמַעַן יִלְמַד לְיִרְאָה אֶת ה' אֱלֹהָיו לִשְׁמֹר אֶת כָּל דִּבְרֵי הַתּוֹרָה הַזֹּאת וְאֶת **הַחֻקִּים** הָאֵלֶּה לַעֲשֹׂתָם. לְבִלְתִּי רוּם לְבָבוֹ מֵאֶחָיו וּלְבִלְתִּי סוּר מִן **הַמִּצְוָה** יָמִין וּשְׂמֹאול לְמַעַן **יַאֲרִיךְ יָמִים** עַל מַמְלַכְתּוֹ הוּא וּבָנָיו בְּקֶרֶב יִשְׂרָאֵל" (דברים י"ז, יח–כ).

9. ונראה שמת בגיל צעיר מגילו של דוד אביו במותו. שהרי דוד מלך בן שלושים (שמ"ב ה', ד), ושלמה מעיד על עצמו כאן "וְאָנֹכִי נַעַר קָטֹן", ואם כן, בוודאי

"נֶפֶשׁ אֹיְבֶיךָ" – שנזכרה במפורש בין הדברים שהיה שלמה יכול לבקש – לא ניתנה לו, ואכן גם לא התקיימה במציאות, שהרי שלמה לא הצליח ללכוד את השטנים שקמו לו (עיינו י"א, יד-כח).

ובכן, שלמה לא זכה בכל מה שהיה יכול לזכות, ונראה אפוא שגם בסיפור זה יש רמז לבעייתיות מסוימת בו. אבל איזו בעיה ניתן למצוא בדבריו היפים של שלמה?

דומה שניתן להצביע על שתי בעיות העולות בדבריו. ראשית, את בקשתו של שלמה – "וְעַבְדְּךָ בְּתוֹךְ עַמְּךָ אֲשֶׁר בָּחָרְתָּ עַם **רָב** אֲשֶׁר לֹא יִמָּנֶה וְלֹא יִסָּפֵר **מֵרֹב**. וְנָתַתָּ לְעַבְדְּךָ לֵב שֹׁמֵעַ לִשְׁפֹּט אֶת עַמְּךָ לְהָבִין בֵּין טוֹב לְרָע כִּי מִי יוּכַל לִשְׁפֹּט אֶת עַמְּךָ **הַכָּבֵד** הַזֶּה" – יש להשוות לפרשת מינוי השופטים בספר שמות, שבה נאמר למשה "נָבֹל תִּבֹּל גַּם אַתָּה גַּם הָעָם הַזֶּה אֲשֶׁר עִמָּךְ כִּי **כָבֵד** מִמְּךָ הַדָּבָר לֹא תוּכַל עֲשֹׂהוּ לְבַדֶּךָ" (שמות י"ח, יח), וכן לדברי משה בתחילת ספר דברים "ה' אֱלֹהֵיכֶם **הִרְבָּה** אֶתְכֶם וְהִנְּכֶם הַיּוֹם כְּכוֹכְבֵי הַשָּׁמַיִם **לָרֹב**" (דברים א', י). משה ושלמה התמודדו שניהם עם עַם רב וכבד. אבל משה הבין שאדם אחד אכן אינו יכול להתמודד עם כל זה, ואילו שלמה מבקש לעשות זאת לבדו. בכך ביקש שלמה חוכמה על־טבעית, כפי שהדגיש בעצמו: "כִּי מִי יוּכַל לִשְׁפֹּט אֶת עַמְּךָ **הַכָּבֵד** הַזֶּה?". התשובה הפשוטה לשאלה זו היא שאכן אין איש שיכול לעשות זאת.

יתרה מזאת, הצירוף "לְהָבִין בֵּין טוֹב לְרָע" מזכיר את פרשת גן עדן, שהצירוף "טוב ורע" מופיע בה ארבע פעמים. בייחוד בולט הדמיון לדברי הנחש: "וִהְיִיתֶם כֵּאלֹהִים יֹדְעֵי טוֹב וָרָע" (בראשית ג', ה). אמנם לעת עתה אין נראה ששלמה מבקש להיות כאלוהים, אבל לעתיד לבוא אכן תעלה השאלה עד כמה הקפיד שלמה לשמור על המרחק הראוי בין האדם ובין אלוהים. ואכן, כשהקב"ה חוזר על הבקשה של שלמה, הוא משמיט את הצירוף הזה פעמיים: "וְשָׁאַלְתָּ לְּךָ הָבִין לִשְׁמֹעַ מִשְׁפָּט. הִנֵּה עָשִׂיתִי כִּדְבָרֶיךָ הִנֵּה נָתַתִּי לְךָ לֵב חָכָם

היה פחות מבן שלושים (ולדעת חז"ל החל למלוך בגיל שתים עשרה [סדר עולם רבה יד], ואם כן, היה בן חמישים ושתיים שנה במותו).

וְנָבוֹן". והצירוף הזה נשמט גם מן הפרשה המקבילה בספר דברי הימים – המספר בשבח בית דוד[10] – ולא נאמר שם אלא "עַתָּה חָכְמָה וּמַדָּע תֶּן לִי" (דה"ב א׳, י).

דומה אפוא, שהסיפור רומז לסכנה הטמונה בחוכמה הניתנת בזה לשלמה. האם ישכיל שלמה להבין, שחוכמה זו באה לו מאת ה׳ על מנת לשפוט את העם בצדק ובתבונה? או שמא ייחס לעצמו כוחות מיוחדים, וינצל את חוכמתו גם למעשים רעים? גם בעניין זה תשכיל אותנו היכרות עם המשכו של הספר. שלמה ניצל את חוכמתו להשגת דברים שהתורה אסרה על המלך לרדוף אחריהם: "וְכָל הָאָרֶץ מְבַקְשִׁים אֶת פְּנֵי שְׁלֹמֹה לִשְׁמֹעַ אֶת **חָכְמָתוֹ** אֲשֶׁר נָתַן אֱלֹהִים בְּלִבּוֹ. וְהֵמָּה מְבִאִים אִישׁ מִנְחָתוֹ כְּלֵי **כֶסֶף** וּכְלֵי **זָהָב** וּשְׂלָמוֹת וְנֵשֶׁק וּבְשָׂמִים **סוּסִים** וּפְרָדִים דְּבַר שָׁנָה בְּשָׁנָה" (י׳, כד-כה); וכפי שנראה בהרחבה להלן. מתוך ידיעת המשך הסיפור נוכל להבחין כבר עתה בסכנה הטמונה בחוכמה האלוהית חסרת התקדים שקיבל שלמה. אכן, לעת עתה עדיין ניתן לראות את הטוב שבבקשה זו, וסופה לא היה חייב להיות כשהיה. אבל כשכבר מכירים את הסוף, מבינים ששורשי הבעיות נבטו כבר עתה, בקבלת החוכמה האלוהית, המחייבת זהירות רבה.

ביטוי ספציפי לבעייתיות זו נוכל לראות בהמשך הסיפור – בפרשה הקרויה בפי כול "משפט שלמה".

ד. "מה החוכמה היתרה שיש במשפט הזה?"

לאחר שניעור מחלומו, חוזר שלמה לירושלים ומודה לה׳ על מה שנאמר לו:

10. ספר דברי הימים איננו מזכיר את הפרשיות השליליות של דוד ושלמה, כמו פרשת דוד ובת שבע, אמנון ותמר, מרד אבשלום והנשים הנוכריות של שלמה, וכבר עמד על כך הפירוש המיוחס לרש"י לדברי הימים במקומות שונים, כגון בפירושו לדה"א י׳, א: "וכאשר בא לספר מעשה דוד אינו מספר זילותו אלא גבורתו וגדולתו" (וראו עוד פירושיו שם א׳, א; ב׳, י, טו; ג׳, י; ועוד).

(טו) וַיִּקַץ שְׁלֹמֹה וְהִנֵּה חֲלוֹם וַיָּבוֹא יְרוּשָׁלַם וַיַּעֲמֹד לִפְנֵי אֲרוֹן בְּרִית אֲדֹנָי וַיַּעַל עֹלוֹת וַיַּעַשׂ שְׁלָמִים וַיַּעַשׂ מִשְׁתֶּה לְכָל עֲבָדָיו:

אז באות אל שלמה שתי נשים למשפט:

(טז) אָז תָּבֹאנָה שְׁתַּיִם נָשִׁים זֹנוֹת אֶל הַמֶּלֶךְ וַתַּעֲמֹדְנָה לְפָנָיו:
(יז) וַתֹּאמֶר הָאִשָּׁה הָאַחַת בִּי אֲדֹנִי אֲנִי וְהָאִשָּׁה הַזֹּאת יֹשְׁבֹת בְּבַיִת
אֶחָד וָאֵלֵד עִמָּהּ בַּבָּיִת: (יח) וַיְהִי בַּיּוֹם הַשְּׁלִישִׁי לְלִדְתִּי וַתֵּלֶד
גַּם הָאִשָּׁה הַזֹּאת וַאֲנַחְנוּ יַחְדָּו אֵין זָר אִתָּנוּ בַּבַּיִת זוּלָתִי שְׁתַּיִם
אֲנַחְנוּ בַּבָּיִת: (יט) וַיָּמָת בֶּן הָאִשָּׁה הַזֹּאת לָיְלָה אֲשֶׁר שָׁכְבָה עָלָיו:
(כ) וַתָּקָם בְּתוֹךְ הַלַּיְלָה וַתִּקַּח אֶת בְּנִי מֵאֶצְלִי וַאֲמָתְךָ יְשֵׁנָה
וַתַּשְׁכִּיבֵהוּ בְּחֵיקָהּ וְאֶת בְּנָהּ הַמֵּת הִשְׁכִּיבָה בְחֵיקִי: (כא) וָאָקֻם
בַּבֹּקֶר לְהֵינִיק אֶת בְּנִי וְהִנֵּה מֵת וָאֶתְבּוֹנֵן אֵלָיו בַּבֹּקֶר וְהִנֵּה לֹא
הָיָה בְנִי אֲשֶׁר יָלָדְתִּי: (כב) וַתֹּאמֶר הָאִשָּׁה הָאַחֶרֶת לֹא כִי בְּנִי הַחַי
וּבְנֵךְ הַמֵּת וְזֹאת אֹמֶרֶת לֹא כִי בְּנֵךְ הַמֵּת וּבְנִי הֶחָי וַתְּדַבֵּרְנָה לִפְנֵי
הַמֶּלֶךְ: (כג) וַיֹּאמֶר הַמֶּלֶךְ זֹאת אֹמֶרֶת זֶה בְּנִי הַחַי וּבְנֵךְ הַמֵּת וְזֹאת
אֹמֶרֶת לֹא כִי בְּנֵךְ הַמֵּת וּבְנִי הֶחָי:

לפי ההבנה הפשוטה של הסיפור, יש כאן ספק מוחלט: מילה מול מילה. אין כל דרך להכריע מי דוברת אמת ומי משקרת, ולכאורה אין לשלמה שום דרך להגיע למשפט צדק. אף על פי כן מצא שלמה בחוכמתו אמצעי לגלות מיהי האֵם האמיתית:

(כד) וַיֹּאמֶר הַמֶּלֶךְ קְחוּ לִי חָרֶב וַיָּבִאוּ הַחֶרֶב לִפְנֵי הַמֶּלֶךְ:
(כה) וַיֹּאמֶר הַמֶּלֶךְ גִּזְרוּ אֶת הַיֶּלֶד הַחַי לִשְׁנָיִם וּתְנוּ אֶת הַחֲצִי
לְאַחַת וְאֶת הַחֲצִי לְאֶחָת: (כו) וַתֹּאמֶר הָאִשָּׁה אֲשֶׁר בְּנָהּ הַחַי אֶל
הַמֶּלֶךְ כִּי נִכְמְרוּ רַחֲמֶיהָ עַל בְּנָהּ וַתֹּאמֶר בִּי אֲדֹנִי תְּנוּ לָהּ אֶת
הַיָּלוּד הַחַי וְהָמֵת אַל תְּמִיתֻהוּ וְזֹאת אֹמֶרֶת גַּם לִי גַּם לָךְ לֹא יִהְיֶה

גְּזֹרוּ: (כז) וַיַּעַן הַמֶּלֶךְ וַיֹּאמֶר תְּנוּ לָהּ אֶת הַיָּלוּד הַחַי וְהָמֵת לֹא תְמִיתֻהוּ הִיא אִמּוֹ:[11]

פרשה זו היא ביטוי ראשון להתגשמות הבטחתו של הקב"ה לשלמה בחלום, ולהתוודעותם של כל ישראל לחוכמה המיוחדת של המלך:

(כח) וַיִּשְׁמְעוּ כָל יִשְׂרָאֵל אֶת הַמִּשְׁפָּט אֲשֶׁר שָׁפַט הַמֶּלֶךְ וַיִּרְאוּ מִפְּנֵי הַמֶּלֶךְ כִּי רָאוּ כִּי חָכְמַת אֱלֹהִים בְּקִרְבּוֹ לַעֲשׂוֹת מִשְׁפָּט:

כך נראית משמעותו הפשוטה של הסיפור.

ואולם, זה מאות בשנים מתקשים פרשנים לקרוא את הסיפור בקריאה פשוטה זו, ומנסים למצוא בו משמעויות אחרות. כבר תמה ר׳ יצחק אברבנאל, מה המיוחד בסיפור זה אם מבינים אותו כפשוטו: "ואם היה כדבריהם, היה הדבר מבואר, ולא היה לשלמה בזה חוכמה רבה, ולא לישראל שיראו ממנו מפני זה". שאלה זו הועלתה גם על שולחנו של הרדב"ז, שהיה צעיר מאברבנאל בכארבעים שנה: "שאלת ממני

11. הסיפור מזכיר במקצת את פרשת ציבא ומפיבושת. דוד נתן את כל נכסי בית שאול למפיבושת בן יונתן (שמ"ב ט׳). בזמן מרד אבשלום הופיע ציבא, עבדו של מפיבושת, לפני דוד, וטען שמפיבושת שותף למרד וסובר שישוב למלוכה (שמ"ב ט"ז, א-ד). ברם, בטענה זו לא היה שום היגיון (עיינו בהרחבה **שמואל ב׳ – מלכות דוד**, עמ׳ 214); אף על פי כן העביר דוד בעקבותיה לציבא את כל הנכסים שנתן בשעתו למפיבושת. לאחר מרד אבשלום הופיע מפיבושת לפני דוד והסביר לו בטוב טעם מדוע לא הלך עם דוד, וכששמע דוד את דבריו הכריע: "וַיֹּאמֶר לוֹ הַמֶּלֶךְ לָמָּה תְּדַבֵּר עוֹד דְּבָרֶיךָ אָמַרְתִּי אַתָּה וְצִיבָא תַּחְלְקוּ אֶת הַשָּׂדֶה" (שמ"ב י"ט, ל). ומפיבושת השיב: "גַּם אֶת הַכֹּל יִקָּח אַחֲרֵי אֲשֶׁר בָּא אֲדֹנִי הַמֶּלֶךְ בְּשָׁלוֹם אֶל בֵּיתוֹ". גם שם, כמו בפרקנו, נדרש מלך להכריע בין שתי גרסות; בשני המקרים הכריע המלך ׳יחלוקו׳, ובשניהם הביע אחד המידיינים, לאחר ההכרעה, נכונות לוותר על מה שקיבל. בסיפור בשמואל ברור מן המקרא שהצדק עם מפיבושת, ודוד לא נהג כשורה כשהתעלם גם מתגובתו להכרעת הדין. אבל שלמה (שאולי נכח בהכרעה בין מפיבושת לציבא) הבין בחוכמתו, שמי שמוכן לוותר על שלו עבור ערך נעלה יותר, עשוי להיות הצודק דווקא.

ידיד נפשי על המשפט ששפט שלמה המלך עליו השלום בין שתי הנשים זונות... ומה החוכמה היתרה שיש במשפט הזה? אין זה כי אם תחבולה מן התחבולות, ויש בזמננו מי שיודע לעשות תחבולות כאלה וזולתם!" (שו"ת הרדב"ז חלק ג סימן תרלד).

משום כך הניחו אברבנאל ורדב"ז, שאכן יש בסיפור עוד גורם אחר בעל משמעות. זה לשון אברבנאל בפירושו לפרקנו: "מהכרת פני הנשים הזונות ומפרצופיהן כשעיין בהן ואופן דבריהם כששמע אותן השיג מצפוני לבותן וירד לאמת העניין, וגלה ליושבים לפניו תוכן העניין ואמותו כפי מה שהשיג בחוכמתו מפרצופי הנשים". לדעתו, כבר מדברי הנשים הכיר שלמה בחוכמתו עם מי הצדק, ואף אמר זאת ליושבים לפניו, ומבחן גזירת הילד לא בא אלא להוכיח את צדקתו. בכיוון דומה הלך גם רדב"ז, והציע כמה דרכים כיצד גילה שלמה עם מי הצדק.[12]

רדב"ז הכיר כי פירושו ששלמה ידע מלכתחילה עם מי הצדק "לא נזכר זה בכתוב בהדיא", אך ציין: "דרך הכתוב לקצר". עוד הציע לדייק זאת ממה שנאמר בפס' כב "וַתְּדַבֵּרְנָה לִפְנֵי הַמֶּלֶךְ", "שנראה מיותר לגמרי, אלא בא לומר שעמדו לפניו זמן מה ונסתכל בהם והכיר המשפט קודם שידברו". ברם, דומה כי פשט המילים הללו הוא

12. הצעתו הראשונה הייתה ששלמה "הכיר פרצוף הילד החי דומה לפרצוף האישה אשר תובעת אותו, ופרצוף הילד המת דומה לפרצוף האישה אשר בידה הילד החי". ואולם, דומה שבדרך זו הקושי מחריף: אם כן, מה החוכמה היתרה שגילה שלמה בסיפור זה?

הצעתו השנייה היא בגדר 'אוקימתא', המכניסה לסיפור היבט שאינו מפורש בו: "עוד הכיר את טבע האישה התובעת שהיא קצרת התנועה זריזה וזהירה ולא שכבה על בנה, ואת האשה האחרת הכיר בה הפך זה, ושפט בדעתו כי המת בנה של זו".

גם ההצעה השלישית מערבת בסיפור היבט שאיננו כתוב בו: "עוד מסתמא שאל את עניינם ואמרו לו שזו שומרת יבם אשר הבן החי בידה, ואמר בודאי אין אשה רוצה לטרוח להניק את מי שאינו בנה אם לא לשום תכלית של הנאה, כי אין הטבע מסכים על זה כלל, ולפיכך דן מדעתו כי אשה זו רוצה בילד החי אף על פי שאינו בנה להפטר מן החליצה ומן הייבום. אבל האשה אחרת, אם איתא דמת בנה, מה לה לתבוע את בן חבירתה לטרוח עליו ולהניקו ללא תכלית וסבה?".

שהנשים הוסיפו לדבר עוד דברים, מלבד הטענות המפורשות הנזכרות בפסוקים שלפני הפסוק הזה.

שאלה אחרת שעלתה בפרשה היא מי משתי הנשים הייתה האֵם, שצדקתה התגלתה במבחן שהעמיד שלמה. רדב״ז הניח בפשטות שהתובעת היא האם האמיתית. וכן כתב בעל מצודת דוד: ״מתוך דבריהן הכיר המלך בחוכמתו הדין עם מי ואמר להיושבים לפניו **שכן הוא האמת שהאחת גנבה הילד החי** ולאמת דבריו עשה הבחינה״. אבל איש מהם לא הסביר כיצד למד מן המקרא שהתובעת היא האֵם.

מלבי״ם, לעומתם, סבר שהנתבעת הייתה האֵם. גם לדעתו שלמה ידע עוד לפני המבחן עם מי הצדק, על פי ההבדל בין הלשונות שנקטו שתי הנשים: ״וַתֹּאמֶר הָאִשָּׁה הָאַחֶרֶת לֹא כִי **בְּנִי הַחַי וּבְנֵךְ הַמֵּת** וְזֹאת אֹמֶרֶת לֹא כִי **בְּנֵךְ הַמֵּת וּבְנִי הֶחָי** וַתְּדַבֵּרְנָה לִפְנֵי הַמֶּלֶךְ״. ׳האישה האחרת׳, הלוא היא הנתבעת, פתחה בטענה שבנה הוא הילד החי, כלומר הטענה שבנה חי הייתה חשובה לה מן הטענה שבן חברתה מת; ואילו התובעת השיבה תחילה שבנה של הנתבעת מת, ורק אחר כך דיברה על בנה שלה, ומכאן ראיה שאינה האֵם. האם האמיתית היא מי שגורל בנה בראש מעייניה ובראש דבריה. המלבי״ם מביא ראיה לדבריו מן הסדר שנקט שלמה כשחזר על טענות הצדדים: ״וַיֹּאמֶר הַמֶּלֶךְ זֹאת אֹמֶרֶת זֶה **בְּנִי הַחַי וּבְנֵךְ הַמֵּת** וְזֹאת אֹמֶרֶת לֹא כִי **בְּנֵךְ הַמֵּת וּבְנִי הֶחָי**״. חזרה זו מלמדת ששלמה היה רגיש להבדל שבין הניסוחים, וכבר מתוכו ידע שהנתבעת היא האֵם. ברם, ייתכן שאין להביא ראיה מן הסדר, שכן דרך המקרא לנקוט במבנה כיאסטי ולפתוח במה שסיים, כמו: ״אֵלֶּה תוֹלְדוֹת **הַשָּׁמַיִם וְהָאָרֶץ** בְּהִבָּרְאָם בְּיוֹם עֲשׂוֹת ה׳ אֱלֹהִים **אֶרֶץ וְשָׁמָיִם**״ (בראשית ב׳, ד); ״וַיֶּחְדְּלוּ **הַקֹּלוֹת וְהַבָּרָד וּמָטָר** לֹא נִתַּךְ אָרְצָה. וַיַּרְא פַּרְעֹה כִּי חָדַל **הַמָּטָר וְהַבָּרָד וְהַקֹּלֹת**״ (שמות ט׳, לג-לד); ״וַיֹּאמֶר לְדָוִד לֵאמֹר לֹא תָבוֹא הֵנָּה כִּי אִם הֱסִירְךָ **הָעִוְרִים וְהַפִּסְחִים**... וַיֹּאמֶר דָּוִד בַּיּוֹם הַהוּא כָּל מַכֵּה יְבֻסִי וְיִגַּע בַּצִּנּוֹר **וְאֶת הַפִּסְחִים וְאֶת הַעִוְרִים** שְׂנֻאֵי נֶפֶשׁ דָּוִד עַל כֵּן יֹאמְרוּ עִוֵּר וּפִסֵּחַ לֹא יָבוֹא אֶל הַבָּיִת״ (שמ״ב ה׳, ו-ח).[13]

13. א״י ויזנברג, ׳משפט שלמה׳, **ניב המדרשיה**, תשל״ב-תשל״ג, עמ׳ לט ואילך,

stayed for some time. I had to show them to my father who only asked me why I was late in the first place. Those were the days . . .

I used to walk to school every day from our quarter in Jayamahal extension. I had my elder brother and other students from the locality for company. It was a 16-km walk to and fro, with my school bag across my shoulder. My father could not afford a bus pass then, but we enjoyed our walk and never complained.

Bricks as Wicketkeeping Gloves

My first brush with cricket occurred during my Jayamahal extension years. In those days, the area was surrounded by wild thorny shrubs, with big and small rocks littered around the rough patches of land. I took part in the games in my locality and, being the youngest of all, was put behind the wickets. As I didn't have time to get hold of proper wicketkeeping gloves, I used bricks as my gloves. The bricks came from a construction site nearby. About a fortnight later when the construction manager found several broken bricks, I was summoned and given an earful. My brother and I, along with a couple of teenagers, used to play cricket with a tennis ball. We used an ordinary wooden cricket bat and drew three charcoal stumps on the wall.

Bowling took place from a distance of fifteen feet across the road. The batsman could only hit straight, due to which my favourite stroke was a straight drive.

Later, I was included in the Jayamahal team as its junior-most member.

Uday Shetty, a well-known psychiatrist and a big cricket aficionado, played a pivotal role in the formation of my first cricket team. He was a fan of West Indian cricket icons such as Sir Wesley Winfield Hall and Sir Charles Christopher Griffith and he even had cuttings of their photos from sports magazines plastered on his home walls. It was Shetty who got all of us to play together and form a team. I didn't even have a pair of canvas shoes in those days and always envied Uday Shetty, who was the only person in our team who had ankle-high rubber-nail cricket boots. We needed a basic cricketing kit to get started. So we went around the government quarters taking contributions as our cricket fund. People were generous in those days; some gave a few annas and the C-type quarter officers even gave us one rupee. Soon, we had enough to buy a cork ball and a Don Bradman bat. For wickets, we had to be content with bamboo sticks—three on the batting side and one big boulder on the bowling side served as wickets. Uday Shetty declared himself captain and I being the youngest was asked to be wicketkeeper. I didn't have much say in it as others were much older than me. Uday pronounced publicly, '*My little man Mujtaba will be our wicketkeeper.*' [I was not called Kirmani in those days. My full name being Syed Mujtaba Hussain Kirmani, Uday chose to call me Mujtaba].

Being young at that time, stopping the hard cork ball behind the stumps was not going to be easy. I had no wicketkeeping gloves with me. I saw a huge pile of bricks at a nearby construction site. I picked up two bricks, one in each hand, and stood at a distance behind the bamboo stick wickets. I used those bricks to stop the cork ball. On the uneven surface, the ball had an odd bounce and, in my attempt to stop it, the bricks often broke. The contractor of the construction site saw me breaking the bricks and started shouting at me, cursing me in the local dialect. I got scared and ran away, only to return the following day to pick two new bricks for my wicketkeeping. Our matches with the rival Munireddy Palya team used to be the most thrilling ones. Munireddy Palya was another locality about fifteen minutes from Jayamahal extension. But in all those encounters, bricks were my first and only gloves.

I also remember P. Mukherjee from Kolkata. We used to call him 'P'. He belonged to an affluent family and his father had an Ambassador car. P. used to stay in the Nandidurg extension, and he managed to get a torn mat for our matches. The ground where we used to hold our matches now hosts a TV station. It was vacant in those days. 'P' and I are still in touch.

Chapter 2

A Life for Sports

Sporting Genes

Sports was in my genes—my father was a hockey player and my mother, a badminton player. For some reasons not known to us, my father could not continue playing professionally.

As children, my siblings and I couldn't muster enough courage to ask him why he left sports. We heard his stories from my mother. Though his sports journey ended abruptly, his passion and natural flair for sports passed down to me.

I must add that before I played cricket professionally, I played with marbles, *manja*, tops, seven tiles (*lagori*), *gilli danda*, holly colly with a tennis ball, flew kites and excelled in all games within the groups.

My Father's Teachings

When I was little, I used to wake up early, at around 5 a.m., along with my parents for the morning prayers.

After that, my father used to ask me to read some lines from the Holy Quran. Then, he used to prod me and my siblings to go out of the house for a walk or a jog to get some fresh air. I vividly remember three important teachings of my father: first, the health that you build in your younger days will help you later in life; second, to get a government job and lastly, to have savings. He also told us that when we become self-sufficient, we should marry and start our own family. When one grows older, family is the only unit that keeps rallying for you. He couldn't have been more correct. I am thankful to the Almighty that I had such an excellent upbringing and received these nuggets of wisdom from my father. The habits I inculcated when I was young still continue to be a part of my life today. I still go out for my morning jogs, play golf three days in a week and maintain my fitness.

The Best Loser

While I was in the third standard at St Germain's School, our PT instructor, Mr Brown, encouraged us to pick up boxing gloves and try out the sport. Soon enough, I breezed past the prelims and qualified for the semi-finals. In the semi-final, my opponent was an Anglo-Indian boy named Shackelton. The duel did not last long. I punched Shackelton's nose three to four times and he started bleeding profusely. I was declared the winner. In the finals, I met another Anglo-Indian boy, John Dias. I fought very well, yet Dias was declared the winner. I still don't know how and why I lost the match, but I figured out later that institutions have their own compulsions owing to their affiliations. I was never bitter about my loss, though I was very curious when I was declared the 'best loser'. I did not know what that meant. My elder brother did a bit of the spadework after the event. Mr Brown told him that I fought better than the winner, but a couple of cross-shots did me in, hence I was given the title of 'Best Loser'. Nevertheless, I took that in my stride as a true sportsman would and moved on.

Barefoot

After completing the fourth standard, I left St Germain's, as my father admitted me into St Joseph Indian High School. Sports had become my mainstay, and I soon represented my school in the state-level school competitions in the 100 m and 200 m relay events. While other kids coming from more affluent families would own shoes with spikes that were needed for running on the tracks, I could never ask my father to buy such shoes that came at a premium cost. My father couldn't even afford canvas shoes for me with his meagre salary of Rs 300 a month. Knowing this, I never bothered him with my demands. I chose to run barefoot and played hockey barefooted too. When it came to football and cricket, I began wearing my school shoes to play.

The selection for Junior School Team (under 12) was to take place around the same time. All 'houses' in the school were expected to participate. Houses were named after previous principals or renowned 'fathers' of the school; I was in the Coelho house. I excelled in all the major interhouse team games, including hockey, football and cricket. There was nobody except a PT instructor to guide us and recognize our potential, and I did not know what talent I possessed. Without any inhibitions, I played every major game and tried to surpass the others.

One day, the call for the junior cricket team was announced and I went for the selections. This was the first time I would use the school kit and the first thing I looked for were the wicketkeeping gloves. When I wore them for the first time in my life, they felt and looked amazing, so much better than bricks. School selections also marked my first formal wicketkeeping and I let my natural instincts take over. Needless to say, I was selected for the junior school cricket team of St Joseph's Indian High School.

Cotton Ball

I continued playing sports in school. I was even selected for the school relay team and I remember running the race barefooted in the Bangalore State School Athletics (BSSA) Sports ground. By that time, cricket was emerging as one of my main sports. I qualified to represent St Joseph Indian High School Cricket Team in the Cottonian Shield, a tournament organized by the well-known Bishop Cottons school in Bangalore. We won the inaugural Junior Cottonian Shield.

Though I was still eligible to play for the junior team, I was promoted to the senior team as a wicketkeeper next year. It was Mr K.K. Tarapur, the coach of the senior team, who identified my talent. In the following year's Cottonian Shield tournament, I sought to represent the school's junior team since I was still eligible by age. However, the sports secretary at Bishop Cottons, Mr Shashank, objected and announced a new rule stating that any player who was in the senior team could not represent the junior team at the same time. This rule was made keeping me in mind and I could no longer play for the junior team.

Howdy Australia

In 1964, all schools in the state received a letter from the Mysore State Cricket Association (in those days, it was not called Karnataka State Cricket Association) to send their best cricketers to take part in the Mysore State School Cricket Team selection trials. My school nominated me for these trials, which were held on the Central College grounds. I made it through the trials and was selected to be part of the Mysore state team. Dayanand Khataiya from Gokak was our captain. Dayanand and I are still in touch with each other and he reaches out to me during all festivities. By 1965, Dayanand was overage and I was made the captain of the Mysore state school cricket team. I performed consistently well whenever I represented the team. Eventually, I was selected for the South Zone school cricket team.

In 1966, an Australian school team was touring in India, and I was selected to play against them as a batsman. My school friend from Hyderabad, Asif Sayeed, was selected as the wicketkeeper. Apparently, he was the best wicketkeeper in the south zone. I got into the team based on my batting merits and I did not disappoint the selectors. In the first test match against the Australian school team played at Madras, I scored more than 100. In the second test match, played at Hyderabad's Fateh Maidan, I scored another century. Finally, in the third test match played in Bombay, I scored 75 runs. The only bowler who kept getting me out was Kerry O'Keeffe. Interestingly enough, both Kerry and I went on to play for our respective national teams and also rose to head the national cricket selection committees. While Kerry became the chief selector of Cricket Australia, I became the Chairman of National Selection Committee. That's a different story though.

In 1967, I was chosen to be the vice-captain of the Indian school team that was going to make its maiden foreign tour to England. Ajit Nayak was our captain. Our manager was Colonel Hemu Adhikari who was a very strict disciplinarian. Again, I had been selected on my batting and fielding merits. Interestingly, there were four wicketkeepers in our team—Asif from Hyderabad, Kamerkar from Mumbai, Raja Mukherjee from Kolkata and yours truly. Col Hemu, who was also my first mentor, asked me to focus on batting and fielding, although I still carried my wicketkeeping gloves with me.

Camp 'Fire'

Our camp was hosted in the premises of the Airforce station in New Delhi. We were lodged in the officer's mess, two in each room. There were two people from the

Mysore state team—me and a leg-spinner, Arun Kumar. An incident that happened in the officer mess involving Arun and me is still fresh in my memory. We used to go in full formals with an official tie and blazer for our dinner at the officer's mess. Would you believe it if I told you that blazer is still in my possession? Yes, that's true! Anyway, that night after dinner, we were walking towards the wash basin. Both Arun and I had loosened our ties. Two officers walked past us and as they did, one of them shouted, 'Hey you, come here!' The loud and stern voice made us shiver. 'Come here, you two fellows . . .' they continued. 'You are supposed to be ambassadors of the Indian school cricket team when you tour England. Hence you are also expected to display good manners. Why have you loosened your ties? How can you do that? You do that only after reaching your rooms, not in the hallway.' And they went on like that for some time. When we apologized for our actions, they calmed down a bit and left us saying that we had to keep the Indian flag flying high as ambassadors of Indian cricket. The officers scared the hell out of us but also taught a very important lesson in life.

First Overseas Tour

Finally, the camp was over, and we left for England for our first ever overseas tour. In the first match against the Hampshire school team, I scored 104 not out. My performance in the entire tour proved to be a feather in the cap of my career. The local newspapers in England flashed a headline about my achievement. I had become a star overnight.

Another memorable event during our England tour was meeting the Indian national cricket team which was touring England after finishing the Australian tour. We were invited to the historic log room at the Lord's cricket grounds to meet the team led by the stylish Mansoor Ali Khan Pataudi. It is difficult to describe our feelings when we met these legendary cricketers in person—the great flamboyant star Farokh Engineer, the legendary B.S. Chandrasekhar, Erapalli Prasanna and V. Subramaniam, the latter three from the Mysore state team. It is worthwhile to mention that later, V. Subramaniam became my captain when I debuted in the Ranji Trophy.

My first overseas tour was a memorable one and from there on, cricket became my life and in turn, my life became about cricket.

Chapter 3

My South Zone Days

Club Cricket

The year was 1967. I had just come back to India after a successful Indian school team tour of England where I had registered a great average for most of my matches, making headlines in England. Back in Bangalore, I settled down and started preparing for my final secondary school examinations.

I was seventeen and along with sports, my focus was also on clearing the upcoming tenth standard board exams. It was at this juncture that A.R. Subramanium, who was the secretary of the State Bank of India cricket team, approached me and asked me to join the SBI team. However, by that time, Dr Umapati, who was running the show at Youth's Cricket Club, had convinced me to play for his club.

I joined the club and became its junior-most member; most of the players were university students. Since I was the youngest player in the club, I was given the task of sweeping and rolling the pitch, and rolling the mat with others. So that was my beginning with the Youth's

Cricket Club. Later, I joined the Bangalore United Cricket Club. Mr Keki Tarapore was the secretary who also played for the club. The club was managed by Mr Tarapore and Dr Thimmapaiah, who went on to become the president of the Karnataka Cricket Association. Both of them are no more today; may their souls rest in peace. I had joined the club under the guidance of Mr Tarapore who was certain of my talent. That was the beginning of club cricket for me.

From Student Cricketer to Banker

I was busy playing club cricket and preparing for my board exams at the same time when, once again, I was approached by the secretary of the SBI. I was surprised when he told me that the SBI wanted to offer me a job in the bank.

'How in the world was that possible?' I thought to myself. I had not even turned eighteen, I was yet to appear for my board exam, let alone even get a sniff of graduation. The secretary could gauge the surprise on my face and told me that the bank had offered me the job because of my cricketing talent and advised me to accept the offer. I stalled the decision by telling him that I would have to check with my father before I accepted.

My father had always been after me to study well, drilling into my head the need to get a good percentage so that I could get a seat in a good college for my graduation and eventually land a government job. Securing a government job was a big deal in those days. When I mentioned the job offer by the SBI secretary, his first reaction was really amusing. He thought I was lying. He simply brushed me off and told me to stop talking rubbish. He just couldn't believe that a boy who had not yet turned eighteen nor passed his secondary school exams could be offered a job by such a respectable bank. I kept quiet and forgot all about the job offer. A few days later, the secretary came up to me and renewed the SBI job offer. He was quite persuasive this time and tried to convince me that I should take the job. This time, my argument that I needed time to study for my exams did not dissuade him. He suggested that I join evening classes to complete my graduation instead. He did not budge till I told him that I would, once again, try to talk to my father about this offer.

My father's astonishment was still fresh in my memory so I mentioned the subject in a fearful and hesitant manner. My father, perhaps judging from the expression on my face, did not say much. He just told me to bring the person who had extended the offer to meet him. So, the secretary came down and spoke to my father. The year was 1968 and my father was about to retire from government service. Upon the insistence of the secretary, he gave his consent for the job offer. Within a week's time, the recruitment notice came to me. I had been appointed as a clerk in the State Bank of India. The joining was scheduled for a Friday. There is a general belief that Fridays are an auspicious day for commencing anything good, and I felt the same.

In a week's time, I had to apply for leave for my exams. What an experience that was—joining the bank, then almost immediately applying for leave for my exams, then joining the evening classes at St Joseph's College.

There was no eleventh and twelfth standard in those days. So, immediately after my board exams, I joined Sri Jagadguru Renukacharya College of Science Arts and Commerce for my graduation, but later shifted to St Joseph's College which was closer to Jayamahal extension. At Renukacharya college, I had initially joined the BCom course, but I could not cope with it along with my cricket practice. Hence, I switched to the BA programme.

I must mention here that my father gifted me his original Philips bicycle on his retirement. My happiness knew no limits. My 16-km daily walk to school had gradually turned into a bus ride, and now it had improved to a one-pedal bicycle ride.

I took my father's bicycle on my first day to the bank and realized, to my surprise, that it had only one pedal. I took eight annas from my mother to buy an old pedal from a cycle-repair vendor on a footpath.

I continued riding with one pedal until I found a guy just before cantonment railway station with the much-needed accessories for my cycle. What a joy! I went racing and reached SBI office on St Mark's Road on time and reported directly to Mr Doraiswamy Naidu, head clerk, dispatch section. My work in the dispatch section was interesting. The letters that came from various banks had to be put inside an envelope, then in the franking machine and finally had to be dispatched to the respective addresses of various SBI branches. My first month's salary was Rs 315, which was fifteen rupees more than my father's retiring salary. When I handed the amount to my parents, their joy and contentment knew no bounds! It was an emotional moment with tears of joy rolling down our cheeks.

While working, I consistently played cricket in interbank tournaments.

Being the junior-most, it was my pleasure and a major learning curve playing alongside iconic stalwarts of Indian cricket such as V.V. Kumar, A.G. Milkha Singh, Budhi Kunderan, Ajit Wadekar, Hanumanth Singh, Syed Abid Ali and Bishen Singh Bedi. Along with these cricket greats, SBI also recruited my contemporaries such as G.R. Vishwanath, Roger Binny, Yashpal Sharma and Raghuram Bhat.

There were many privileges given to national-level cricketers who represented SBI, including special leaves in addition to casual and privileged leaves. Our monthly salaries were credited into our accounts without any deductions and cricketers were never transferred from their respective branches.

In 1971, we had a historic win at the Oval in England. The Indian team consisted of seven SBI players. After the victory, SBI did a great promotional campaign branding us '**The Magnificent Seven**', after a popular Hollywood movie.

Let me take you through my vigorous schedule in those days. I started the day at 5 a.m. with prayers. By 6 a.m., I was out for my jog and exercise, followed by a shower and breakfast at 7.30 a.m. I reached the bank by 9.30 a.m, and at 2.30 p.m., I was relieved for my Ranji Trophy net practice at the RSI grounds, M.G. Road. Finally at 5.30 p.m., I would be on my way to attend my evening college from 6 to 9 p.m. This continued until I graduated.

To sum up my banking career, it was a glorious four decades of hard work, dedication, sincerity, gratitude and pride. I finally retired as chief manager.

Ranji Calling

The year 1968 was quite eventful for me. This was when I got a call for playing the Ranji Trophy. I was inducted into the Karnataka state team and because of my batting consistency, I was included as a pure stroke playing batsman. I was playing under the captaincy of V. Subramaniam, who had already played for the country at that time. He was a thinking, helpful team player and a great human being, who identified true merit and always encouraged me. In fact, on the national team's return from England and Australia in 1968 (Twin Tour), he brought me a pair of wicketkeeping gloves with the signature of Australia's greatest wicketkeeper, Bert Oldfield. This is how thoughtful V. Subramaniam was.

During that time, Budhi Kunderan, who was Karnataka state team's wicketkeeper–batsman, was an inspiration to me.

I made my debut at Central College as a batsman. Unfortunately, the very first ball that I faced was by the legendary Indian leg spinner V.V. Kumar of Tamil Nadu. Kumar also worked at SBI. His dedication was remarkable and amazed me at that young age. Till date, I have never seen any leg spinner who would arrive an hour before every match and practise his line and length. I believe he used to keep a one-rupee coin on a good length spot and try to pitch on the coin to get his accuracy. His dedication to mastery was outstanding. I've never seen such skill, which reflected the versatility he had as a bowler. I think every player, irrespective of whether he is a bowler or a batsman, requires that kind of dedication to master their art.

I swept the first ball for a four down the square leg. I was batting alongside my captain V. Subramaniam, who was at the non-striker's end. It was a great opportunity, and I thought I would learn a great deal about batting with the captain. Unfortunately, I was run out for a four. To this day, I have no clue how I was run out, but it was bad start for me. I was given a little break and was not selected in the final playing eleven. However, I was still in the squad and travelled with the senior team, getting the opportunity to learn from the senior cricketers of the state.

In those days, we used to travel by train from one match location to another. A coach was reserved for us on the train and we used to have a huge fruit basket for every trip. It was really fun travelling with the team.

The secretary of the state team, Mr Nagaraj, used to travel with us. Mr Nagaraj later went on to become the secretary of the Karnataka State Cricket Association and ruled state cricket for thirty long years. Later, he also became the board secretary.

Anyway, I had interesting experiences playing for the Ranji Trophy.

Turning Point

In 1969, Budhi Kunderan was about to leave for England. We were playing a very important match against Bombay at the Cricket Club of India (CCI) in Bombay itself. That's when Budhi Kunderan said—I want Kiri to keep wickets. To be honest, although I was playing in the team as a batsman, I never left my keeping gloves behind. I used to practise taking catches and learnt more on wicketkeeping.

So when Budhi asked me to wicketkeep, it was not a strain on me at all. I tremendously enjoyed the experience and did very well in the match while Budhi fielded. It was a great gesture from Kunderan to have given me that opportunity. I also scored 75 runs, facing the likes of Saeed Hatteea, a quick bowler aspiring to play for India. He tried a few bouncers at me, and I hooked him nice and proper. My place as wicketkeeper for Karnataka was cemented after this match.

During those days, we used to play Ranji matches on matting. BCCI was trying to popularize cricket in the districts of Karnataka, Andhra Pradesh and Kerala. These venues did not have turf pitches, and we used to play on matting.

Can you imagine keeping wickets on matting? It was a huge challenge. Players like Prasanna and Chandrasekhar had raised the level of my wicketkeeping with their bowling. Now, I had to live up to those standards. All these incidents gave me tremendous amount of experience.

This was the beginning of my Ranji Trophy journey and later, I was selected for South Zone at the same time. I had a major competitor in P. Krishnamurthy from Hyderabad, although I was performing better than him in the Ranji matches. In 1969 and later in 1970, Krishnamurthy was selected over me in the South Zone team. I did not quite understand the politics at that time. But it definitely felt strange to have played better than him, yet missing out on the selection. That, however, did not deter my spirit to keep fighting. For me, what mattered most was the experience that I was gaining on the way, and I knew my time would come!

Chapter 4

First Tour of England

During 1970–71, the tour of West Indies was in the offing and team selections were about to take place. In the previous season (1969–70), my performance in the Ranji Trophy and Duleep Trophy was much better than P. Krishnamurthy of Hyderabad and I had thought my chances for selection were good. However, to my surprise, when the team was finalized, neither of us were a part of the Indian team touring West Indies. Instead, Rusi Jeejeebhoy from Calcutta was selected to be the second wicketkeeper. Farokh Engineer, who was the main wicketkeeper of the team, was already in England when team selection was announced. He went to West Indies to join the rest of the team led by captain Ajit Wadekar. Rusi Jeejeebhoy's selection caught us by surprise, but then there was nothing that could be altered. That tour proved to be a very successful tour for the Indian team. They established the record of beating West Indies on their home ground for the first time. Sunil Gavaskar made his debut in that series and created history by scoring a hundred in each innings against the mighty squad of Vanburn Holder and

Keith Boyce and others. Oh my, what a bowling line-up that was! Undoubtedly, they were the fastest bowlers in the world at that time. Nevertheless, the Indian team met great success in West Indies.

In the same year, the Indian team was due to tour England under the captaincy of Ajit Wadekar. Both Krishnamurthy and I were selected to be part of the team and Rusi Jeejeebhoy was dropped for some reason. A school kid until yesterday, I suddenly found myself in the Indian senior team touring England. It was an indescribable moment; I was both excited and delighted.

Krishnamurthy and I were in the reserves, only playing the county games. In our very first match, we were supposed to play against Indian Gymkhana. Normally, the Indian team plays the Indian Gymkhana as a warm-up game to get acclimatized. And believe me, coming from India, England was a very different climatic condition for us. It was severely cold. Krishnamurthy and I were roommates and we had instructed the operator to wake us up. But comfortably tucked under the layers of blankets, the warmth and comfort put us in such deep slumber that neither of us heard the wake-up call. Sleep becomes deeper when you are warm and cozy under chilly conditions.

Suddenly, there was a knock at the door and both of us jumped out of bed. The receptionist informed us that the team had left for the ground and the manager, Colonel Hemu Adhikari, was waiting for us in the lobby. Oh, my God! We faced a lot of ire before the first match of the tour. Both the reserve wicketkeepers sleeping tight and my God, I can't forget the admonishment that we both received on that morning and rightly so! Our weekly allowance was withheld from us for more than two weeks. And the colonel had to hire a taxi to take us to the ground. And the whole day, Krishnamurthy kept wickets.

We were getting alternate games of the county. And of course, both my wicketkeeping and batting skills were also on display. I think people started to notice that my skills were not unidimensional like most keepers at that time.

History was created at the Oval, where India won against England. Winning against England in England for the first time was a great experience. Sitting in the reserves, watching Alan Knott and talking to him, I learnt a lot. I used to spend a lot of time with him. For the uninitiated, Alan Knott was one of the greatest wicketkeepers ever to play the game. He was described by cricket journalist Simon Wilde as 'a natural gloveman'. Watching Farokh Engineer play the test matches had its own advantages too. For me, the England tour was a great learning experience. Coming back to the Oval victory, it was a historic victory for the Indian team. We returned to a great reception in India. We were directly taken to the CCI cricket ground from the Bombay Airport, where we were felicitated. What a motorcade it was from the airport to the CCI Stadium! There was a huge crowd of people on either side of the roads who were throwing flowers and garlands on the Indian team.

For the next couple of years, I had to be content with sitting on the sidelines and watching players like Farokh play and keep wickets. I was dropped from the team for reasons unknown to me. Then came the 1974 tour of

England, when India was playing under the captaincy of Ajit Wadekar. This was the most disastrous tour for the Indian team. There were three incidents that marred the entire tour and the reputation of the Indian community. Nawab Tiger Pataudi was brought back as the captain of the Indian team for the 1974 home series against West Indies. I was in the reserves watching the action. Sunny Gavaskar and Mohinder Amarnath were also playing. During this tour in Calcutta, a bouncer was mistimed by Nawab which shattered his chin. This was the end of Nawab's career as well. He was not able to cope with playing with one eye against a battery of West Indian pace bowlers that had greats such as Roberts and Keith Boyce among others. We lost the home series against West Indies.

In 1975, the inaugural One Day International (ODI), consisting of sixty overs a side, cricket world cup tournament was launched. We were a developing cricketing nation at that time. I was in the reserves with Farokh Engineer. We were the weakest team in the competition, and we lost the tournament.

All this while, I patiently waited for my turn and kept working on my craft. My wait was about to be over soon. The twin tours of New Zealand and West Indies of 1975–76 were in the offing. Bishan Singh Bedi was named the captain of the Indian team. I was selected in the team as Farokh Engineer was not available to be a part of the tours. This was my opportunity. Between 1971 and 1975, I was an understudy to Farokh and gained a lot of experience playing county games and domestic cricket as well. The New Zealand tour was my debut tour and a memorable one too. I happened to equal the world record of taking six victims in a test innings at Christ Church, this being my second test match after Wellington. Thus, yours truly became the fourth wicketkeeper in the world, along with Denis Lindsay (South Africe), John Murray (England) and Wally Grout (Australia). But this was not all, there were many interesting experiences from these tours that I will take you through in the next chapter.

Chapter 5

The Debut Series

My first test match of the debut series against New Zealand was played at Eden Park, Auckland. I was not able to take any dismissals in this match. Still, we won the test match by eight wickets.

We were playing our second test match against New Zealand at Christ Church. At the end of day's play, New Zealand were nine down. There was just one more wicket to be taken. On our drive back to the hotel in the team bus, Jeff sat next to me. Jeff, or rather Jeffrey, was an interesting person. A statistician by profession, he was an official scorer who would travel on his own for the love of the game and would become part of whichever team invited him to score for them officially.

Jeff whispered in my ear, 'Kiri! Do you realize that you are nearing a world record?' His remark caught my full attention. 'What is this world record all about? Which world record are you talking about?' I eagerly asked him. He told me that there were only three wicketkeepers who had scalped six victims in a test innings. They were John Murray of England, Dennis Lindsay of South Africa and Wally Grout of Australia. He told me excitedly, 'Kiri, if you get one more dismissal tomorrow, then you will equal the world record of six dismissals in an innings! There is only one more dismissal to go and if you are lucky, you will become the fourth wicketkeeper in the world to achieve this feat.'

My God! I didn't sleep that night. I kept staring at the ceiling of my hotel room. I said to myself that if there was anything in the vicinity of first or second slip, I will go flying and take the catch. I was so excited and kept wondering how I could equal this world record.

The next day, when we walked into the field to resume play, I had a spring in my step. There was a feeling of excitement and anticipation. Will I get a chance to scalp the only dismissal that remained of the New Zealand innings? And I was not disappointed. I took the catch, and the last victim was none other than Dayle Hadlee, brother of Sir Richard Hadlee. It was an easy catch behind the stumps. The last and sixth dismissal. Wow!

I was so lucky to have equalled the world record. I still have that ball with me, with all six signatures of all the dismissals; it is my prized possession. I was given the honour of leading the Indian team back to the pavilion after getting New Zealand all out. That was an amazing feeling and a huge honour for me. We also had a very successful series. The second test match ended in a draw. And, though New Zealand won the third test match, we were able to finish 1-1 in the drawn test series.

After finishing the New Zealand series, we moved to West Indies. They had just returned from Australia after being beaten 5-1 in the series. But nevertheless, it was foolish to underestimate the power of the then West Indian team. The mighty team of pace bowlers from West Indies, that consisted of Andy Roberts, Michael Holding and Wayne Daniel, were a fiery and scary lot. They averaged around 160–165 km/hr. I wish they had the sophisticated and advanced speed guns of today to measure their actual speed. Man, if you were a cricketer of that era, you were lucky not to have faced them as they were very consistent with their line and length. The combination of speed and accuracy set them apart from other fast bowlers of that era, which also explained the reason behind their immense success.

We landed in West Indies and started the series in Trinidad and, my God, we had such a memorable match. Chasing a score of 400-plus, playing West Indies on their home ground, especially in terms of facing their bowling juggernaut, was a monumental task. We didn't have proper equipment in those days and, sometimes, we had to purchase the gear with our own money. The West Indian team had some great batsmen like Sir Clive Lloyd and Sir Vivian Richards. They had batsmen who could destroy and devastate any bowler.

We were able to beat West Indies while comprehensively chasing a challenging target of 400-plus runs. West Indians were very crossed by this defeat. This was a big humiliation for them. Already bitter after their loss in Australia, being beaten by a weaker Indian team was like rubbing salt in their wounds.

Thereafter, West Indies was on a bodyline attack. I remember the Jamaica test pitch. It was shiny and slippery, much like the texture of my head. Jokes apart, these were incredibly fast pitches. I remember a rather interesting incident. Viv Richards used to take his left foot forward and then used to go all over where he would like to hit. His first delivery to a new batsman would always be a quick one. He was facing B.S. Chandrasekhar, perhaps the fastest spinner in the world. Richards faced him as he would a spinner. He took his left foot forward as usual, Chandrasekhar's first ball was quick and erratic. It went past Viv Richard's nose. He just leaned backwards leaving it and I collected the ball right on the top behind the stumps. Richard turned around after leaving the delivery and said, 'Wow! that was like Thommo man!' Thommo or Jeff Thomson was an Australian and considered the fastest bowler in the world even now. Can you believe that? Chandra's delivery was as quick as Jeff Thomson! That was a great compliment to him. B.S. Chandrasekhar, along with Erapalli Prasanna and Bishan Singh Bedi set the wicketkeeping standards for me. They were all a class apart and the best in the world.

Till date, no spinner in the world (with due respects) has come anywhere close to these three legends. If any spinner, no matter where they came from, had to learn the art, these three would have been the best guides.

West Indies wanted to win the series. The pitch was prepared in favour of the fast bowlers—one side was bouncing right on our faces and the other side was keeping low. Three batsmen went to the hospital one after the another—Anshuman Gaekwad, Brijesh Patel and G.R. Vishwanath. This was a total bodyline attack. They did not show any mercy. In those days, one could bowl any number of bouncers that one wished to bowl. There were no rules and restrictions, unlike the ICC ruling today.

Moreover, umpiring was very biased everywhere.

No helmets, no thigh pads and no chest guard—we faced the battery of fast bowlers without those necessary protections. One batsman, Mohinder Amarnath, put up a brave front and boldly faced the fast bowlers.

Before the fall of the sixth wicket, as I was getting ready to bat, I noticed Venkat asking a West Indian cop for his helmet. The reply he got was 'No Na'maan! Go and play our fast bowlers na . . .' Venkat turned around in a huff and a puff and walked away, spitting and cursing in Tamil.

When Venkat joined me at the striker's end, he decided to go for a pull shot facing Michael Holding. Venkat was anticipating a bouncer but, to his surprise, the ball kept low and hit his front pad. Venkat walked away to the pavilion without waiting for the appeal and the umpire's decision.

Captain Bishan Bedi walked out of the pavilion next and conceded the match saying, 'You want to win this test match? By killing our players and by body line bowling? I am declaring it and giving you this match.'

That's how the match ended on a very sad note.

The West Indian crowd, too, showed no sympathy for the players getting injured. Instead, they were happy and demonstrated their joy by hitting beer cans on the stands and making a huge noise. That was a disappointing and unexpected spectacle. The bowlers would bowl bouncers after bouncers and the crowd would keep chanting—'Kill him na maan, kill him na maan, kill him na maan . . .' The game was nowhere near a gentleman's game. The aggressive attitude of going to any lengths to win the match was all around, from the players to the crowd.

That summed up my debut series against New Zealand and followed by the tour of West Indies. I equalled a world record and collected a wealth of experience in both these series. A debut series away from home made me quite tough right from the beginning and boosted my confidence.

Chapter 6

The Historic World Cup Campaign—1983

By the end of the Australian tour, I had established myself as a cricketer to a certain extent. Then came the 1979 tour of England, which did not fare quite well for our team. After losing the World Cup and the tour of England in 1979, Sunil Gavaskar returned as captain, succeeding Venkat Raghavan.

After the Indian team's defeat in 1979, both in the World Cup and the England series, I made a comeback. I believed in my strength and ability as I played in the home series against Australia, despite being dropped unceremoniously for the England tour in 1979.

Here, I was sent in as a nightwatchman when the top order failed. We were five down on the first day at the Wankhade stadium, when the then chairman of the selection committee came to me in the dressing room and said, 'Kiri, pad up and go and save the Indian team to save your place in the squad!' Can you imagine what would have gone through in my mind when I heard this from the top authority of Indian cricket? With a cool mind, I took charge of the situation by smashing my maiden century and saved the team from collapsing. This innings cemented my place in the team.

It was in the 1982–83 tour of West Indies, before the World Cup, where we tasted our first victory over the reigning world champions. West Indies had won the inaugural 1975 and 1979 World Cups, and had ruled cricket for nearly two decades.

We were taken to Berbice Island in a helicopter. It was a tremendous experience flying over the Caribbean Islands with breathtaking views. After we landed, Kapil was named the captain of the team and I became the vice-captain. During the match, Kapil suffered some injury; he returned to the dressing room and gave me the reins. Luckily enough, we emerged victorious in that match and West Indies tasted a dose of defeat. Beating the mighty West Indies on their home ground was a huge confidence booster. In the last two decades, no team had been able to beat West Indies on their home turf and we felt very proud to achieve the same in the ODI.

This was followed by the historic World Cup campaign. Again, we were the fourth weakest team in the competition, along with Sri Lanka and Zimbabwe. Srikkanth was newly married, and he was scheduled to leave for his honeymoon after the World Cup. Few members of the team remarked that we were going to have lots of fun and enjoy ourselves. I suppose we didn't have clue that we would qualify and reach the knockout stage.

In the first match, we were pitched against the mighty West Indies. They had won the 1975 inaugural World Cup and 1979 World Cup, and they were aiming at a hat-trick of World Cup victories. They were the strongest team in the competition and we were in the same group.

Before playing any match, we always had a team meeting to discuss the game plan and strategies, scrutinize the strengths and weaknesses of the opposition, decide what we do if the captain won the toss and look into the condition of the pitch, the weather forecast, etc. We played the first match of the 1983 Prudential World Cup at Old Trafford against West Indies and beat them by 34 runs. That was a great confidence booster for our team, and I give credit to Kapil Dev's leadership. In his first meeting with the team, Kapil said, in his own accent, 'I have seven seniors with me. I don't have to tell you what your responsibilities are, or what you should be doing. Going forward. You seniors will be guiding me and supporting me in the entire journey of the World Cup.' This statement by the captain was a great gesture and I really appreciated it. Defeating West Indies in our very first match was a shot in the arm for all of us, and when we were happily changing in the dressing room, the mood was absolutely charged. All of us were very happy. One of us screamed from the washroom, 'Hey! We have beaten the world champions, man!' And, without any inhibitions, all of us went into a kind of chorus. 'Hey, we have beaten the world champions. Now let's not look back!' This was the most important turning point of our 1983 World Cup journey, and from then, Kapil's meetings became our strategy and planning point before each match.

We used to discuss the opposition, their strong and weak points. And the atmosphere was such that each one of us would feel free to express our feelings.

In our time, there was no concept of a coach or support staff. Only a senior official of the BCCI would accompany the team to help with the logistics. We only had Mr Maan Singh, a very efficient administrator who was the secretary of Hyderabad Cricket Association. As our cricket manager, he was knowledgeable, helpful and encouraging—arranging our travel, hotel accommodation, buses from one county to another. We used to have a great time in the bus while we were travelling: talking, listening to Bollywood music on our tape recorders and transistors in the bus, etc. It was a wonderful time for team bonding.

With our booming self-confidence, we went on winning against various teams in the league format.

The most important match for the Indian team to qualify for the knockout stage was against Zimbabwe, whom we had beaten earlier. In that match, I happened to establish a world record of five wickets in a match, becoming the first Indian wicketkeeper in an inaugural World Cup to do so. Ideally, I should have got the Man of the Match Award. But Jeff Arnold, former pace bowler of England, who was the adjudicator in that match did not consider that a world record had been created. He ignored me and Madan Lal was named the 'Man of the Match' based on his overall performance. However, I was definitely happy for my teammate Madan. Awards or no awards, it never made any difference to my enthusiasm or commitment to play for the team or for the country.

The Zimbabwe match was crucial. Kapil won the toss and elected to bat on a beautiful, scenic small county ground at Tunbridge Wells. And here, very surprisingly, BBC, who had the television rights to cover the entire World Cup, went on a strike. Therefore, there was no TV coverage for this match. Ironically, the game between supposedly two of the weakest teams (ZIM vs IND) ended up being the most unbelievable, unimaginable and unexpected match of the World Cup. Cricket fans had to be content with radio commentary.

I was always relaxed when India was batting since my turn came at the fall of the seventh wicket. We had top all-rounders who were preferred before me in the batting line-up. On a very dicey, windy day, the ball would swing like a boomerang. And that's exactly what happened on that day. Nevertheless, I was relaxed in the dressing room, planning to have a good breakfast and a good shower and then watch our top-order batsmen. But within half an hour, while I was in the dressing room, one of the players watching the game shouted, '*Hey, Kiri! Pad up!*'

Normally, guys do this to pull each other's leg for the sake of fun. So, I ignored it. But again, after another five minutes, there was another reserve player screaming, '*Kiri, Kya kar raha hai yaar? Pad up!* (What are you doing?)'

Oh, my God, it seemed there was something wrong. I went in looking for a window to see what was going on, with my towel around my waist, preparing for a good shower, and a toast between my teeth. I looked through the window to see the scoreboard. Believe it or not, I saw 17 on the board and five wickets were down. Five of our top-order batsmen were back in the pavilion. My eyeballs nearly popped out of my socket. '17 for 5! My God!' I exclaimed, as my toast fell and my towel dropped! I looked left and right and picked up the towel. Thank God nobody was in the dressing room to see me. I didn't know what to do. There seemed to be no time for anything. Soon, I saw myself walking on to the field with India reeling at 140 for 8. Ballu was the last man after me. I walked in with total confidence, which I always do. I have never buckled under any pressure and never pressed the panic button in my life. In my entire career, I have always believed in my capability, strength, trusted the Almighty's plan and said to myself that I will do my best. While walking up to take the strike, I said to myself that I will play one delivery, take a single and give the captain five deliveries to hit boundaries and sixes. Kapil was there 50-plus not out, and you can imagine what he must have been feeling at that stage. This was an important match for us to qualify for the knockout round.

Kapil was standing cross-legged, with his bat resting on the ground. I walked up to him and Kapil said, 'Kiribhai, we have still got thirty overs to play, right?' I replied, 'No probs, Kaps. I will do my best. *Hamko aise hi marna nahi hai . . . agar marna hi hai toh maar ke marenge* (We won't lose this way . . . and if we have to lose, we will take several hits before we do).'

This was a do-or-die match for us. 'You go for it, you're the best hitter of the Indian team and this is what we need,' I told Kapil. Needless to say, Kapil is one of the greatest all-rounders India has ever produced. Right from 1983 to 2023, I have not seen any all-rounder with the capability of Kapil Dev.

As our partnership was flourishing during the match, our manager Maan Singh, giving in to superstitions, ordered the rest of the team at the dug out to stay in the position they were in, without moving. A little away from the dug out, Chikka (Srikkanth) was smoking away like a chimney. He was standing with cigarette in one hand and the other resting on his wife's shoulder as he felt the pressure to use the washroom. He signalled with his little finger to Maan Singh who asked him to stay put.

I continued to give most of the strike to Kapil. Oh my God! I had never seen such a blistering and devastating knock from the blade of Kapil Dev or seen any other batsman in a situation like this. He was 175 not out and I was so fortunate to watch one of the greatest knocks from twenty-two yards. Nobody else could see that. We had a partnership of 126 runs, and we played all the remaining thirty overs. Kapil Dev remained not out on 175 establishing the world record for the highest individual score by a batsman batting at number 6 until 2023. I was 24 not out. We scored a competitive total of 266 on the board and after that, there was no looking back. We got Zimbabwe all out at 235 and won the match by 31 runs. Not a mean feat considering the dire straits that we were in early in the match. Kapil was the Man of the Match and we progressed to the knockouts.

Thereafter, we beat England in the semi-finals and reached the finals at Lord's where the mighty West Indies stood between us and the World Cup. Few would have given us a chance to be standing at Lord's on that day playing the finals. We were the fourth weakest team in the competition and there we were, about to face the resolute West Indian power. We had nothing to lose and that was the mindset we went ahead with. We had come so far and achieved something that we had never even dreamt off.

1983 Finals at Lord's

Clive Lloyd won the toss and put us to bat. And we were 183 all out. Kris Srikkanth was the highest scorer, scoring 30-plus runs. West Indies were chasing a low total and with their batting line-up, it was a cakewalk for them. Everyone thought that this total would be overhauled by the opening pair of Desmond Haynes and Gordon Greenidge, who have always given West Indies a great start and had tremendous partnerships.

And they started off pretty well, both Desmond Haynes and Gordon Greenidge looked very confident. At that stage, a magically superb inswinger emerged from Ballu, knocking the off-stump and had the bail fly into my gloves!

This brought Viv Richards to the crease. When Viv Richards and Desmond Haynes were batting, it looked like they were going to finish the game in twenty overs. We relied on the charge, motivation and inspiration we had gathered from that very first match where we had beaten West Indies, keeping our positivity high. Kaps kept clapping and saying, 'Hey, let's not look back. Let's not give up. Let's fight it out. Give your best!' We never let our spirits dip during the game.

Madan Lal was bowling to Viv Richards and Kapil was about to make a change in bowling. This is when Madal Lal impressed upon Kapil to give him one more over. He had previously gotten Viv Richards out while playing county games on one or two occasions. So, he had read the game of Viv Richards closely. He pestered Kapil to give him one more over and Kapil relented. Madal bowled a short-pitched delivery, luring Viv to play a hook shot. Viv mistimed the shot and the ball went high into the mid-wicket area. Kapil had to run twenty yards backwards to catch the ball. Yash was also running in the same direction to attempt the catch. I yelled for Yash to stop as it would have resulted in a possible collision. I don't know whether Yash heard me, but I tried to dissuade him. Kapil took a magnificent catch just five yards inside the boundary line, and we had sent one of the most dangerous players, who was threatening to take the game away from us, back to the pavilion. This was undoubtedly a turning point in the match and turned the tide in our favour. Viv Richard's departure was followed by the arrival of Clive Llyod on the pitch.

In the meantime, Madan Lal scalped another victim in the form of Larry Gomes who was caught by Gavaskar. In fact, Sunny Gavaskar took two beautiful catches, including one in the second slip. In the next over, Clive Llyod scooped the ball with his bat, lending a catch to Kapil Dev off the bowling of Roger Binny. By this time, there was some sense of panic in the West Indian dressing room.

Sunny was confident that by standing at the second slip, he and I could cover the first slip region as well. And then Faoud Bacchus, another prolific scorer, was also nicked off the bowling of Sandhu. Sunny was standing in the second slip area and I was a little behind him, if I remember correctly. I dived and put all my sincere effort and was able to pull off a difficult catch. That was the sixth wicket. We started smelling victory from that point on. The cup looked a bit more in our reach now. Each one of us was firing all our cylinders, trying to give our best on the field. We kept encouraging one another.

Of all the players, the most hyper, excited and entertaining character was Krish Srikkanth. On the fall of every wicket, he would run up to the player who had taken the catch, jump on that player and congratulate him and all of us, patting us on the back.

Later, Sunny Gavaskar caught another beauty in the slips off the bowling of Jimmy Amarnath, removing Malcom Marshall from action. West Indies were now reeling at 124 with 8 wickets down. Next, Kapil Dev bowled a beauty that rapped Any Roberts on his pad, and he was out lbw. Just one wicket stood between India and the World Cup.

Michael Holding and Joel Garner were holding the fort for West Indies, and added another 13–14 runs. Jimmy Amarnath was bowling to Holding. The ball rapped Holding on his pads, it was a plumb lbw. Jimmy screamed his lungs out with the appeal, '*Howzat?!*' And the umpire Dickie Bird raised his finger without any hesitation. That was the end of the West Indian innings.

Our fielding and catches played an instrumental role in creating history.

Nothing can beat the feeling of winning the finals, but I will still say that the match against Zimbabwe played at Tunbridge Wells was by far the best match of the entire 1983 World Cup tournament. There cannot be another match like that in the years to come. Unfortunately though, due to the avoidable BBC quagmire, the history of cricket will not have visuals of one of the greatest matches ever played. I am sure the radio commentators would have written India off after we got ourselves in the quicksand of 17 for 5, and like millions others, they would have written off our chances of qualifying too. To come back from the brink of defeat and elimination to not only qualify but to actually win the World Cup was nothing short of a miracle. Considering this to be an unimportant match, no private videographer recorded it either. Such a video cassette would be worth millions today.

Beating England on their home ground in the semi-finals was also a sweet victory. This was courtesy the super innings played by the great Yashpal Sharma. Yash played a pivotal role in the entire tournament. He scored 61 off his bat, the highest scorer from our side that proved to be crucial in our chase to defeat England in the semis. Jimmy Amarnath and Sandeep Patil also played useful knocks in that match. Jimmy Amarnath won the Man of the Match Award, having picked up two wickets and scoring 46 useful runs. Each one of us contributed immensenly, with Kapil picking three wickets and Roger Binny scalping two of his own. But it was Yash's partnership, first with Jimmy and then with Sandeep Patil that proved to be a match-winning one. Our victory at Old Trafford in our opening encounter helped us hone in on our capabilities and strength. We never looked back from that moment. All of us had the aura of positivity throughout each and every game—encouraging, congratulating, motivating and inspiring one another.

India Had Won the 1983 Prudential World Cup

We had scripted history on the ground of Lord's. As soon as the umpire raised his finger, the crowd ran to the ground in jubilation, and we ran back towards the pavilion for our lives. None of us had time to take a stump or two as memorabilia. The whole crowd was rushing in and we had to run for our lives. I think Jimmy Amarnath managed to take the ball we had used in the match. Nevertheless, the moment was nothing short of euphoria. Little did we know, at that point, we had become part of an indelible part of history that generations of cricket lovers will remember—an underdog team that broke the pride of West Indies and won the World Cup. This moment would prove to be a huge turning point for Indian cricket and would inspire millions of kids to follow and play the sport.

By winning the 1983 Prudential World Cup, we made the impossible possible, motivating the entire cricketing fraternity and others that a weaker team could beat the World Champions.

Amongst many a turning point to reach our emphatic victory, the Indian team capitalized on the complacency that had subconsciously crept into the strong opposition. We had already tightened the noose around their necks and kept winning over them.

The rest, as they say, is history. We won the match. It was an epic win for Indians globally.

Chapter 7

Dropped like a Hot Brick

Incidentally, my second test century also was scored at the Wankhede Stadium in Mumbai, when England toured India in 1984–85. In the first test match, England won the toss and opted to bat and could score only 195 runs thanks to the six-wicket haul by Lakshman Sivarama Krishnan. It was his debut match. An interesting incident come to mind here. Allen Lamb was stumped in a flash, his right leg in the air and bails flying. During the match Allen Lamb was out stumped by me. He, however, did not believe that he had been stumped and thought that his feet were behind the crease. He resorted to sledging and used abusive language. I could not sleep that night. The next day's newspaper made everything clear. The photo of the stumping published in *Times of India* showed Allen Lamb's back leg in the air when the bails were flying. I took that newspaper and threw it in the English dressing room and yelled 'Look at this you cheats!' And not a sound or a sledge or an abuse was heard. In response, our team had scored 288 runs for the loss of 6 wickets, and finally, I got an opportunity to join Ravi Shastri in the middle of the match. We had a massive 235-run partnership. I scored my second test century with 102 runs. Ravi scored 142 runs. The first innings lead helped us to put pressure on the English team and we were successful in restricting them to just 317 runs. We had to score just 48 runs in the fourth innings, which we did without losing a single wicket. I was glad that my century had come at a crucial circumstance of the match and a ten-wicket victory for India was the icing on the cake.

It was an interesting series, particularly for debutant Mohd. Azharuddin who scored three consecutive centuries (a world record that still stands after thirty-nine years) in three test matches.

In 1983–84, we played the home series against West Indies. Post this, we played the Benson and Hedges World Series tournament in Australia in 1984–85. Sunil Gavaskar was the captain of the team, and I had a very unceremonious setback since the selection committee dropped me and instead selected Sadanand Vishwanath. He was undoubtedly a gifted wicketkeeper–batsman who deserved selection at some stage, but he was in the process of growing up and maturing under the able eyes of the experts. There is no doubt that Sadanand Vishwanath did very well in this series and was instrumental in the stellar performance of India. He proved this with his wicketkeeping and batting ability on the Australian tour. The cricket administration during those days believed that there could not be two wicketkeepers from the South or from Karnataka, with Sadanand Vishwanath being my understudy. The team returned victorious, winning the Benson and Hedges World Cup under the captaincy of Sunil Gavaskar. Sadanand Vishwanath was also with the Indian team on the tour to Sri Lanka, where he lost a lot of ground. Unfortunately, he was sidelined, and I was recalled for the Australian tour of 1985–86.

Stint with Bollywood

In the meantime, I entered Bollywood through Sandeep Patil in his movie *Kabhi Ajnabi The*. I loved experimenting with anything that came my way.

I was offered a role with Sandeep Patil, who was the hero of that movie, along with Poonam Dhillon and Debashree Roy from Kolkata. The director and producer of that film was impressed with my expressions. I was supposed to pose with my cigar, the king–size cigar that Farokh Engineer had given me while celebrating the 1983 win in the Lord's dressing room. I had it between my teeth, giving a look like my favourite Hollywood actor Clint Eastwood, who is still alive at ninety-three. I was offered a role as the don of the underworld and I did pretty well. Of course, they projected me as a villain. Shakti Kapoor was the top villain in the Bollywood industry, but they thought that having me as a villain in the movie would be great, but unfortunately, the movie was a big flop.

As soon as we landed in Australia, the media took me aside. The first question they asked me was about my bald look and when it started; the second question was more obvious, what had made me get into Bollywood? The next day, I was covered by most the electronic and print media. I am a big fan of karate and did a little bit of that with Sandeep for the film. This was also covered by the media.

I wouldn't go into the details of the movie, but if any one of you is interested to see my heroics in my first attempt at acting, then you can watch the entire movie on YouTube. My photos were splashed on the media centre spreads doing karate and in other poses. Despite the failure of the film, I became quite popular in Australia. So wherever I went to parties or elsewhere, Australian fans would call me Kojak. Kojak was the protagonist of a very popular American action crime and drama television series of the same name. I was always very social and despite my popularity, I never showed any arrogance or an inflated ego. My upbringing had taught me to remain rooted.

Soon, in a match played at Brisbane, I took a brilliant catch diving on my right side off the flick of Alan Border. That catch was adapted by Channel 9 as the opening shot before broadcasting every match throughout our series in Australia.

Due to my popularity, my career was on the rise and this created a feeling of envy in many. Our team manager spoke to the media the next day and to my utter surprise, he announced that I was injured and had to go back home. There was no injury, only a small limp after taking Alan Border's catch on the leg side, but it was used as an excuse to drop me. The second wicketkeeper on the tour, Kiran More replaced me. Perhaps, they were tired of seeing me and had had enough of me. There was no reason to drop me, and it was clear that they did not want me any more.

I was dropped like a hot brick again and that was the end of my career. I was in very good form and performing consistently well when they dropped me unceremoniously. I was not allowed to complete 100 test matches; moreover, my total dismissals remained stalled at 198, just two short of 200. That would have been an individual record. Had I continued to play, I would have gone well past the 300 test dismissals.

I was forced to sit out for the rest of the matches. The 1986 tour of Australia was an end to my career. Between 1986–93, I made every effort to stage a comeback and honour my country, but it was as if they had put a huge lock on my career and thrown the key to sea. And eventually, in 1993, I gave up and asked for a benefit from the Board of Control for Cricket in India. It was granted to me against a home series opposite New Zealand. Team India was playing under the captaincy of Mohammed Azharuddin then. In the year 1994–95, I was forced to go to Bombay with a begging bowl for my benefit. You see, at that time BCCI was honouring the cricketers who had played 100 test matches. How could I possibly get my benefit game?

At that time, I approached the secretary of the BCCI and the president of the Karnataka State Cricket Association (KSCA) and his rude and arrogant response really stumped me. He told me that if I had played ninety-one or more matches, I would get the benefit. Why did he mention ninety-one matches? How did ninety-one suddenly become a magic number? Well! He said this to me because of Gundappa Vishwanath, my dear friend and SBI colleague from Karnataka, perhaps also the most stylish player between late 1960s and 1970s and a charming and humorous person. I am yet to see a batsman play a late cut and a square cut like Vishy till date. He had played ninety-one test matches and had announced his retirement. Apparently, the secretary didn't want me to exceed his record and kept insisting that only if I played ninety-one or more test matches could I get my benefit.

I had no choice but to go to the next elected body of BCCI. Mr I.S. Bindra from Punjab was the president of BCCI at that time; how can I forget his name! Mr Jagmohan Dalmia had taken over as the secretary. He was also the president of Cricket Association of Bengal (CAB). I met them both and repeated what the secretary of KSCA had told me. 'I was told that the benefit is only for players who have played 100 or more test matches. Then Sir, how was Gundappa Vishwanath given his benefit with only ninety-one matches? And what is the difference between eighty-eight and ninety-one matches?'

So, on that basis, they assured me that they would grant me a benefit. I had played forty-nine ODIs and eighty-eight test matches. They clubbed them together and counted it as 100 test matches. It was a great gesture from Mr Bindra and Mr Dalmia to grant me the board's benefit.

I had been treated very badly by KSCA, where I was forced to beg, and I didn't want my benefit to be played there. The best place for me was Bombay, my hunting ground the Wankhede Stadium. I had met the expectations of one and all whenever I had performed at this stadium. And that's how I went to Mr Raj Singh Dungarpur who was the president of Cricket Club of India (CCI) and the chairman of the Selection Committee. When I approached him, he told me that they could make me an offer of Rs 25 lakh.

I was taken aback. Other Indian cricketers at that time were beneficiaries of Rs 1 crore, and I am talking of the 1990s. Mr Dungarpur said, 'Kiri this is an ordinary match. We will not get a huge crowd for the New Zealand–India match. So we can only offer you Rs 25 lakh. So, if it is agreeable to you then we will have the last match played at CCI instead of Wankhede Stadium.'

CCI had a beautiful historic cricket ground and all matches were played on these grounds before the Wankhede Stadium was built. The Wankhede Stadium was built after a conflict between CCI and Bombay Cricket Association (BCA) at the behest of Mr S.K. Wankhede, a politician and the secretary of the Mumbai Cricket Association. Since then, Wankhede has been the main venue for international cricket matches in Mumbai.

Having no choice, I accepted whatever was offered to me. I was not allowed to sell the tickets, nor allowed to publish my brochure or sell the T-shirts on the ground. In an effort to dispel his fears of a low turnout, I told Raj bhai, 'This match is going to be the decider between India and New Zealand. So obviously there will be a crowd to see the match. And cricket fans love me. I assure you, it will be a sell-out crowd.' He replied saying, 'We will see, and if it is a sell-out then we may consider something more.'

My prediction proved to be right. The last match was indeed the series decider and one week before the match, all tickets were sold out. This time around, I spoke to Raj bhai once again and he told me, 'Let's see after the collection what more we can do for you.' All Raj bhai could manage was an additional Rs 5 lakh for a total of Rs 30 lakh. But this is not the end of the story. There is something very important that took place at CCI.

I was staying at CCI in the main club room. I remember after the match, Ravi Shastri had come down from the commentary box to take my interview. I remember him saying, 'Kiri, you must have brought a big suitcase with you to carry the moolah from your benefit match.' I couldn't help but laugh at the question and replied, 'I have brought a small *attachee* (small, handheld suitcase) with me, and I do not know who has the big suitcase filled with moolah.' I think Ravi would have gotten the message.

Between 1986 and 1993, I put a lot of sweat into making a comeback. I wanted to honour my country, but the consistency with which I performed in the domestic matches and the physical fitness that I had maintained went to waste as I couldn't find the missing 'key' that had been thrown into the ocean.

I felt hurt but I thank the Almighty for whatever has been bestowed upon me. I have kept no grudge against anybody and I live with no regrets. I have always heartily accepted whatever was offered to me. I am a very contented person and have lived my life with the same ethos.

That was the end of my cricketing career, and I began to concentrate on my SBI responsibilities, occasionally providing expert comments when invited. Star Sports was just coming into prominence then.

Chapter 8

Life after Retirement

After closure of my cricketing career in 1995, I was mostly concentrating on my banking responsibilities, as well as taking up commentary assignments as and when they came to me. In between, a cricketing enthusiast came up with a novel concept. He gathered all those who had recently retired from international cricket and were in shape and could perform to formed something known as the World Masters. Now it is called Legends League Cricket. It is a wonderful opportunity for cricketers who wanted to continue their career, but for whatever reason could not do so. This was unlike most world cricket series that are generally held under the aegis of International Cricket Council (ICC). It was privately organized and privately sponsored as well. The World Masters Series was very successful. It was played in India, and we also went to Dubai for matches. The same eight teams were participating which played during the 1983 WC. So, it continued for a few years and then all of a sudden, there was the formation of the Veterans Cricket Association. The Indian Veterans Cricket Association was influenced by other countries who also came forward to form their own similar associations that also continued for a while.

All in all, the World Masters was very successfully organized. The teams visited India and we also played some matches in Dubai as well. Well but the World Masters series was short-lived. Many icons, the most popular players of our country, preferred not to sweat and struggle to earn, they preferred getting behind the microphone. And that's where you see there was a loss of enthusiasm, and the crowds would not come in. They would look at the top performers and top iconic players of every country, but they all preferred to get behind a mic. Commentary was becoming quite lucrative avenue for retired cricketers. Sadly, the World Masters Series could not continue after initial success.

I was back to my banking career, and I climbed up the ladder of success in my bank as well. I started attending to my responsibilities, but more importantly, I had a system. When I commit to a cause, my focus is 200 per cent of my work. I was in the administration of State Bank of India who had given me the job when I was doing my tenth standard and was just about seventeen years of age. I was very loyal and faithful to my bank. Not being allured by various corporates at that time. Top private groups had employed other players like Gavaskar, Vengsarkar and Shastri. Ah, yes, like this there were seven former players in the State Bank of India (SBI) who had once donned the Indian jersey, including Ajit Wadekar, Bishan Singh Bedi, Eknath Solkar, Syed Abid Ali, G.R. Vishwanath, Devraj Govindraj and yours truly. We won the Moin-ud-Dowlah Gold Cup Tournament. The

SBI publicized it heavily. I remember there was a Hollywood movie, *The Magnificent Seven*, a 1960 American Western film directed by John Sturges. The film was both a critical and commercial success at that time. The media had dubbed us 'The Magnificent Seven', the newspapers and magazines had splashed big headlines, a huge publicity for SBI. We continued to have stupendous success in this tournament for many years.

Nevertheless, my banking career continued and finally at the age of sixty years, I retired from the bank as the chief manager of the SBI's local head office in Bengaluru. I am very grateful to SBI for having given myself and other cricketers, who had joined the bank, all the privileges and comforts that an SBI officer receives, without transferring us anywhere out of Bengaluru or to any other branch. My banking career ended on a very pleasant note.

In the meantime, we retired cricketers, went and approached Secretary Mr. C Nagaraj. This included me, Roger Binny, G.R. Vishwanath, Brijesh Patel. We proposed that we would like to join the team of administrators to give back to this great game, to develop and support this great game of cricket through the association. But very arrogantly and rudely, we were shunted out of his room. Corporates, industries, schools, colleges and sports academies invite me as a motivational keynote speaker on a regular basis. I am also invited for cricket commentary in India and abroad. However, I accept commentary assignments depending upon my availability.

Chapter 9

Bodyline Blows

We have now come to the setbacks and humiliations I faced in my cricketing career and thereafter. This is one aspect in the book that could surprise readers. 'Can such humiliations be meted out to someone who has been honestly and passionately trying to serve their country?' the readers might wonder.

I should start with my very first setback in 1979, which I have mentioned earlier. During the tour of the Second World Cup in 1979, I was dropped unceremoniously. This was my first losing moment and I slowly came to understand the politics that makes you a scapegoat without any reason. I was dropped like a hot brick. Nevertheless, knowing my strength and my capability, I knew that I would definitely make a comeback in the home series against Australia.

In 1980, during our tour of New Zealand, my ailing father was on his deathbed. He was admitted to Baptist Hospital in Bengaluru. During the drinks break, one of the reserves came with a message that was conveyed through the Indian High Commission, since there were no mobile phones in those days and I didn't have a residential landline. This information had first reached the secretary of KSCA— the doctors had given very limited time to my father and he might want to see me one last time before he passed away. The secretary conveyed this message to the president and it was later relayed to me. While I was keeping the wickets, tears started rolling down my eyes.

After the World Cup, in 1984–85, the Benson and Hedges World Series was played in Australia and New Zealand. The then chairman of the Selection Committee said there couldn't be two wicketkeepers from the South, particularly from Karnataka. Sadanand Vishwanath was the only one who was picked up and I was dropped again. This was the second setback.

Third Comeback

With my consistency, I came back for the tour to Australia in 1985–86. There a huge conspiracy took over again, even though my graph, my performance and my physical fitness was improving, and I was inching towards breaking the individual records of some iconic players. My popularity was gaining momentum due to the classic catch that I had taken off Alan Border on his big flick on to the leg side. This catch became an overnight sensation after it was shown by Channel 9 at the beginning of every cricket broadcast. Channel 9 had television rights to broadcast the entire series. On the other hand, the print media in Australia was covering me extensively for two primary reasons. One was my bald look. I was the only cricketer who sported the clean-shaven head, inspired by two famous Hollywood stars (Yul Brynner and Telly Savalas who played the role of Kojak). They found the look unique. And secondly, my foray into Bollywood. They were curious to know why I had ventured into films, how I got there and my experience of shooting for a Bollywood flick. My photos would appear in every Australian newspaper.

Incidentally, a big headline appeared on the sports page, '*Injured Kirmani may have to go home.*' (Guess who would have given this to the print media?) In reality, there was no injury and I was kept away from all ODIs and allowed to play only three test matches. The second wicket keeper, Kiran More, played all the ODIs. Funnily though, during one of the matches, one of the regular players got injured and I was asked to go on to the field as a fielding substitute. That's when everybody started wondering why I wasn't keeping wickets. This was the question my fans and cricket lovers asked when I returned home. The ones who had engineered that headline and my withdrawal into the confines of the dressing room knew the answer better.

Setback in 1974

Team England had a three-day game against South Zone in Bengaluru, which was being played at Chinnaswamy Stadium. I was the wicketkeeper for South Zone. A day before the match, I had gone to collect passes for my family. My elder brother had just married then, and he and my sister-in-law were in the city. I was given four passes for my family of five. I asked the manager, who was one of the founding members and a Ranji-level cricketer who had served in KSCA, for one extra pass. He suggested that I talk to the president about it. The stadium was named after the president, who was an able administrator and had done a huge service to the game of cricket. He had also served as the president and the secretary of the BCCI in the past. He was standing outside, where there was a huge crowd to collect passes. When I approached him, he was quite rude to me and reproached me by saying, 'What have you done for cricket to ask me for a pass? You have not even played proper cricket yet and here you are, asking for an extra pass. Go away from here!' By God, that was the most humiliating incident I faced, just for asking an extra pass. I had to beg my friends whom I played cricket with to give me one. The passes for my family were for the side stands instead of the pavilion, president box, committee box or even the diamond box.

I went back to the office with those four passes and said to my manager, 'Sir, please, take these four passes back as well. I have been humiliated. I have been yelled at for asking one extra pass. Please take these four and give it to whoever you want to.' As I was walking away, he asked me to reconsider as this would anger the president. Someone informed the president about this and I faced his wrath again. I had no other choice than to take those four passes and go away. The next morning, while I was warming up before the game, the president called me with the same arrogance and asked how many passes I wanted. I smiled and said, 'Thank you very much. You have given me enough and walked away from him.'

Chapter 10

My Family—The Fantastic Five!

The year 1979 was a memorable milestone in my life!

I married Habeeba, a young, green-eyed beauty who was the granddaughter of the then Chief Justice of Karnataka High Court, Justice Mir Iqbal Hussain and the daughter of Mr Mir Hamza Hussain, the most honest and clean-hearted commercial taxes officer I have had the pleasure to know. His family happened to be our family friends in Bengaluru.

Our wedding brought together family, extended family and friends from both sides. It was a grand affair and the first wedding ceremony to take place at the Bangalore Palace grounds with the Bangalore Palace as the backdrop.

Habiba brought a great amount of luck for me—I scored my first maiden century at the Wankhede Stadium against Australia, which became my comeback after being dropped from the England tour in 1979. I couldn't have asked for a better restart.

Today, I am blessed with three wonderful children—two daughters and a son.

My eldest daughter, Nishath, is associated with the disability sector as a special educator in the field of autism. My second daughter, Mehnaz, is a life coach in Noida and has partnered with her husband to run a very successful cricket academy called TUG. She is blessed with a young son who is a golf prodigy in the making, winning under-12 tournaments at the age of eight.

My son, Syed Mohd Sadiq Kirmani is also a cricketer, a right-hand opening batsman–wicketkeeper. He has played for Karnataka state at different age levels and has been a star in the Karnataka Premier League (KPL) tournaments. Currently, a qualified coach to cricket academies, he is also the father to a four-year-old sunny boy.

Incidentally, Nishath was married to Syed Faaqer Ali, my senior cricketing colleague Syed Abid Ali's son. Sadly, we lost him to a cardiac arrest at the age of thirty-four while he was playing a cricket match in California.

God has been kind to us and Nishath remarried and has three beautiful children.

Habiba and I are blessed and content to be parents and grandparents to five grandchildren whom we enjoy spending time with. I am also a nature lover and a wildlife freak. I have nurtured a pretty terrace garden. The essence of a fulfilling retired life for me is to see the flowers of my garden grow, bloom and flourish. My evenings after retirement are spent on the terrace along with my tea and snacks, feeding various birds and nurturing my plants.

My love for nature has also made me an avid golfer. I thoroughly enjoy the early morning fresh air at the golf courses. My weekends are spent playing golf tournaments and we have won many trophies. My favourite channels before I sleep are obviously the sports and wildlife ones. I feel lucky to have visited the wildlife sanctuaries of East and South Africa.

I am also a patron of various NGOs such as the Mathru Foundation, Parikrama, Samarthanam and others. I am the brand ambassador for Blind Cricketers of India and was their mentor in Dubai when the Indian Blind Cricketers won the third consecutive World Cup beating Pakistan in the finals. I am also invited by various corporates, industries, academies, schools and colleges as an advisor and inspirational speaker. Lastly, I am the president of Scouts & Guides of Karnataka and an honorary member of Rotary International, Bangalore Orchards.

Part II

The Immaculate Gloves

A Journalist's Perspective on the Towering Character

Dakshesh Pathak

Good dreams are built and nurtured by aspirations and perspiration and often against all odds. It's a hurdle race where the inner character is tested and tried more than the physical capabilities to cross every bar. To fall is a process and to attain the finishing line as the fastest runner, putting aside the agony and frustration, is the prowess.

Indian cricket witnessed such a champion, one of the greatest wicketkeepers not only of India but one who graced the world arena for ten years during 1976–86. As a child, he kept the wickets with a set of bricks behind the stumps in the streets of the farthest corner of Bangalore, never letting the ball slip away from his brick gloves and never conceding even a single bye for days and months, much to the dismay of opponent teams. Future opponents would face great agony when he would wear the Indian cap.

Syed Kirmani. What a name to reckon with. What a wicketkeeper, what a great character! He started showcasing his immense wicketkeeping talent in domestic cricket in the second half of the 1960s and began knocking the Indian team's door. Following his back-to-back performances in five years, the selectors picked him as Farokh Engineer's deputy for the historical 1971 tour of England. Though he didn't get a chance to play and was surprisingly dropped for three years, he was picked for the 1974 series against England again, as bench strength. This was very frustrating for Syed Kirmani. He was again selected for India, for the first ever sixty-over World Cup. He waited for his big moment and in 1976, he was selected for the series against New Zealand, where he stamped his authority by affecting six dismissals in his second test match behind the wickets, equalling the world record. From then on, he never looked back, except for some sins of omissions, till he was mysteriously dropped forever by the selectors ten years later in 1986.

In those ten years, Kirmani wrote a mammoth saga of resilience, patience, algebra, geometry, guts and perfect mathematical calculations on how to engineer a wicket behind the stumps by studying the minds and movements of the batsmen and consulting the bowlers. In most dismissals, the batsmen were more baffled than shocked or surprised by his catching or stumping with electric speed. With the quartet of Bedi, Chandra, Venkat and Prasanna and later, Dilip Doshi and Shivlal Yadav, Kirmani added the fifth dimension to a deadly combination behind the wickets. As for medium pacers or fast bowlers like Kapil Dev, Karsan Ghavri, Madanlal, Balvinder Sandhu, Roger Binni, Chetan Sharma and Manoj Prabhakar, Kirmani gave them fresh energy and spirit in the initial overs by 'making a catch' rather than 'picking a catch'. In other words, Kirmani used to convert half chances or even no chances to a wicket by his outstanding work behind the stumps.

This gave a morale booster to the bowler for the remaining inning. 'C.Kirmani B.Kapil Dev' reporting became the ultimate highlight and created a historic partnership between a bowler and a wicketkeeper. The stats speak for themselves. Till Kirmani kept wickets behind Kapil Dev's bowling, the latter's wicket taking average per test was around 4.3 per test and it dipped below 3 after Kirmani was dropped in 1986. The reasons for which remain an inexplicable mystery.

Very few know his amazing feat from India's six test away series in Pakistan in 1982–83. In these six tests and four one-days, Pakistan amassed 3995 runs and Syed Kirmani conceded only 18 byes! Of those 18 byes, 16 were conceded as 4 wides, wayward deliveries resulting in boundaries on wet wickets. So, logically, only two byes were conceded by Kirmani.

Kirmani received a big shock when he was dropped for the 1979 England tour and World Cup, even while performing consistently with the bat too. Kirmani was unceremoniously dropped from the team following a malicious rumour that he was joining the Kerry Packer 'circus'. A big psychological jolt to a spirited wicketkeeper. India paid heavily for the same as they had a forgettable 1979 World Cup and the test series against England, which followed. On the fifth day of the fourth test at Oval in England, as Sunil Gavaskar hit a celestial double century with great support from Chetan Chauhan and Dilip Vengsarkar, India just missed to sip the cup of victory by 8 runs. When the Captain Venkat Raghavan got out as the eighth batsman, India decided to play for a draw safely the last few overs. The Indian team sorely missed Kirmani that evening. He proved it time and again with crucial partnerships down the order, including with Sunil Gavaskar.

The greatest year of his career came as 1983, which changed Indian cricket forever. Under Kapil Dev, India won the World Cup and Kirmani was adjudged as the best wicketkeeper, by none other than the great Godfrey Evans. What makes this even bigger is the list of other great wicketkeepers who featured in other teams ranging from Geoffrey Dujon, Rodney Marsh, Wasim Bari and Ian Smith. His eighth wicket partnership of 126* runs with Kapil Dev, still remains the greatest partnership in terms of survival matches. Kapil scored a maverick 175* match-saving inning, but Kirmani laid a solid foundation for him to do so, by being a great backbone to the stand, scoring only 24 runs in a 126 runs partnership, but taking India to advance further to lift the World Cup. The same year, when Clive Lloyd's invincible toured India, Kirmani gave a strong support to Sunil Gavaskar while the great Gavaskar registered his highest test score of 236* at Madras, with a 140-plus partnership. Next year, Kirmani scored his second test century against touring England, with a solid partnership with Ravi Shastri. He played his last series in Australia in 1985–86 and, after a small injury, he was ignored forever for reasons known only to selectors. He continued playing Ranji and Duleep Trophies for another five years, reminding selectors of his terrific reflexes that were much better than the wicketkeepers of national side, even at the age of forty-three. He said that, even at fifty, he felt the same zest and life in his gloves.

Officially, he never declared his retirement. Why would he when he was still vibrant and vivid in his spirit and morale? He had 198 dismissals in tests including 160 catches and 38 stumpings. The selectors didn't let him accomplish the feat of 200 dismissals, maybe for their whims or as vengeance for a no-vengeance man? If allowed, even at the age of seventy-five, Kiri would grab the remaining two catches or stumpings in his kitty in the first hour of wearing his gloves again in a test match and accomplish 200 dismissals.

Syed Kirmani, one of the greatest chapters of Indian and world cricket, deserves a bigger and larger podium, and this book, written not only as a cricketing book, but as an expression of a great inner journey of a towering character, is the right step in this direction.

Chapter 11

Sonic Boom

11 February 1979, Sardar Patel Stadium, Navrangpura, Ahmedabad

It was the second day of a three-day tour match of the touring Caribbeans under Alvin Kallicharran, versus the Ranji Trophy champions Karnataka. I, a seventh standard student, had gone to watch the match with my cousins. The previous day, Karnataka had posted 219 runs thanks to Sudhakar Rao's 107. On the second day, soon after lunch, something electrifying happened on the wicket and two prolific batsmen had to return to the dressing room, bemused. Notwithstanding the fact that this was supposed to be a second string or depleted lot of the Caribbeans, given the absence of the celestial Clive Lloyd, Sir Viv Richards, Gordon Greenidge, Desmond Haynes, Derrick Murray, Holding, Roberts, Garner, Colin Croft and so on, as they had joined Kerry Packer for two years. Kallicharran's new team was not to be taken for granted as per speculations going by the hidden talents in the team, chiefly Alvin Greenidge, Basil Williams, Larry Gomes, Faoud Bacchus, Sylvester Clarke and the MALCOM

MARSHALL—a giant in the making from a 'Baby Marshall', the term a senior Indian batsman had jokingly attributed to him. This was overheard by Marshall and the batsman had to pay dearly every time they met at the crease for the remaining duration of their careers. Though the pendulum remained mostly balanced in terms of runs scored against or getting his wicket, Marshall inflicted physical pain often with his short-pitched 96 mph ferocious speed bouncers. As for Kallicharran's side, they proved the assumptions or speculations about themselves right by experts who picked up the side. In the final outcome of the six-test series, it was 1-0 in favour of mighty Indians, which, before the start of the series, was predicted as 4-0 or 5-0 by Indian pundits. Well, that is not the point of discussion here as of now. I was referring to something that happened immediately after lunch on the wicket, on the second day of that three-day match in Ahmedabad that sent two elegant batsmen packing in twenty minutes, tarnishing the chance to take lead over Karnataka. Well, I won't reveal what happened yet or open a Pandora's box for West Indies. Have patience. Let me take you to another incident first.

Five years later, in 1984, my friends and I had gathered on my terrace to watch an air show of fighter jets to celebrate the anniversary of the Indian Air Force. As we lived near the airport, we were lucky to be able to watch it from our terrace instead of going to the airport visitor's area. While we were watching the splendid formation of fighter jets over our head, a jet zoomed past with such a speed that we could hardly see it, but we heard a terrific sound in the sky. What was that? We hoped the pilot and the jet both were safe and intact. 'Don't worry . . .' A senior among us, who was a brilliant science student in college, uttered. 'It is a sonic boom. When a manmade object moves faster than sound, that means 1225 kmph or 761 mph, it creates a friction in the atmosphere, resulting in an effect called as sonic boom.' I gazed at him for a few seconds and asked, 'Do you know Faoud Bacchus or Larry Gomes?' He retorted, irritated, 'No. Who are they? What have they to do with fighter jets and sonic boom?' I murmured, 'They heard it much before you.' 'What?' He was almost shouting now. 'Nothing,' I said.

Back to the Sardar Patel Stadium in 1979. In response to Karnataka's 219, West Indies was doing fine with Faoud Bacchus holding the fort strongly. He was doing great at 74 and seemed determined to convert it into a big century. Gundappa Vishwanath had given the ball to Kamal Tandon. Bacchus, in an attempt to sweep, lifted his toe just by a millimetre and lightning struck from behind the stumps. Brijesh Patel, at forward short leg, picked up the bails, dismantled by the wicketkeeper, from the ground and gave it to the leg umpire to rearrange. Twenty minutes later, the same thing happened again. This time, the bowler was Vijaykrishna and the batsman was Larry Gomes, who was sent back after scoring nine runs. The major difference here was Gomes didn't attempt anything silly. Yet, the scanning eyes of the wicketkeeper must have gauged the micro-millimetre unintended drag of the batsman's feet. He gathered the ball and created something, which, five years later, my science scholar friend explained to me on my terrace with the example of fighter jets. Yes. I am sure that Bacchus and Gomes heard the sonic boom that afternoon at the hands of the great, rather one of the greatest, wicketkeepers of all time who graced not only the Indian cricket arena but world cricket. That evening, my uncle, who was a senior police officer on duty at the stadium, including the dressing room, took us to meet the teams. We met the great Vishwanath, Kallicharran and the giant-in-the-making Malcom Marshall too. But I was searching for the hands that created the epic sonic boom. As soon as my uncle introduced us to the magician with those hands, the hands, holding two bottles of Coca Cola, extended the bottles to us affectionately—it was perhaps the last, hidden stock from somewhere after the Prime Minister Morarji Desai had banned Coca Cola in India. We, happily and rather shamelessly, obliged and took both bottles. The hands that had lifted the bails so swiftly in micro-seconds, lifted the little six-year-old Jayesh in his arms and playfully rubbed his long moustache on his cheek and said, '*Kal aayega na . . : hamare liye clapping karega to aur Coca Cola dunga* (If you come and clap for us tomorrow, I'll give you more Coca Cola).'

Those hands, with magic gloves that kept creating the sonic boom, graced Indian cricket for almost two decades. He won many laurels for India with his out-of-the-box thinking behind the wickets, studying the batsmen's errors and consulting the bowlers on what lines to bowl. He often, not only engineered, but designed the opposition collapse, from strong positions to precarious situations. No wonder, Karnataka defeated West Indies by 11 runs in that match, simply owing to this wicketkeeper's talent. Not to forget, he scored 33 runs in the first inning and 37 in the second, strongly supporting Sudhakar Rao in both innings, who consolidated the total. As a batsman, he often played in India's greatest victories. The glimpses of excellence lie in the miracles of future and here, this man, was writing it on the wall match by match, catch by catch and stumping by stumping.

This man was Syed Mujtaba Hussain Kirmani—one of the finest wicketkeepers in the history of world cricket at par with the best of the best. Kirmani, a fantastic, fabulous wicketkeeper–batsman and a thorough gentleman with a great character, probably read the 1934 Nobel Prize winner in Literature, the acclaimed Italian dramatist, poet, novelist and writer Luigi Pirandello, who had said, 'Anyone can be heroic from time to time, but a gentleman is something you have to be all the time.' Kirmani remained both heroic and gentlemanly in any situation, delivering his best in days of joy or distress, sticking by his philosophy of life and remaining a pure and pious human being. Many of his records have been broken or will be broken, but his conscience for the game and for the self, irrespective of numbers on papers, will remain eternal and unsurpassable. A towering personality, Kirmani was tried, tested time and again. He was brought in and dropped even after Herculean successes and achievements at the whims of the so-called five 'wise men' somewhere in a five-star hotel conference room. It seems as if Charles Dickens had time-travelled to see Kirmani's career for inspiration to write the sublime beginning of his novel *A Tale of Two Cities*, 'It was the best of times, it was the worst of times, it was the age of wisdom, it was the age of foolishness, it was thc cpoch of bclicf, it was the epoch of incredulity, it was the season of light, it was the season of darkness, it was the spring of hope, it was the winter of despair.'

This was my first meeting with Kirmani as a eleven-year-old school kid. I met him again in 1983 at the Ahmedabad Airport lounge, immediately after India's World Cup victory, with other stalwarts such as Madan Lal, Ravi Shastri, Dilip Vengsarkar, Mohinder Amarnath and Roger Binny. The city mayor, Rafiuddin Shaikh, had organized a huge rally at Sardar Patel Stadium, Navrangpura, to felicitate and honour the World Cup heroes, and that evening I heard Kirmani and others at the stadium. What impressed me the most was how Mohinder and Kirmani's speeches were so humble and polite, and without a word of boasting, even in this triumphant moment. I met Kirmani a third time as a sports journalist and columnist at the same venue in 1994, when he was grooming the under-24 Indian team. I interviewed him for the first time that day, after his laborious training and grooming session with Amol Majumdar and others on the ground. I had taken a 500 ml bottle of Thums Up with me as I had to pay back a goodwill that was due to him since 1978. When I reminded him of this, he laughed loudly and offered me some samosas meant for him. They had been ordered from the famous Kunal Restaurant nearby by the Gujarat Cricket Association president, Narhari Amin, who took personal care of every cricketer's taste buds who played in Ahmedabad. Kirmani said, '*Achhe logon ka thoda udhaar rakhha karo. Mai ya aap . . . wapis milne ki wajah bhi banti raheni chahiye* (Let good people be entitled to some credits, it will be another opportunity for us to meet again)'. The chemistry or our long-term association started there and in that interview, he opened up freely, strongly stating for the first time ever when he said, '1986 *mein mujhe team se hamesha ke liye nikalne ki saazish rachi gai thi* (In 1986, there was a conspiracy to permanently remove me from the team)'.

We met again at the Sardar Patel Stadium in 1997, when he came to play the Indian versus Pakistani veterans game. It was a great match, but even greater was what the Pakistani cricketer Zaheer Abbas said about him, which I will discuss in later chapters.

I saw him playing his only test in Ahmedabad too, which was against the men with otherworldly superpowers, one of the greatest teams of history: Clive Lloyd's West Indies. That was the inaugural test match of this newly built stadium and Kirmani essayed unbelievable skills behind the wickets on an uneven surface that, by today's laws, would have been called off on the fourth day on the grounds of players' injury. Kirmani didn't let the ball go from his gloves even on an awkward bounce. It's no wonder why the equally great Jeff Dujon spent fifteen minutes with Kirmani on the fourth morning during practice, before the match started. Everyone knows how Michael Holding wreaked havoc on that surface that afternoon, reducing India to 63 for 9. On that very surface, Kirmani and Maninder Singh unbelievably added 40 runs for the last wicket, defying the missiles fired by Holding, Marshall, Davis and Daniel. My cousin and I had left the stadium at 2 p.m. when the ninth wicket had fallen. We had parked our bicycles at a stand where we needed at

Courtesy: Personal Collection

As Mysore State School captain, Central College Ground, Bengaluru, 1964.

Courtesy: P. Wi as

Captaining Mysore State School team alongside Hyderabad State School captain Asif Sayeed (we were both wicketkeepers of our respective states) at Fateh Maidan, Hyderabad, 1966.

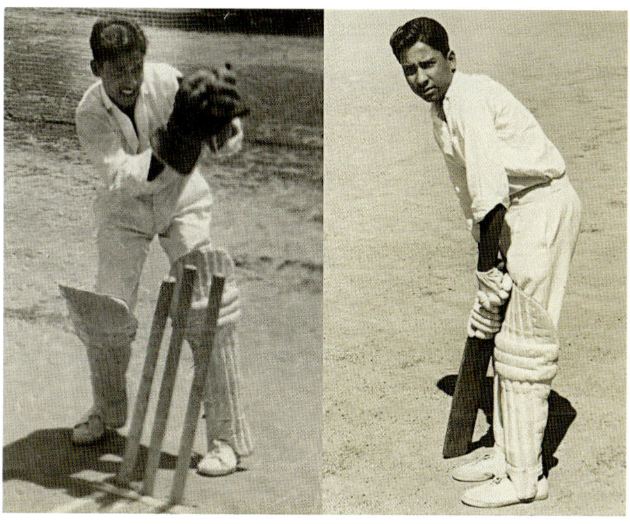

Courtesy: Personal Collection

During practice for Mysore State School as a wicketkeeper–batsman, 1966.

Courtesy: P. Wilas

Mysore State School team and Hyderabad State School team at Fateh Maidan, Hyderabad, 1966.

First Indian school team to tour England with Ajit Naik as captain and myself as vice-captain. Taken at Mumbai Airport, 1967.

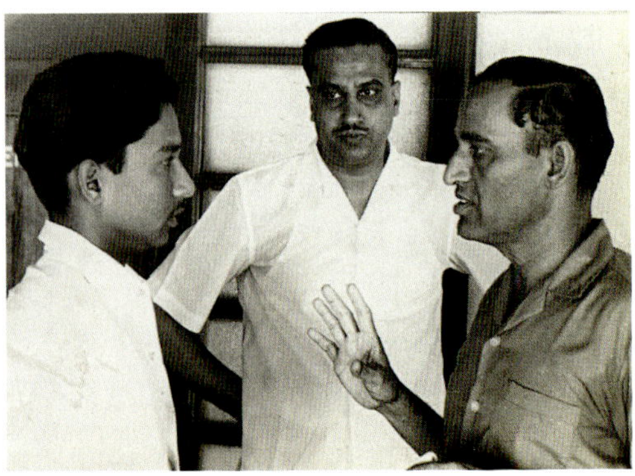

My mentor Hemu Adhikari and the selector Kishore Sahu advising me before the school boys tour to England, Mumbai, 1967.

Courtesy: Personal Collection

Courtesy: P. Wilas, Secunderabad

Selected for Vazir Sulthan Colts, Moin-un-Dullah at Fateh Maidan, 1967. (*Sitting L–R*) Jasbir Singh, Asif Sayeed, Syed Kirmani, Suri, Amber Roy, Inder Raj and Deon Bush. (*Standing L–R*) J.B Patel, Abid-Zain-ul-Abedin, Lyn Edwards, Kamlakar, Mohan and Navin Kulur.

Courtesy: Personal Collection

Junior State team at Central College, Bengaluru, 1966.

Courtesy: G. Bhagwan

Debut Ranji team at Central College Grounds, Bengaluru, 1970.

Courtesy: T.A. Hafeez

Debut team of State Bank of India, Bengaluru, 1968.

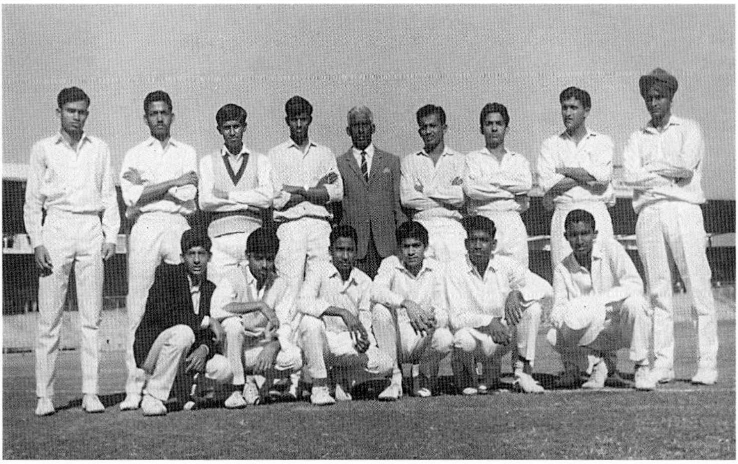

Indian School Boys Team at the last test played against the Australian School Boys Team, Mumbai, 1966–67. (*Standing L–R*) Asif, Mohinder Amarnath, Sarkar Naik, Manager, Basheer, Surinder Amarnath, Chamanlal and J. Singh. (*Sitting L–R*) Tandon, R. Mukherjee, Kiri, Mahendra, Chandra Prabhakar and Victor Fernandez

Courtesy: G. Bhagwan

Grand welcome at Bangalore Airport after the victorious tour of England, 1971. Towards my left is my father, Syed Fida Hussain Kirmani.

My first scooter, the Lambretta, bought at Mysore Scooter Agencies, Bengaluru, 1968.

Courtesy: Sport and General Press Agency Limited, London

Greeting Queen Elizabeth before the match at Lord's, London, 1971.

Courtesy: Sport and General Press Agency Limited, London

Greeting the Duke of Edinburgh, Prince Philip, at Lord's, London, 1971.

Courtesy: London Bureau

Britain's Prime Minister Harold Wilson posing with the members of the Indian School Cricket Team as he entertained them at No. 10 Downing Street, London, 1967. (*Standing L–R*) Surinder Amarnath, Laxman Singh, Jasbir Singh, Ajit Naik (captain), V. Fernandez, J.K. Mahindra, Syed Kirmani, Asif Sayeed, Col Hemu Adhikari, Sriraman (president, BCCI), Sahu (assistant manager). (*Kneeling L–R*) Dipankar Sarkar, Inder Raja, Raja Mukherjee, Arun Kumar, Kamerkar and Jitu Bhuta.

Courtesy: Iqbal Munir, *Akhbar-e-Watan* and World of Cricket, Pakistan

Tour of Pakistan, with the legendary wicketkeeper of Pakistan, Wasim Bari, 1979.

Courtesy: Personal Collection

At a party after the Home Series against Pakistan, at the Taj, Mumbai, 1979. To my right is Dr Khalid Rizvi. To my left is Bollywood superstar Dilip Kumar, a friend, Manoj Kumar and Karsan Ghavri.

Courtesy: Personal Collection

19 May 1979. My *valima* (reception) picture with my wife, Habiba, at the Bangalore Palace Grounds, Bengaluru.

Courtesy: Amiya Tarafdar, News Photo, Calcutta

At the dressing room in Sydney, along with Dennis Lillee and Sandip Patil, 1981.

Courtesy: Iqbal Munir, *Akhbar-e-Watan*, Pakistan

Indian Test Series at Pakistan, with both the national teams at Lahore, 1982.

Courtesy: *Sportstar*

Clinching the 100th test victim, Geoffrey Boycott, off Roger Binny, in the Home Series against England, Bombay, 1981.

Courtesy: Ashoka New Photos, Delhi

Party hosted by Prime Minister Indira Gandhi at her Delhi residence, to celebrate the 1983 Cricket World Cup victory. (*L–R*) Me, my wife, Habiba, Prime Minister Indira Gandhi and Mrs and Mr Man Singh (manager, Indian Cricket Team).

Courtesy: Personal Collection

1981–82 Tour of Pakistan. Being introduced to General Zia-ul-Haq, President of Pakistan, Islamabad.

Courtesy: *Sportstar*

Third test in the Home Series against England, Chennai, 1977. I hooked John Lever of England who had applied Vaseline on the ball and swung it like a boomerang. He took eight wickets in the match and was caught with the Vaseline tape dropping in front of me while I was at the non-striker's end.

Courtesy: Srinivasan, *The Hindu*

Being awarded the Padma Shri by the President of India, Neelam Sanjiva Reddy, at Rashtrapati Bhavan, Delhi, 1982.

Courtesy: Rod Pascoe, Rothmans Industries Ltd, Auckland

The Indian team at the Twin Tour of Australia and New Zealand. Taken in New Zealand, 1980–81.

Courtesy: Personal Collection

Receiving the World's Best Wicketkeeper Award from the greatest wicketkeeper of England, Godfrey Evans, after the 1983 World Cup victory at Lord's, England. I am the only wicketkeeper till date to receive an award at any World Cup.

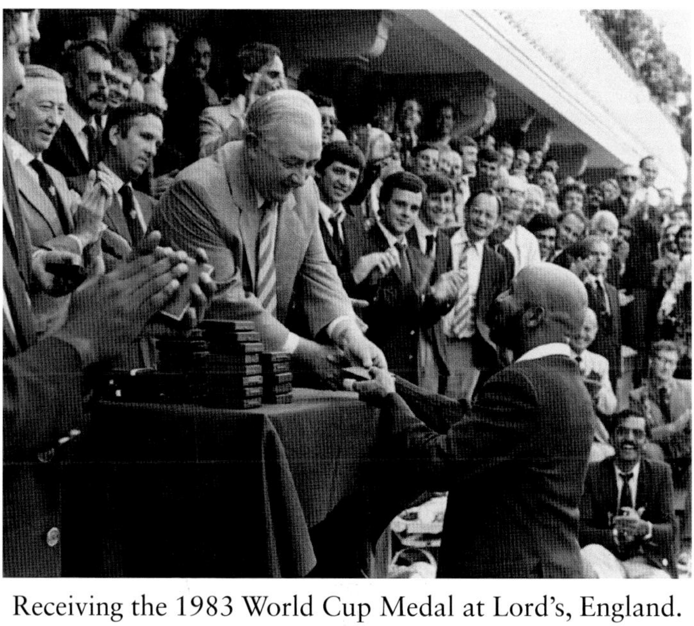

Courtesy: Personal Collection

Receiving the 1983 World Cup Medal at Lord's, England.

At the Ekalavya Award ceremony, 1992.

Courtesy: Personal Collection

Courtesy: Leonard Aarons

Last match playing for Karnataka against Bombay where I scored 168 runs, at the M. Chinnaswamy Stadium, Bengaluru, 1994.

Punching Sachin Tendulkar for four runs in the Duleep Trophy, South Zone vs West Zone match, played at Rourkela, 1991. I scored 110 runs.

Courtesy: Personal Collection

Courtesy: *Gulf News*

World Masters Dubai mid-wicket drive off John Embury of England, Dubai, 1996.

Courtesy: Personal Collection

Coaching the Karnataka team. With four Team India players at M. Chinnaswamy Stadium, Bengaluru, 2001.

Courtesy: Personal Collection

Coaches seminar conducted by the NCA at M. Chinnaswamy Stadium, Bengaluru, 2001. (*L–R*) Kiran More, Wayne Phillips, Brian Taber, Rod Marsh, Kiri, Surinder Khanna and Bharath Reddy.

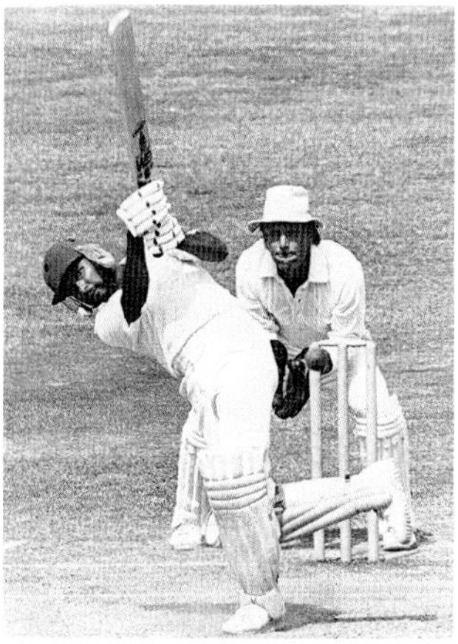

Courtesy: N. Sridharan, *Sportstar*

Driving Phil Edmonds at Old Trafford during the tour of England, 1974.

Courtesy: Col Dan

Debut Series Twin Tour of New Zealand and West Indies. Equalled the world record of six victims in a match in the second test at Christchurch, New Zealand, 1976. The ball has the autographs of the six victims: Sir Richard Hadlee, Dayle Hadlee, Richard Collinge, Ken Wadsworth, Glenn Turner and Bevan Congdon.

Courtesy: *The Hindu*

One of the best catches of my career during the Home Series against Pakistan at Chepauk, Chennai, 1979. Mudassar Nazar, c. Kirmani, b. Kapil Dev.

Courtesy: Personal Collection

With Sir Don Bradman at a party in Adelaide, Australia, 1978–79.

Courtesy: Iqbal Munir, Pakistan

With Pakistani wicketkeeper, Wasim Bari, at the Asia Cup after-party in Sharjah, UAE, 1984.

Courtesy: N. Sridharan, *Sportstar*

Stumping Allan Lamb off Laxman Sivaramakrishnan. Leg in the air, bails flying—one of my best and quickest stumpings ever in the Home Series against England at Wankhede Stadium, Mumbai, 1984.

Courtesy: Personal Collection

Leading India against Trinidad at Guaracara Park, Trinidad, 1983. India won the match by an innings and 69 runs.

Courtesy: Iqbal Munir, *Akhbar-e-Watan*, Karachi

In memory of my dear friend Yashpal Sharma, at Karachi, 1982–83.

Courtesy: Iqbal Munir, *Akhbar-e-Watan*, Karachi

Acknowledging the crowd right after the 1983 World Cup win from the famous balcony of Lord's.

First eleven senior school team at St Joseph School, 1964. I was the youngest.

Courtesy: B.V. Vijay, Bengaluru

Family picture at our home in Berlie Street Cross, Bengaluru, 1995. My wife Habiba, older daughter Nishath in gold, younger daughter Mehnaz in pink and son Sadiq in navy blue.

After receiving the 'Best Wicketkeeper in the World' award—a silver glove with a silver ball in it—by Godfrey Evans at Lord's, London, 1983.

Courtesy: Personal Collection

least thousand other cycles to be taken out first to get ours out. It was scorching hot, and we waited and waited for the match to end, for the umpteen bicycles owners to come out and make way for ours. Forty minutes later, we went back inside the stadium and saw Kirmani explaining something to Maninder Singh between the wickets. On the next ball, to everyone's dismay and disbelief, Maninder Singh lofted Malcom Marshall over his head for a straight four. I have never seen such horrified expressions on Marshall's face—not even when Srikkanth had hit him for a first ball six and second ball four in Sharjah in 1986, in the very first over of the match. In 1994, I asked Kirmani what he had said to Maninder in that moment and he was spot on and jovial as usual, '*Usko maine bola, batting mein tera koi record to bigadnewala hai nahi. Yaa toh Marshall marega tujhe yaa tu maar usko. Jata kya hai tera, darr mat. Laga uthake* (I told him there is no one who can challenge your batting records. Either Marshall will overpower you or you can overpower Marshall. The choice is yours. Go out and hit the ball out of the park)'.

Kiribhai, you made us sweat so much in the parking lot that day, I will never forget it!

This is Syed Mujtaba Hussain Kirmani for you. The extraordinary layers of his cricketing genius range from being bestowed with the award of the 'Best Wicketkeeper' of 1983 World Cup—given to him at the hands of Godfrey Evans, the legendary wicketkeeper of England—to creating some amazing records in his cricketing career. For the 'sonic boom' doesn't require any definition other than being faster than sound, and such was the prowess of Kirmani.

Chapter 12

Surfing the Great Wave

We heard that someone scaled a monstrous 80 feet wave while wave surfing in the Pacific Ocean near Hawaii. We saw those amazing pictures with our eyes wide open and hailed that stupendous feat. After all, the daredevil surfer had challenged the might of the Pacific. Very few can convert a nightmare into a beautiful dream or something beyond imagination. This applies to people who manage to scale even bigger waves and their careers too. The process of escalation and nosedive is never a thrill or a fairy tale as it might seem. It requires a rock-solid confidence to not only survive but excel too. At every crucial juncture, the detractors construct the exit door with such an intricate design that many choose to opt for it and settle for self-proclaimed peace instead of putting up a befitting fight. It requires a gladiator-like spirit to write a mammoth saga of great application, guts, wits, will power, resilience, churning and splendour.

Indian cricket has seen some great characters, but Mohinder Amarnath, Syed Kirmani and Navjot Singh Siddhu stand apart in the list in terms of being dropped for no reason, despite performing their best, and then being recalled suddenly and being dropped again. Mohinder 'Jimmy' Amarnath holds the record of being dropped and recalled eight times in his career. His wrath found a way in his words for the selectors after being mysteriously dropped from the Indian team, immediately after he and Arshad Ayyub single-handedly won the Asia Cup for India at Dhaka in 1988.

Syed Kirmani, another great one, also had to go through such times of turmoil in his illustrious career, even after being adjudged as the 'Best Wicketkeeper' of the 1983 World Cup. What made this honour even more significant was the presence of other exceptional wicketkeepers playing in this World Cup. Rodney Marsh for Australia, Jeff Dujon for the West Indies, Wasim Bari for Pakistan and Ian Smith for New Zealand—all talented wicketkeepers whom Kirmani surpassed with his Midas touch. In the first-round match against Zimbabwe, he took five catches, equalling the previous record. Who could forget his superman-style catch in the final? He dove to the first slip to get rid of Faoud Bacchus. As for his batting contribution, it was instrumental in taking India to semi-final.

In 1976, Kirmani made his debut against New Zealand, and in the second test, he equalled the world record of taking six wickets in an inning. Ten years later, he played his last test against Australia in 1986. These ten years were full of swings, one that even a see-saw maker could take ideas from. The records speak for themselves: 88 test matches, 2759 runs at an average of 27.04, 2 centuries (one as a nightwatchman), 12 half centuries, 160 catches and 38 stumpings. For one-dayers, it goes like this: 49 one-dayers, 373 runs, 20.7 average, 27 catches and 9 stumpings. As for his first-class career of twenty-seven years from 1967–94, the figures are 367 catches and 112 stumpings, 9620 runs with a decent average of 30.2 runs from 275 matches. To add to this, if we put together the numbers of list-A matches too—59 catches and 15 stumpings, with 881 runs as a batsman—in twenty-seven years of a first-class career, he took 613 catches, 174 stumpings totalling around 800 dismissals and scored around 14,000 runs in all. Nothing fascinates the world like numbers.

Syed Kirmani charted his own milestones during his glorious international career of a decade from 1976 to 1986. He delivered more than the nation and the team asked for in every match, a 1000 per cent return when asked for 100 per cent. He did really well in 1976 against New Zealand on their turf and also against the visiting Kiwis the following year, both as a wicketkeeper and a batsman. He topped the average with 65.33 and scored 305 runs in the tour of Australia. He also performed exceptionally well against West Indies and Pakistan in the same year (1978), showcasing his amazing skills as a wicketkeeper. While following in the footsteps of one of India's all-time greatest wicketkeepers, Farokh Engineer, Kirmani made his own mark and was lauded by none other than Engineer himself. As Indian cricket and fans were feeling assured of a bright decade or more ahead in Kirmani's hands, his first big shock occurred in 1979. Following the speculations and rumours of certain senior Indian cricketers joining the

Kerry Packer circus, the selectors' axe fell on Kirmani's head. Only on Kirmani, though there were rumours about others. They didn't even bother to ask him for clarification and dropped him for a four-test series in England and then for the World Cup 1979. They picked up Bharat Reddy for the England series and Surinder Khanna for the World Cup. India lost the England series 0-1 and was eliminated from the World Cup, being beaten even by the minnows, Sri Lanka, apart from the mighty West Indies and New Zealand. What Kirmani must have felt at that time, sitting at home, feeling frustrated not for himself but for the team and the nation and not being able to turn the tables? Writing a biography is not about providing facts, figures and records that are mostly known to people. If the statistician is the custodian of facts, figures and records, the historian or the literary historian is the guardian of absolute truth and the emotions of the era he writes about. He is not there to please or offend someone knowingly or unknowingly. He must lambast ethical crimes and moral suppression and unearth the inner crust of darkness by virtue of his knowledge of light with every inch of objectivity. He should not fear exposing the truth and must use direct words instead of toying with hypocritical scenarios.

Kirmani was cornered for reasons only known to the selectors. He was shackled and made to suffer from self-doubt. He was reminded every morning that there were a new bunch of promising wicketkeepers in India who were ready to take over. At thirty, and in his prime, this was not the message the BCCI should have given him—Kirmani was the still the best wicketkeeper of the world then. Agile in keeping and prolific in batting with consistency, he should have at least played the 1987 World Cup, had the selectors not had any doubts about his age and fitness. After his exit from team in 1986, Kirmani played domestic cricket till 1994 and continued performing so well that, at one stage, the selectors feared an uproar to select Kirmani at forty-five, at least to let him achieve the milestone of having 200 dismissals in test matches. However, he was left stranded at 198 wickets, not allowed to play another test match to reach 200 dismissals, not even in gratitude for his service; they were determined to finish his career, for vengeance, jealousy or to promote someone else in the team. Kirmani told me in his 1994 interview, '*Meri career khatam karne ki saazish rachi gai thi 1986 mein. Kisne aur kyun ye kiya wo mujhe pata nahi tha. Agar aisa nahi kiya gaya hota toh me aur panch saal khelta aur Rod Marsh ki tarha 300 shikaar banata wicket ke pichhe* (There was a conspiracy to end my career in 1986. I don't know who planned it or why. If it hadn't happened, I would have played for five more years and, like Rod Marsh, amassing 300 victims behind the wicket).'

Kirmani was right. Even in 1992, he kept wickets behind the fastest Indian bowlers at that time, Javagal Srinath and David Johnson of Karnataka, in such a way that at the age of forty-three, the twenty-somethings who were facing him would run to save their skin and money. I still remember Kirmani's talk when he appeared as a guest on radio during India's second test versus Sri Lanka in Bengaluru in 1994. The commentator welcomed him saying, '*Purane jamane ke behtarin wicketkeeper Syed Kirmani aaj hamare beech upasthit hai, unka swagat hai* (With us today is the wonderful wicketkeeper of old times, Syed Kirmani, we welcome him)'. To which, Kirmani ever so politely and with hidden pain responded, '*Itne bhi purane mat banaiye, aaj bhi hamare dastaano me kafi jaan baki hai* (Please don't make me sound so old, my gloves still have a lot of power left).'

Fortunately for India, after the England series and the World Cup, Kirmani was recalled in 1979. Having spent almost six months in isolation without letting any nervous breakdown to affect him, his reflexes behind wickets sharp as ever, he instantly made a mark, making the selectors realize that they had committed a huge mistake while dropping him. He never looked back since then and scored a fantastic century as a nightwatchman against Kim Hughes and the Australians. He negated every bouncer of Geoff Dymock and Rodney Hogg and frustrated them by not letting them have an upper hand, let alone think of squaring the series in the sixth and final test in Bombay, as they had lost the second test in Kanpur by 153 runs. Having been sent as a nightwatchman, Kirmani capitalized on a great first-wicket partnership of 193 runs between the majestic Sunil Gavaskar and Chetan Chauhan and scored a century next day. He contributed immensely behind wickets in the series. He continued his class act against Pakistan in the home series in 1980; against Australia, England, New Zealand and Pakistan away series from 1981–82; in the England home and away series of 1982; West Indies away series and the miracle of the 1983 World Cup in England;

the Pakistan and West Indies home series in 1983, England home series of 1984 and lastly, the 1986 away series in Australia that turned out to be his last. Nobody can take away anything from the laurels Kirmani won for the country. There were plenty of instances when he exhibited his 'lion heart', on and off field. His cool, calm and dignified composure speaks volumes about his pious soul and his philosophy of life and sports. It can be said that, in the field of career surfing, he scaled a 100-foot wave.

Chapter 13

In a League of His Own

'The highest of the world's mountains, it seems, has to make but a single gesture of magnificence to be the lord of all, vast in unchallenged and isolated supremacy,'[1] said George Leigh Mallory, the British mountaineer who took part in the first three expeditions to Mount Everest in the early 1920s. He and his climbing partner, Andrew Irvine, disappeared on the north-east ridge on their first ascent to Mount Everest in 1924. They were last seen when they were just 245 metres from the summit, until Mallory's body was found seventy-five years later on 1 May 1999. Did he and Irvine climb Mount Everest before disappearing? Nobody knows, but at least, they were ambitious. They thought really big in that era with limited resources, technology, infrastructure and information. No GPS positioning or microchips existed to locate them if they got lost, yet they dared to try with the utmost bravery. What matters most is the process of knowing the self and exploring life to the fullest, even when going against the tides, even when it

1 Available at https://jakenorton.com/george-leigh-mallory-june-18-1886/. Last accessed 19 May 2025.

exhausts you. It doesn't matter whether you earn a place beside Sir Edmund Hillary or Sherpa Tenzing Norgay, whether people remember you or you are lost in oblivion, it only matters that you stood strong and remained honest to yourself. You heeded your inner calling, perhaps emerging from the tiniest cell that makes up one-trillionth of you, to achieve something that no man ever thought of. Here, you attain your salvation and enlightenment, even in distress or oblivion. It is here that you create *a league of your own.*

Nobody knows what happened to Mallory and his friend, but in Kirmani's, we know that there was some invisible hand overseeing his fall in 1979. However, he strongly tackled this setback from 1979 to 1986 and wrote a saga of mammoth resilience with one of the greatest successes essayed by the finest wicketkeeper of not just India, but the world.

He belongs to the sublime class of wicket keepers such as Sir Clyde Walcott, Godfrey Evans, Rodney Marsh, Alan Knott, Wasim Bari, Deryck Murray, Ian Smith, Bob Taylor, Jeff Dujon, Farokh Engineer, Budhi Kunderan and Naren Tamhane. I am not going to mention Indian wicketkeepers who played after Kirmani and broke almost every record. I have the highest regard and respect for them, be it Kiran More, Nayan Mongia or M.S. Dhoni, who played many more games. I will discuss only Kirmani's contemporaries, going by the challenges of 1970s and 1980s and what separates Kirmani from others, and why I put Kirmani in a league of his own.

Writing with all of my senses intact, I welcome any counter argument from former cricketers, commentators, writers and experts on what I am going to say now. But before that, let me confess that I only started following cricket religiously from 1978, as a seventh grader. I haven't seen great wicketkeepers playing live in stadiums or on TV, so my knowledge about them is based on reading their amazing records and fortunately viewing their matches on YouTube.

What separates Kirmani from the others? It's the variety and variations of deliveries he faced from the bowlers, which no wicketkeeper had probably ever faced before. That too, not at different junctures of test matches or in one-dayers, but often in a single day. At times, there were five deceptions in a single session, all with tremendous skills of their own. Imagine the kind of improvisations or adjustments Kirmani had to make to fit in each class effectively and equally—the magic of Bishan Singh Bedi's trajectory; the mesmeric Chandrashekhar's pace with sharp turners; Prasanna's accurate, relentless spells; Venkat Raghvan's instinctive changes of bowing spots to lure batsmen; Dilip Doshi's arm balls; Shivlal Yadav's rising spinners; Maninder Singh's flights to deceive the best of the best including the destroyers of spin, Zaheer Abbas, Javed Miandad and Allan Lamb; Kapil Dev's accurate deliveries almost throughout his career, with swinging fast medium pacers rising from the good length spots where the batsmen couldn't decide whether to go front foot or back. In addition to this, there were Karsan Ghavri's fast deliveries often disguised as spinners, Madan Lal's maverick spells of perspiration, Manoj Prabhakar's swinging deliveries on either sides and the ball itself taking a call at the last second on which way to swing, baffling the man at the crease and the man behind him. Moreover, it's important to mention Chetan Sharma's fast missiles with him being shorter than 5.8 and yet bowling 90 miles per hour; Roger Binny's gentle and tempting yet lethal distractions for the batsmen through bowling; Balvinder Sandhu's last moment cutters and who would have paid more dearly than Gordon Greenidge not once but thrice is his career, the most notable being the World Cup final. Not to forget, T. Shekhar and B. Arun's raw pace in patches though for a few matches, Mohinder Amarnath's gentle giant speed breakers, Shivram Krishnan's 15-to-20-degree leg spinners and Ravi Shastri's perfect lines to make the batsmen frustrated to make some silly mistakes.

That's a total of seven fast medium pacers with swinging abilities and eight spinners with around cumulative 2000 career wickets and 700 one-day wickets. It is enough to put Kirmani ahead of anyone else in terms of the variety and variations that he faced behind the wickets. The great Pakistani wicketkeeper, Wasim Bari, comes the closest as he too kept wickets against the fiery cylinders of some of the greatest fast bowlers and spinners in history including Imran Khan, Sarfaraz Nawaz, Sikandar Bakht, Tahir Naqqash, Jalaluddin, Mustaq Mohammad, Mudassar Nazar, Intekhab Alam, Iqbal Qasim and Abdul Qadir. On the other hand, the great Caribbean wicketkeepers had to face a few spinners, from Lance Gibbs to Sonny Ramadhin to Roger Harper and the makeshift change spinners Sir Viv Richards and Larry Gomes. Agreed that, at the end of the day, they had to change the fractured gloves every day, having stopped the mortars of Griffith, Hall, Holding, Garner, Roberts, Croft, Marshall, Walsh, Bishop and Ambrose and the limited spinning challenge puts Kirmani ahead of them in this regard. The same goes with Rodney Marsh too with Lillee, Thomson, Gilmore, Max Walker, Pascoe, Hogg, Alderman and other fast bowlers with a few regular spinners like Bruce Yardley. As for Alan Knott and Bob Taylor, the story remains almost the same with Chris Old, John Lever, Willis, Sir Ian Botham, Graham Dilley, Paul Allott, Pringle and others as the fast or medium pace bowlers with limited spin options in Derek Underwood, John Embury, Phil Edmonds and Geoff Miller and some others. As for Ian Smith, the only notable spinner you can account for was John Bracewell, who played for a long time in Smith's era. Yes, it would have really been tough to keep wickets behind the great Sir Richard Hadlee and nothing could be taken away from him. Thus, in terms of facing a wider spectrum from the other end of the wickets, which constantly demanded change gears, strategies and plans, Kirmani faced the most diverse arena. This puts him above others, without going into any comparative numbers. Those who really 'live' cricket, know what wicketkeeping is all about, what it meant to stand just above the stumps against Chandrashekhar's bowling and lift the bails with electric speed when the batsman would move even a millimetre. Why I mention only Chandra is because of his run-up, pace and sharp cutters with spin with the possibilities of awkward bounce too. One could misjudge it and if you read it wrong, byes are guaranteed. Kirmani didn't ever falter; he hardly ever faltered as a human. His significance in India's performances from 1976 to 1986 was such that he and Indian cricket were interwoven with each other.

An interesting study says that, from 1955 to 1986, India had only four wicketkeepers: Budhi Kunderan, Naren Tamhane, Farokh Engineer and Syed Kirmani. After Kirmani, from 1986 to 2020, India experimented with many wicketkeepers: Kiran More, Chandrakant Pandit, Mongia, Vijay Yadav, Vijay Dahiya, Samir Dighe, Saba Karim, Ajay Ratra, Deep Dasgupta, M.S.K. Prasad, Parthiv Patel, Dinesh Kartik, Saha, M.S. Dhoni, Rishabh Pant, even tried Rahul Dravid in the 2003 World Cup and then Robin Uthappa, K.L. Rahul and so on. I have spared Sadanand Vishwanath from this list for a special mention. If I really saw someone in the shoes of the great Kirmani and wanted to watch him play for at least a decade, it was Sadanand Vishwanath, whose career ended abruptly and mysteriously in just two years. The others didn't appeal to me as great wicketkeepers, regardless of the good numbers they have on papers today. This is with the exception of one of the strongest characters ever, the great Mahendra Singh Dhoni, a solid wicketkeeper–batsman and a captain who took India to newer heights, often single-handedly. The comparative analysis speaks volumes of having a great wicketkeeper in the team for a decade, no wonder why Kunderan, Tamhane, Engineer and Kirmani ruled from 1955 to 1986 like runners in a 4x400 metre relay race in the Olympics, passing the baton to the next player to take the team further.

Chapter 14

'Ballu, Tu Pad Mat Lagana'[2]

Nevill Ground, Tunbridge Wells, 18 June 1983

Legends have been written about Kapil Dev's all-time greatest one-day innings in the history of the World Cup. It is virtually impossible to emulate it even if someone scores a triple century in one-dayers in the future. Everyone knows what happened that morning after India won the toss and elected to bat. Everyone knows how Peter Rawson and Kevin Curran exploited the weather conditions and wreaked havoc on India's camp, bringing them to their knees at 17 for 5, despite one of the strongest batting line-ups in the form of Sunil Gavaskar, Kris Srikkanth, Mohinder Amarnath, Sandip Patil and Yashpal Sharma. India had won two opening matches against West Indies and Zimbabwe and lost next two against Australia and West Indies. A new hope was created by the 'underdog' Indians, the tag given by Kim Hughes before the start of the World Cup. However, India's projected chances

[2] Ballu, don't pad up.

probably matched the words of the father of English dictionary, Samuel Johnson, 'Passions do not run after remote illusions and obscure opinions.'

India defeated the mighty West Indies in the opening match by 34 runs, thanks to an inning of 89, a lifetime best of Yashpal Sharma's one-day career. He had probably taken Kim seriously, something that the whole team seemed to follow in the World Cup. I strongly believe that this was the inning that gave the Indian camp a new belief and hope that they could do something never heard of or thought of before. In the previous two World Cups, India had only beaten East Africa, which was not worthy of a mention in cricket at all, and was even defeated by Sri Lanka.

After beating West Indies in the opening match of 1983 by 34 runs and then Zimbabwe by 5 wickets, India was ruthlessly hammered in the next two matches by Sir Viv Richards and Trevor Chappell with their centuries. India lost against the West Indies and Australia and the only silver lining in these two matches were the Mohinder–Vengsarkar partnership vs West Indies and Kapil Dev's 5 wicket haul against Australia. At one stage, India was sailing confidently while chasing 283, with Mohinder and Dilip Vengsarkar consolidating a strong partnership, but disaster struck as Malcom Marshall's bouncer hit Vengsarkar, who was batting strongly on 32, on his chin and ruled him out of the remaining matches of the World Cup. Mohinder held the fort, making 80, but fell short of partners and India was beaten by 66 runs. Before that match, Australia had already crushed India by 162 runs.

Back to India vs Zimbabwe, India was reeling at 17 for 5 in the fifth match. Roger Binny lent some support to Kapil Dev and got out at the score of 77. But before India could breathe, Ravi Shastri departed one run later at 78. Madan Lal, the great fighter and a diehard character, added a valuable 62 runs for the eighth wicket with Kapil, before falling at the total of 140.

This moment distinguished the rest of the inning on account of the immense determination, vision, guts, calculation, support and survival instinct that followed. Syed Kirmani, the wicketkeeper, came at 140 for 8, challenging those describing the match to be more innovative, to break the hegemony of monotonous adjectives. Yes, it was Kapil Dev who played the inning of a lifetime. Yes, he hit every bowler at every side of the park for his 16 fours and 6 towering sixes, one of which landed outside the ground in the balcony of a neighbouring house, breaking the window glass. Yes, he took the game away from Zimbabwe with his scintillating performance. Yes, he shattered Glenn Turner's record of highest individual score of 171 in the World Cup by scoring 175*. Yes, he created a new hope for India for reaching the semi-final if they would beat Australia in the last league match and yes, back home, he brought every Indian to ecstasy. Sports writers would be at a loss of words to describe the euphoria he created, However, in doing so, he was not alone. The shadow of a towering personality or an achievement is often forgotten in the glowing aura, however it always accompanies him. The upper notes or the crescendos of Beethoven's fifth symphony sound so mesmerizing because the lower notes give it a soothing beautification. In Antony Vivaldi's 'Winter', you visualize the growing and sparkling morning flowers at every changing chord of his violin, because he weaves the low notes with intricacy and without that, the tranquillity of soul wouldn't be attained. This is how Kirmani entered the match at 140 for 8 to create one of the finest symphonies of Indian cricket ever composed on the ground, in harmony with Kapil Dev. Unfortunately, those unsurmountable moments were not recorded as the telecast crew was on strike that day.

I was listening to live commentary on the radio and as soon as Kirmani came to the crease, I told my friend Jayesh Patel, '*Pata nahi mujhe lagta hai ki kuchhh solid honewala hai. Chal commentary record karte hai.* (I don't know but I think something legendary is about to happen. Come, let's record the commentary)' So, I put a new blank TDK cassette in our new National Panasonic RQ-2157 tape recorder and started recording the commentary by setting it against our transistor BUSH brand radio. I cranked it up to full volume to avoid ambient noise. We recorded Kapil Dev's herculean and Kirmani's sensible and determined inning for the full 90 minutes until the last over. We used to listen to that cassette in our cricket groups till 1992. Since we all were school students in 1983, we had no access to the right person in the national cricketing fraternity, despite knowing the fact that, in the whole world, we were perhaps the only ones to have recorded documentary evidence of what happened on 18 June 1983 at Tunbridge Wells Ground and capture every expressions of astonishment from the commentators.

We heard that tape till the final year of college and tried everything to reach the right person to let its existence be known to Kapil Dev or Kirmani. We went to Sardar Patel Motera Stadium in Ahmedabad to watch the third 1983 test between India and West Indies, the 1984 one-day match between India and Australia, the fourth test between Pakistan and India in 1986 and the India vs Australia one-day in 1986; of course as students, we weren't able to talk to any officials or players.

When I joined journalism in 1992, immediately after completing my bachelor's in English literature, and gained some access to the right people, irony struck. As I was shifting from Shahibaug to Vastrapur area, I lost the bag with all my cassettes, including this one, that I had put in the truck we had booked to transfer everything. My friends and I searched the roads between Shahibaug, Meghaninagar and Vastrapur, but weren't able to find that tape ever again. I had made a very silly, stupid and nonsensical mistake of storing a platinum bar with rods of iron, to be taken for granted. I told Kapil Dev and Syed Kirmani this when I first met them in 1994; seeing their expressions, even a director like James Cameroon wouldn't be able to decode what would have gone through their minds. In that lost cassette, I lost a golden chapter that only I possessed in the whole world; even the BBC didn't record that commentary. I committed a huge crime of burying a great page of history.

Back to the match: 140 for 8. Let me put it in Kirmani's words, instead of writing about it. He told me what was going through his mind when he left for the crease. He said,

'That match was a do or die match for us. We had done fairly well till that stage in the last four matches. Despite our spirit being shaken in the last two heavy defeats, we were still hopeful of winning the remaining two to qualify for the semis. We wanted a point to prove to the world and especially followers and fans of Indian cricket who saw us as "tourism ambassadors" when we left for the World Cup. Some had even said that when we would be out of the World Cup in the first round, we shouldn't forget to visit and photograph the beautiful castles of Wells. When we left India for the World Cup, only two BCCI officials had come to the airport to see us off, that too as a matter of duty and not encouragement.

'At the airport lounge, nobody thought of greeting or wishing us despite knowing where we were headed. Our manager P.R. Mansingh, being a very decent man, told us to ignore this humiliation and just to focus on each game instead of thinking too much. When we landed in England, it was even worse. People deliberately ignored us and failed to recognize us at hotel; nobody even came to greet us except the diplomatic welcome and formalities, as most of them knew our past records in the World Cup and the strength of other teams. West Indies had won the previous two World Cups and seemed to be on the course to win the third one and make a hat-trick.

'The sponsors of the cup, Prudential, had announced that they would hand over the original trophy instead of the rotating replica to the West Indies if they actually did that. Not many doubted this possibility. To add to our woes, we lost our practice match to minor counties.

We were quite dejected that evening, but Kapil kept telling us to believe in ourselves, come what may. He used to say, "We will take the fight to opposition camps, whatever the results might be. Just give your best without worrying anything." That moment came on 18 June for me. I knew, I had to stay afloat to keep India above water. If I sank then India would sink, as there was only Balvinder Sandhu left after me. I knew he was a very good batsman unlike other number 11 batsmen, but, if I get out cheaply, Kapil won't be able to take risks to accelerate India to a safer total. Zimbabwe had shown great character in the opening match of the World Cup by defeating the Australians. So, anything less than 250 would invite the darkest possibility of elimination for us. I had to be there till the last ball of the sixtieth over. When Madan got out at 140 and I left for the crease, I don't know how, why and with what instinct I told Ballu, who had started padding up, "*Tu pad mat lagana, Ballu. Main aaj out honewala nahi hun.* (Don't pad up, Ballu. I'm not going to be out today.)" Sandhu looked at me, bewildered, as I went to the crease.'

What Kirida said to Kapil and what this pair did for the next two hours was something beyond special. It was a sublime statement of great courage and determination, which he has already been captured in this autobiography. No wonder people lifted them on their shoulders when they landed at Mumbai airport after the victory and thousands garlanded them on their victory procession from the airport to Wankhede Stadium.

'Great, but what about Ballu? Was he padded up or not when you and Kapil went back after the inning?'

I asked Kirmani jokingly. He gazed me for a second and responded in an equally jovial mood. 'I forgot to check in the zest of that moment. You go and ask him now.'

Kirmani showcased his batting prowess throughout his career and his two centuries and twelve half centuries are proof of that. Many were scored with the aim of bringing India out of a critical situation. Who would forget his 235-run partnership for the seventh wicket with Ravi Shastri against the visiting England in 1984 at Wankhede, the second century of his career. The first was also scored at Wankhede in 1979 vs Australia, a happy hunting ground where he scored 477 runs at an average of 47.70. Who could forget his 143 runs unbroken stand for the ninth wicket with Sunil Gavaskar, helping him reach his highest test score of 236 not out against West Indies in the sixth and last test of 1983 series, at Madras. Kirmani told me ten years later in his interview, 'The West Indies bowlers were giving us a very torrid time, almost impossible to counter, with beamers aimed at my head often, even when I stood opening my three stumps. Holding probably thought that I was given not out in a caught-behind appeal, but those who know me knew that I would not stand even for a second if I nicked even the faintest edge. The ball in fact, bruised my shirt and there was a slight sound while I avoided that lethal delivery. This was no less than the 1976 story with West Indies, however this time at Madras. However, this time, we successfully survived it,' Kirida summed up. Nobody could ever forget his gutsy half centuries against Pakistan's ferocious fast bowling of Imran and Sarfaraz. His twelve half centuries marked a solid batsman in him, though with an unconventional or unorthodox style. He had an eye to read the wicket and the bowler and moulded each inning accordingly. His terrific record in first-class cricket, with almost 10,000 runs is a remarkable feat. He was a complete package for any team who wished to have him as their wicketkeeper. As a batsman, he faced Lillee, Thomson, Pascoe, Lawson, Hogg, Holding, Roberts, Garner, Marshall, Sir Richard Hadlee, Evan Chatfield, Imran Khan, Sarfaraz Nawaz, Bob Willis, Chris Old, Ian Botham and Asantha De Mel and many other quick bowlers not only bravely, but successfully too. Having 2759 runs with a 27-run average is not a joke. Some of the great Caribbean batsmen of his era who averaged below 25 in domestic cricket—especially when facing the bowling giants who induced spine-chilling fear in the batsmen in those years.

Chapter 15

1983—The Great Partnership and the Journey

India's World Cup victory: A successful and resilient race against time and tide, 1983

In July 1983, at the Old Sardar Patel Stadium, Navrangpura, Ahmedabad, fifteen days after India's World Cup victory, Mayor Rafiuddin Shaikh organized a felicitation programme. Addressing the crowd of some 50,000 in the stands and the fully occupied ground, Mohinder Amarnath said, 'When we left for England to play in the World Cup, only two BCCI officials had come to the airport to drop and wish us. Even the fellow passengers in the flight were not bothered even to greet or wish us and they were not at fault, looking at our record in the previous two World cups. What we did later, is in front of you.'

Yes. It was crazy to imagine the World Cup win against the strongest sides like West Indies, Australia, England, New Zealand, Pakistan and even Sri Lanka. Why not? Even Sri Lanka, without a regular and official ICC membership status had defeated India in the 1979 World

Cup group match. In the 1975 and 1979 World Cups, India had won only one match and that too against the minnows East Africa.

However, the good readers of cricket, this time did a microanalysis of the hidden talent and treasure of India's combination, consisting of nine all-rounders out of the squad of fourteen. Yes. You read it right. Each of these nine could score 50 runs and take 5 wickets. Never before or till date, has any team in the World Cup combined such an unbelievable lot. Kapil Dev, Madan Lal, Roger Binny, Balvinder Sandhu, Mohinder Amarnath, Sandip Patil, Kirti Azad, Ravi Shastri and K. Srikkanth were capable of so much. Even Sunil Valsan, who couldn't play a single match, was also able to do so, going by his domestic cricket record. So, it makes ten out of fourteen. The remaining four non all-rounders in the team were Sunil Gavaskar, Dilip Vengsarkar, Yashpal Sharma and the wicketkeeper Syed Kirmani, all greats in a league of their own.

One man predicted this. Looking at the team's composition a week before the World Cup began, the Australian captain Kim Hughes said that India could throw a big surprise by winning the World Cup. Many still wonder how and why he said so, as India was beaten even by minor counties in the practice matches. However, India had reserved its hidden and out-of-the-box plans and energies for the largest platform of its cricketing history.

There was good reason to believe so due to something that happened a few weeks ago in Guyana, West Indies. In the second ODI of the three-match series in West Indies, India shocked West Indies and the world on 29 March 1983 by beating them by 27 runs. Sunil Gavaskar hammered every West Indian fast bowler to every corner of the park with a 90 off 117 balls and then the captain Kapil Dev blasted 72 of 38 balls. India posted 282 for 5 in 47 overs at an average of exactly 6 runs per over. That was against the ferocious three from West Indies, Michael Holding, Andy Roberts and Malcom Marshall, as well the debutant Winston Davis, who, after a few weeks, was going to set a new world record of taking seven wickets in a one-day match against Australia in the World Cup. Can you believe India hammering 6 runs per over against Clive Lloyd's team in his den? Then, Kapil Dev and party restricted West Indies to 255 for 9 and India won by 27 runs. The likes of Greenidge, Haynes, Richards, Lloyd, Gomes, Bachhus and Dujon couldn't manage to chase it. India woke up in the morning with the sweetest cricket news on the radio. The match had ended at 3.30 a.m. IST and nobody could have guessed the result except some optimists who would have equally dug a well in the Sahara Desert. In my opinion, 29 March 1983 was bigger than 25 June in terms of the emerging significance of the Indian team and a new faith that had never been witnessed or imagined before in one-day cricket history of India.

Unlike cricket lovers' assumptions of a 'leisurely tour', Team India landed in England with latent spirit, steadfast intent and a diehard attitude to prove their relevance.

Match 1: India vs West Indies, Manchester, 9 June

India was put in a strong group with West Indies, Australia and the surprise package, Zimbabwe. India's campaign started with a face-off with the toughest opponent, the defending champions of both the 1975 and 1979, the mighty Caribbeans who didn't lose a single match in previous two World Cups and bulldozed anything and everything that came in their path to the Prudential World Cup trophies. The sponsor of both World Cups, Prudential, had declared that 1983 would be their last as a sponsor and if Clive Lloyd's team won for the third time in a row, they would hand over the original trophy to West Indies, rather than give a replica like earlier. Alas, they didn't know what was brewing in the Indian camp, silently yet with rocketing determination under Kapil Dev's captaincy.

Clive Lloyd won the toss and chose to bat. Sailing on Yashpal Sharma's terrific knock of 89, the first official stamping of India's strongest will power, posted 262 for 8 in 60 overs. At the end of the day, West Indies had lost both openers, Greenidge and Haynes, yet to think of an Indian victory the next day (being sixty-over matches, they were played for two days except when one side collapsed within a day) was like living in a fool's paradise. But paradise really did descend to the ground for India's aspirations, with West Indies tottering at 130 for 8. After Greenidge and Haynes the previous evening, the morning saw Richards, Lloyd, Gomes, Bachhus, Dujon and Marshall depart. Holding went at the score of 157 and India was seconds away from making history. However, Roberts and Garner threatened the team with a 71 run last-wicket partnership and were 228 for 9. Perhaps, they were up repeating the 1979 performance of Andy Roberts–Daryck Murray. Within sight of snatching away Indian victory, with only 35 runs required, Syed Kirmani ended their cameo by stumping Garner with electric speed off Ravi Shastri's delivery and India became the first team in World Cup history to beat West Indies. This is where Kirmani began his race for the Best Wicketkeeper of the World Cup Award with three dismissals in this match: a catch and a couple of stumpings. India, thus, announced its arrival with a trumpet.

Match 2: India vs Zimbabwe, Leicester, 11 June

India won the toss and put Zimbabwe in to bat, notwithstanding the surprise package Zimbabwe meted out at Australia in the opening match of the World Cup by beating them by 13 runs, which was ultimately and indirectly going to help India to ease its way to semi-final in the later part, India bundled out Zimbabwe for 155 and won the match by 5 wickets with Sandip Patil's 50. Syed Kirmani took 5 catches and yet again, came out with a stellar performance behind the wicket.

Match 3: India vs Australia, Trent Bridge, 13 June

Australia won the toss and decided to bat, but the big news was that Sunil Gavaskar was dropped for the first time in his life and Shastri was promoted as a new opening partner for Srikkanth.

As the match progressed, Chappel tormented India on the wicket, thrashing every bowler in all corners of the ground. Neither Ian, nor Greg, but their younger brother Trevor Chappel amassed 110 runs and Australia posted a mammoth 320 for 9, with Kapil Dev taking 5 wickets for

43. India, in response, meekly surrendered and got all out on 158, a humiliating defeat by 162 runs.

Match 4: India vs West Indies, Kennington Oval, 15 June

Gavaskar was dropped again. Clive Lloyd won the toss and elected to bat. Sailing on Viv Richards's masterclass of 119 runs, West Indies posted 282 for 9. In response, India started giving West Indies a scare again, at 89 for 2, with Mohinder Amarnath and Dilip Vengsarkar clinically pacing up their inning and India's chase. A tragedy struck at this score, when a bouncer hit Vengsarkar on his nose and he had to leave the pitch with a bleeding nose, which turned out to be his final inning of the 1983 World Cup. His exit started a slow yet gradual collapse for India and except Mohinder's brave and classy 80, others couldn't do much. India was all out for 216 and lost by 66 runs. Now, 8 points from 4 matches with two matches remaining to qualify for the semi-final, with Australia strongly eyeing the spot with a neck-to-neck race, as West Indies was almost confirmed with top spot, India was left with no option but to go all out to win the remaining two matches to qualify. Then came the greatest day for Kapil Dev.

Match 5: India vs Zimbabwe, Tunbridge Wells, Nevil Ground, 18 June

After two back-to-back defeats with elimination looming large, Sunil Gavaskar was included as an opener again. Kapil Dev realized that the worth of having a great batsman and a sharp thinker of the game is a blessing even if he was going through a periodical bad patch. His experience and reading of the situations with timely tips would be worth a double century. For excellence is not measured in numbers always; at times it is about safely guiding the ship out of a category-10 hurricane along with the captain, even if he is injured.

India won the toss and elected to bat. Many cricket lovers had still not switched on the radio around 4 p.m. IST, exactly half an hour into the game and when they did, they heard the commentators in disbelief. India, 17 for 5. Gavaskar, Srikkanth, Mohinder, Yashpal and Sandip Patil gone. The only hope was that Kapil was there and India had a strong support system till Balvinder Sandhu, the no. 11, who had just come from West Indies, scoring a half century in a test. However, Sandhu was not needed, as Kirmani decided to pour his soul into the game and provided the strongest support to Kapil Dev. Roger Binny helped Kapil with a 60 run sixth-wicket partnership and departed with the team's score at 77. A shocker came as Ravi Shastri could add only 1 run and India lost him at 78. At 78 for 7, was it going to be the end game for India? Then came Madan Lal as the no. 9 batsman and very cautiously, he helped Kapil to add 62 runs for the eighth wicket and departed at the score of 140. Was it a fighting total against the minnows? No way. Duncan Fletcher's Zimbabwe had beaten Australia in the opening match by 13 runs and were up to something similar today with Peter Rawson and Kevin Curran firing all cylinders; they had shown their batting prowess in earlier features too.

At 140 for 8, while coming out of the dressing room to bat, the wicketkeeper Syed Kirmani told the number 11 batsman Sandhu, 'I will give a strong support to Kapil, don't worry. We two will see that India plays the full quota of 60 overs and if, in any case, you are needed to come to bat, firmly tell yourself the same.' Kirmani went to the wicket and told Kapil, 'Paji, I will play a very safe inning and won't get out by attempting any wrong shot. We still have almost half of the 60 overs quota. Pace your inning in a calculated way and play freely without the fear of losing another partner.' This ignited a solid faith and a new energy in Kapil and what followed for next two hours was a miracle. India, at the end of 60 overs, finished at 266 for 8, with Kapil shattering Glenn Turner's world record of 171 runs, remaining not out on very well paced 175 runs with 16 fours and 6 sixes. Syed Kirmani, as per his commitment, remained not out on 24 in a 126 run world record ninth-wicket partnership, playing 56 balls with 2 fours. What an inning, what determination and what a show of great character! Had Kirmani perished early, Sandhu would have followed suit. Had he come to bat, perhaps, India would have crashed out of the tournament that evening. Zimbabwe, as expected, threatened India with an upset with Curran blazing 73 runs in the last overs, but ultimately, India managed to win the match by 31 runs, by folding up Zimbabwe at 235 and advanced to the final group match, a virtual eliminator with Australia, who had routed India by 162 runs in their first encounter.

Match 6: India vs Australia, Chelmsford, 20 June

India won the toss and elected to bat. Everyone chipped in with collective performance and India mustered a 247 target. Roger Binny and Madan Lal wreaked havoc in the Australian camp with 4 wickets each and bundled out Australia for a mere 129 runs. Australia were defeated by a huge margin of 118 runs and sent packing from the World Cup. India celebrated that victory even though the challenges were going to get bigger and bigger in the next two matches of semi-final and final. On the other hand, going by English tabloids, England too rejoiced for facing a 'relatively weak' opponent in the semi-final, as they considered Australian a tougher rival than India.

The semi-final: India vs England, Old Trafford, Manchester, 22 June

Bob Willis won the toss and elected to bat and Chris Tavare and Greme Fowler started proving him right by adding 69 runs for the first wicket. From there, Indian bowlers began England's downward journey. Kapil Dev took 3 wickets in the match, but it was Mohinder Amarnath's gentle pace with 'no liberty line' length and Kirti Azad's very accurate spell of off spin for 24 overs collectively, giving only 55 runs between them and sharing 3 wickets, that stunned England. Gower, Lamb, Gatting, Botham, couldn't do much and England was all out for 213 runs. India started the chase cautiously and lost Gavaskar and Srikkanth, after giving a decent start looking at the target. At 50 for 2, 'the crisis management group leader' Mohinder Amarnath and Yashpal Sharma started building a solid partnership. They added 92 runs for the third wicket before Mohinder's unfortunate run out at 142. Mohinder scored 46 and laid a strong foundation for India's new dream of the World Cup final. Sandip Patil joined Yashpal and in no time, showed his special liking for Bob Willis, hitting four boundaries in his over. Yashpal, after scoring 62, perished and Kapil joined Patil to complete the formalities of a formidable six-wicket victory over the hot favourite England. Patil scored a half century and India reached the final to face the strongest team in World Cup history, West Indies.

The final: India vs West Indies, Lord's, 25 June

Clive Lloyd won the toss again and put India to bat. Andy Roberts immediately removed Gavaskar, but Srikkanth scored a quick-fire 38 and Mohinder gave a very solid support with 26. Yet, the collapse was not predicted. Ultimately, India was all out for 183 except some resistance by Sandip Patil with 27.

Was Lloyd going to lift the World Cup for the third time in a row? After Sandhu's ball of his career removing Greenidge, Viv Richards started an assault with boundaries to every bowler; it seemed the match would end in thirty overs. Madan Lal asked for one more over and Kapil gave the ball to him. Richards miscued a pull and Kapil ran backwards to make it a catch of a lifetime. Richards had gone for 33 and, celebrations had already started back home, except a forty-five-minute scare by the Dujon and Marshall partnership, ended by Mohinder Amarnath.

West Indies were all out for 140 and India won the World Cup, beating them by 43 runs.

What a moment! India danced and celebrated the whole night. Mohinder Amarnath, the Man of the Match both in the semi-final and final, was adjudged the Man of the Series too. Syed Kirmani was awarded as the Best Wicketkeeper of the World Cup at the hands of Godfrey Evans. Roger Binny got the highest number of wickets (18) in the World Cup. India's Prime Minister Mrs Indira Gandhi congratulated the team and the manager P.R. Mansingh. What a moment to cherish for Indian cricket! It was a new dawn.

The Partnership of the Tournament: India vs Zimbabwe

In the second group match with Zimbabwe in the 1983 World Cup, India was 17 for 5 and then came Roger Binni, scoring 22 and leaving the team with the score of 77. He added 60 runs with Kapil Dev for the sixth wicket. Ravi Shastri came in and added just one run for the seventh wicket and departed at 78 runs. India was 78 for 7. Madan Lal, scored 17 runs and added 62 runs with Kapil for the eighth wicket partnership and departed at 140 for 8. Then came Syed Kirmani at no. 10 and added a solid 126 runs with Kapil Dev for the ninth wicket unbeaten partnership. India posted a fighting and reasonable total of 266 for 8. Kapil remained unbeaten at 175, breaking Glenn Turner's world record and Kirmani remained not out on 24 with two fours, playing a very important and crucial 56 balls in one of the most formidable innings of Indian cricketing history and his life—an invaluable step in India's march to World Cup victory.

Chapter 16

He Hated Giving Byes, Pakistan, 1982–83

Syed Kirmani hated giving byes throughout his career.

In the India vs Pakistan series held in Pakistan 1982–83, India conceded 3995 runs to Pakistan, with their batsmen scoring 18 individual centuries and a few double centuries in 6 tests and 4 ODIs, 12 centuries in tests and 6 in ODIs. The great Indian wicketkeeper Syed Kirmani gave just 18 byes in that massive total of 3995 runs. Out of those 18 byes, 16 were a result of four boundaries off extremely wide or awkward bounce deliveries on slightly wet pitch and inner outfield, which were humanly impossible to stop. The remaining 2 bye runs were again on a wet ground with an awkward and surprise bounce. This puts him in the galaxy of one of the greatest wicketkeepers in the history of world cricket. I was a tenth-standard student at the time and listened to the live commentary on radio. The commentators narrated those extreme wides and awkward bounces that were virtually impossible for wicket keepers to stop. Later, when I became a sports journalist, I did some research and found these amazing facts about this amazing record of Kirmani.

Here, Kirmani's herculean feat becomes more important when he virtually denied Pakistan any extra runs from behind the wickets. He didn't drop a single catch, rather, he created catches out of nowhere. Moreover, he contributed immensely with the bat too, given the pathetic innings of many top-order batsmen. Kirmani, along with the great Mohinder Amarnath, who scored 584 runs with 3 centuries. This, along with Gavaskar's inning of carried the bat through, was the only silver lining in an otherwise forgettable and pathetic series for India that was often marred by allegations of poor umpiring too.

'What is the biggest challenge for the wicketkeeper in gathering the ball with one bounce, especially from the boundary throw? We see many wicketkeepers of today missing to pick it up perfectly, resulting in an overthrow,' I asked Kirmani in the 1994. He immediately replied, 'Bhaiya, you pressed the panic button. This is why I am trying to convince the cricket board to give me an opportunity to train the young wicketkeepers for. They rarely try to learn this. It is a catch-22 situation when the ball bounces in front of the wicketkeeper. It happens rarely from the bowler's side that the ball comes to the wicketkeeper on the second bounce when left by the batsman. But when a fielder throws it from the boundary and it falls two or three feet in front of him with speed, the wicketkeeper can't decide whether to run forward to pick it up without a bounce. He is only left with two choices: either to try to stop it half-heartedly to save himself from possible injury from an unpredicted bounce and allowing the overthrow run, or something that I used to do. In this situation, your intuition, mathematical calculations and the law of physics apply, in accordance to the velocity, angle and speed. It is different every time with no permanent theory or calculus. Relying on his experience, the wicketkeeper has to calculate where it would land and the exact second when it has to be stopped by creating a barricade of his own gloves and body, in such a way that the ball doesn't hit him hard if not picked up properly, but at the same doesn't result in any extra run either. The barricade would not let the ball travel more than five to ten feet and any misadventure by the batsman would cost him his wicket. Unfortunately, many of today's wicketkeepers, look at the other side boundary in advance, to tell the fielder to throw the ball, and give the extra third run in this situation. For two runs are already granted by them.'

I was impressed by Kirmani's technical logic and sound practice. I wish BCCI had deputed him as India's wicketkeeping coach and consultant after his retirement, or rather, forced retirement. Had that happened, India wouldn't have to try twenty wicketkeepers in thirty-four years after his last test in 1986. See the irony again. From 1955–86 in thirty-one years, only four greats kept wickets and since then, a total of twenty in thirty-four years. The average term per wicketkeeper from 1955–86 was 7.5 years and from 1986–2020, 1.6 years. As said rightly in the Rig Veda, '*Samarth ki avhelna patan ki sabse badi vajah hai* (The ignorance towards talent and pushing him/her towards oblivion and obscurity is the biggest cause of downfall.).'

Chapter 17

'Mashallah . . . Aaj Bhi Tees Ka Hai . . .'[3]

The thing about greats is the essence of evaluation. We live in an age of social media where the popularity ratio is measured with many fake characters in thousands or lakhs. My respect for the World-Cup-winning heroes of India had gone up manifold when I heard their speeches and narrations and till date, none boasted. Kapil's Devils, as termed by many, or I would say Kapil's Angels, were modest and humble in their achievements. Though India won the World Cup again in 2011, which too was against the toughest sides, 1983 will always rule the hearts. By 2011, India had tasted umpteenth successes in winning several championships and cups to fill the BCCI's showcase, however, it doesn't lessen Mahendra Singh Dhoni's team's success and Yuvraj Singh's maverick show. Still, 1983 was something else, something even a die-hard fan of Indian cricket wouldn't dare to think or dream of in his lunatic spells or mood swings. To beat Clive Lloyd's Caribbeans twice in twenty days was unbelievable and

---

[3] Praise be to God, he is still thirty.

unthinkable. Kim Hughes's Australia had done it once, when they had Jeff Thomson, Greme Wood, Graham Yallop, Geoff Lawson, Rodney Hogg, Rodney Marsh, Hughes himself and the ever-dependable Allan Border. It was seen as a blessing in disguise by English writers when, instead of Australia, India reached the semi-final against England. To them, it was going to be a swift move to the final, looking at the solid form of one of the most elegant and stylish, flamboyant southpaws cricket ever saw after Sir Garfield Sobers the golden boy David Gower. Others, too, were in great form under the inspiring captainship of Bob Willis. Allan Lamb, Graeme Fowler, Chris Tavare, Mike Gatting, Sir Ian Botham and Willis. However, Mohinder Amarnath's gentle and magical deceptions didn't let the batsmen set and Kirti Azad's very accurate spell, the best of his one-day international career, saw England tumble at only 213 runs. While chasing, Mohinder and Yashpal's sound partnership and Sandip Patil's assault on Willis made the English writers swallow their words in dismay and India advanced to the final and ultimately won the World Cup.

Yet, the fabulous fourteen remained so humble even in celebration and jubilation with the highest compliments for their losing oppositions. The only player from that fourteen who didn't feature in any of the matches was Sunil Valson. He, however, didn't ever regret being left out as he knew that his exclusion from the team was a difficult but just decision to get the right team combination. That was authentic team spirit. Never ever in the history of World Cup, did any team field nine all-rounders, before or after 1983. This combination was unique where nine of them were able to score a 50 and take 5 wickets. They were Kapil Dev, Madan Lal, Balvinder Sandhu, Roger Binny, Mohinder Amarnath, Kirti Azad, Sandip Patil, Ravi Shastri and K. Srikkanth. The remaining five were Sunil Gavaskar, Dilip Vengsarkar, Yashpal Sharma, Syed Kirmani and Sunil Valson. A few people asked how and why Srikkanth was an all-rounder for he rarely bowled in the past, but he answered them by becoming the first ever Indian to take 5 wickets in ODIs twice. They were humble not out of fear but out of respect, as once, Yashpal Sharma jokingly told a news channel years later, '*Sher ki punchh khinchke aaye the aur pata tha aanewale dino me kya honewala hai.* (We were there to tug at the lion's tail, and we knew what was coming next.)' Yashpal proved himself right and Lloyd landed in India five months later for a six test and five one-day series and took away everything on his return flight three and a half months later. They thrashed India 3-0 in tests and 5-0 in one-dayers.

From thereon, rather from the fateful evening of 25 June 1983, he unleased the ruthless, brute power of the great Caribbeans. The cricketing world had intuitions of what was coming, especially 'the Marshall Law' on wickets. It came immediately and many careers which were on full swing till the 1983 World Cup got over in those next two years when they tried to breach the 'Marshall Law'. Malcom Marshall, along with Michael Holding, Joel Garner, Winston Davis, Wayne Daniel and the newer entry, Courtney Walsh, literally uprooted bright careers along with their stumps. Lloyd, Sir Viv, Greenidge, Haynes,

Dujon and the new and solid entry, Ritchie Richardson, along with decent and strong support from Gomes and Gus Logie, literally ripped apart every bowler with equal treatment of utter contempt on the wicket, except for a few like the great Kapil Dev and Craig Mcdermott. The rest were gutted into the infamy of being hammered at every corner of the park. The state of West Indies power tells the story of their immense powers and Indian World Cup heroes' tremendous respect for them even in memorable victories against them.

Come 1997, fourteen years later, at Sardar Patel Stadium, Ahmedabad. Pakistani veterans under Zaheer Abbas had come to play Indian veterans. Before the start of the match, I requested Zaheer Abbas for an interview and he said that he could talk during lunch. After he finished lunch, he called me. Before I could ask him anything, he said, '*Pahele toh ek complain likhvani hai aapke veterans cricket board ko* (First, I need to register a complaint with your cricket board).' I said, 'What happened? This is just a fun game'.

To which, he said he had immense respect for Kirmani, his fitness, character and career. Zaheer Abbas went on, *'Aap ek complain likho Pakistani veterans ki aur se ki hum 50 saal ke retired cricketers ki match mein aap Indiawale 30 saal ke Kirmani ko kis rule ke aadhar pe andar khila sakte ho?'*

He took a pause and continued, 'Maashallah . . . kya reflexes hai aaj bhi uske iss umra me. Lagta hai 30 pe hi thehra hua hai jabse gloves sambhale Kya fitness hai. 1982 mein Lahore mein paanchve test mein mera irada ek aur double century banana tha aur ussi iraade se me utra tha. Jab 13 runs pe tha, tab Kapil ki ek leg side ball pe maine perfect flick kiya tha, jo ki hammesha boundary hua karti thi aise shots pe. Main shot marke aaram se khada tha tab achanak umpire ne ungli uthai tab pata chala, Kirmani ne anticipation se dive lagake catch bana liya tha. Maashallah . . . kya catch banaya tha usne. Uske baad usne mujhe flick karne se conscious kar diya. Aaj maine usme wohi jaan dekhi. Khilao yaar usko national team me wapas, umra kya cheez hoti hai . . . wo to sirf ginti ke aankde hai boss. (Please note down a complaint—how could you play Kirmani in a veteran's match consisting of cricketers above the age of fifty. My God! His reflexes are still that of a thirty-year-old young lad. I still remember how he took a leg-side catch to dismiss me for a paltry 13 runs, that too on a perfectly executed flick shot in the year 1982).

The same thing was expressed by Desmond Haynes at Queens Park Oval, Port of Spain, in 1983, when Kirmani dived in anticipation of a Haynes flick on Sandhu, a perfectly executed one. Kirmani saw the movement of Haynes's left foot as soon as Sandhu delivered the ball and even before the ball touched Haynes's bat, Kirmani dived on his leg side, perhaps by seven to eight feet and picked up Haynes's flick just two inches above the ground. Haynes patted him with his bat and later mentioned it as one of the best wicketkeeper catches he had ever seen.

Chapter 18

The Anticipatory Eyes

'What is the most important ability or characteristic of a successful wicketkeeper?' I asked Kirmani and without hesitating, he said, 'Eyes. The anticipatory eyes. The gloves will work only if you have that. It is like our nervous system. The body follows the signals emitted by the brain, by the agile, active and living neurons. If your body is strong, but the signals from the brains are poor, it is of no use. In the case of a good wicketkeeper, it is even more complex. The body doesn't need to anticipate signals before the brain transmits them, but in the case of a wicketkeeper, his eyes and gloves must coordinate and they have less than a second to tune to each other while facing a fast bowler or a spinner. You have to get your act together. As soon as the bowler starts on his run up, you have to read him and the batsman. The wicketkeeper must read the length and pitch of the ball as soon as it is released from the hands of the bowler. Which way the batsman would move, back foot or front foot, whether he would cut, drive, loft, upper cut, sweep, glance, flick, reverse sweep, leave it or step out—the wicketkeeper must anticipate all this and act accordingly. He is not there as a docile wall just to stop balls. He is someone who designs the trajectory of the ball in consultation with the bowler, after reading the batsman and plans his exit. Deryck Murray, Rodney Marsh, Bari and Jeff Dujon were great mind readers like this and they successfully planned wickets from behind.'

Though Kirmani didn't count himself in the list, so as not to toot his own horn, he truly belongs to this class. After these great wicketkeepers, we saw the same talent in the likes of Sadanand Vishwanath, Gilchrist, Dhoni, Moin Khan, Sangakkara, Alec Stewart and a few others who were all a rarity. Going by Kirmani's definition, the wicketkeeper is virtually a second captain while fielding. And there are some rare examples that prove his words: our eyes are still amazed when watching the old video of Kirmani cart-wheeling to get the ball in the 1981 and 1986 series in Australia. We are spellbound to see Jeff Dujon not letting wayward deliveries with 96 mph speed slip his hands. We are in awe of Ian Healey's stumpings of Shane Warne's bowling. We just can't believe Salim Yousuf's leg-side catches of Wasim Akram's 20-degree swings. What an understanding of the job and explanation, only if the present lot could read this. The miracle, then, is in the offing.

Chapter 19

c. Kirmani b. Kapil Dev—The Phenomenon

The phenomenon of 'c. Kirmani b. Kapil Dev' occurred precisely fifty-one times. Of Kirmani's 160 catches in test matches, Kapil Dev accounts for almost one-third of them and of Kapil Dev's 98 wickets caught behind the stumps out of his 434 wickets, Kirmani accounts for 52 per cent of them. This speaks volumes about the wicketkeeper–bowler combination, their chemistry and interdependence. To support their stats on their successful partnership, we must look at another striking feature. From Kapil's debut in 1978 to Kirmani's premature exit from test arena in 1986, India played 77 test matches over a period of eight years and Kapil Dev took 291 wickets. Of these 77 tests, except Kirmani's being dropped out of 4 tests in England and a few others due to injury, and Kapil Dev being dropped from the Calcutta test as well as in the 1984 match against England, the duo played 67 test matches together, in which Kapil took 274 wickets. That means, Kapil Dev attained a much higher wicket-taking strike rate of 4.07 per test in that period, in comparison to his career strike rate of 3.31 with 434 wickets in 131 tests.

Now, look at what happened after Kirmani was neglected from the team 1986 onwards. Kapil Dev had 291 wickets in 77 tests till 1986, and from 1986 till his last test in 1994, he took his tally of wickets to 434 in 131 test matches. So with Kirmani behind the wickets, Kapil took 274 wickets in 67 tests at a strike rate of 4.07 per test, but it dipped to 2.64 in 54 tests with 143 wickets without him.

A great combination can do wonders and breaking that can, at times, lead to a downward graph. With Kirmani behind the wickets, Kapil Dev took 5 wickets in an inning 19 times and 10 wickets in a test twice, in 77 tests, including 4 with Bharat Reddy. After that, in the remaining 54 tests without Kirmani, Kapil could take 5 wickets only four times and never took 10 in a test.

So, did Kapil suddenly lose his touch and rhythm after Kirmani's ouster? Not really. Kapil Dev was the same effective bowler even in his last test, when he broke Sir Richard Hadlee's record of 431 wickets at Ahmedabad after getting Tillakaratne out. Two years ago, in Australia, he achieved a 25-wicket haul in five tests. Kapil never lost his touch and I strongly believe that, like many, Kapil Dev should have played till the 1996 World Cup and retired at 600 test wickets. The same could be said about Syed Kirmani; he should have played tests till 1990 and retired with 300 scalps behind wickets. They were both fit and furious to go all out with every bit of passion and zest. However, we are people with masks, who take pride in saying, 'Look, John Traicos is playing at forty-six at the international level as Zimbabwe captain.' But it hurts many of us to digest the fact that someone from India can play well beyond thirty-five.

So what was the cause for Kapil's reduced strike rate after Kirmani? The first five to seven overs decide the fate of the bowler, his spirit, mood and the match itself. The bowler is in full swing, but the batsman is trying to read the wicket, always at a risk of giving a sharp nick to the wicketkeeper. If the wicketkeeper grabs even half the chances, the morale of the bowler goes up and when he downs a full chance, the bowler has to constantly encourage himself to rise again. Kirmani created half chances from no chances and full chances from half chances. He gave Kapil an edge that was missed after Kirmani, for, the story of half and full chances was often reversed on tricky surfaces. Kapil always got charged up with Kirmani behind the stumps and took the performance to new level in many innings, resulting in a 4.07 strike rate per test. After that, it was often a crash landing behind the wickets, resulting a meek 2.45 strike rate per test. They belong to a rare phenomenon, one of the few phenomenal wicketkeeper–bowler partnerships of the 1970s and 1980s that turned the tables:

- c. Marsh b. Lillee
- c. Murray b. Roberts
- c. Smith b. Hadlee
- c. Bari b. Imran
- c. Nott b. Old
- c. Dujon b. Marshall
- c. Kirmani b. Kapil
- c. Taylor b. Botham

Chapter 20

BCCI's Alzheimer's

Someone tried to send Kirmani into forced retirement by throwing him out of the Indian team in 1986. Kirmani was born with an inherent fighting spirit and kept playing and performing for Karnataka in domestic cricket and drawing the attention of the selectors, who perhaps had poor visibility. They could only see what they wanted to see and Kirmani's gallant efforts on the field went unnoticed, even the Karnataka team wanted some fresh faces. On getting the hint, Kirmani changed his team and went to Railways for a small stint before returning to Karnataka again. He just wanted to give his best. Till 1994, he played first class cricket till his age of forty-five, albeit, with a different objective of grooming and nurturing young talent in the team. He had got to know the 'Alzheimer syndrome' of BCCI very soon after 1986, as it forgot his out-of-the-box performances only to bring in some favourites. Still, Kirmani never uttered a word of dissent. However, after 1994, he never announced his official retirement. Instead, he wanted a call from BCCI to groom new and young wicketkeepers as a wicketkeeping coach and consultant. He even said once that he would do this service without any charge if India wanted to prepare good wicketkeepers. BCCI never called back.

He was awarded the Arjuna Award in 1980 and the Padma Shri in 1982 by the Indian government. He also won the Eklavya Award by the Karnataka state government, CEAT Lifetime Achievement Award, C.K. Naidu Lifetime Achievement Award by the BCCI, Rajiv Gandhi International Friendship Award at the hands of the Governor of Karnataka, Khursheed Alam Khan, and many more laurels by different organizations. However, looking at his contributions to Indian cricket, certain recognitions were very delayed.

However, he is always happy with India's newer successes and emerging players. He is fascinated by unbelievable records set by players. When I mentioned some, he told me to include them here for the readers, as nobody really knows about them. One amazing record is how India, playing its first one-dayer in 1973, took twenty-four years to register its first 300-plus score at Sharjah against Pakistan in 1996 with Sachin and Siddhu. And in the next 24 years, India registered a 300-plus score for 150 times. Another such record that went unnoticed in 2018 was the Indian tally of 500 test centuries, a huge achievement. However, the mammoth record which cast a hypnotic spell on Kirmani is below:

‘THE INVINCIBLES’ REDEFINED: 7 BATSMEN, 2466 MATCHES,

1,12,588 RUNS, 256 CENTURIES, 611 HALF CENTURIES:

A HERCULEAN RECORD SET BY INDIA’S SUPER 7

The first seven batsmen of the Indian team who played against West Indies at Feroz Shah Kotla in the first test of 2011 series had accumulated 52,049 runs in total number of 689 test matches among them, with 140 centuries and 251 half centuries. No team ever in the history of cricket had the distinction of such an awesome and envious record. Not even Ricky Ponting’s ‘virtually unbeatable side from 2003 to 2007’ team could match this. The likes of Matthew Hayden, Justin Langer, Ricky Ponting, Damien Martin, Michael Clarke, Andrew Symonds and Adam ‘Gilly’ couldn’t match the record that the Indian team holds today. Even Clive Lloyd’s eleven, one of the greatest in cricket history, who played from 1980–85, didn’t have the distinction of its first seven batsmen scoring more than 50,000 runs among them. It was one of the strongest batting line-up with Gorden Greenidge, ‘Hammer’ Desmond Haynes, Sir Vivian Richards, Clive Lloyd, Alvin Kalicharan (later on, Larry Gomes took his place), Gus Logie and Jeff Dujon who ripped apart every bowling attack of every team during 1983–85. But still, today’s Indian batting line-up surges ahead in terms of total number of runs scored by the first seven batsmen.

Another interesting fact about this Indian batting line-up is that two batsmen with 10,000-plus runs playing together in a single team, who also accumulated 86 centuries between them. Sachin Tendulkar with 14,965 runs and 51 centuries and Rahul Dravid with 12,775 runs with 35 centuries. Sachin has scored 61 half centuries and Dravid has scored 60 half centuries. So, if we count both, it reaches 27,740 runs, 86 centuries, 121 half centuries in 338 test matches between them (Sachin at 181 and Dravid at 157). Also, for the first time in the history of cricket, two batsmen with more than 150 tests played together in a single team.

The first seven batsmen in today's team, considered for this record are as under:

- Virender Sehwag: 87 tests, 7694 runs, 22 centuries, 27 half centuries
- Gautam Gambhir: 41 tests, 3336 runs, 9 centuries, 16 half centuries
- Rahul Dravid: 157 tests, 12775 runs, 35 centuries, 60 half centuries
- Sachin Tendulkar: 181 tests, 14965 runs, 51 centuries, 61 half centuries
- V.V.S. Lakshman: 127 tests, 8328 runs, 16 centuries, 54 half centuries
- Yuvraj Singh: 35 tests, 1709 runs, 3 centuries, 10 half centuries
- M.S. Dhoni: 61 tests, 3242 runs, 4 centuries, 23 half centuries

Total: 689 tests, 52049 runs, 140 centuries, 251 half centuries among first seven batsmen of Indian cricket team that played against West Indies on 6 November 2011 (the records stated here are valid till the last test match against England in September 2011, before the start of test series against West Indies).

If we add the one-day records of these Indian players, who toured England recently, it makes it even more incredible. Though Sachin Tendulkar didn't play the one-day series in England and Yuvraj and Viru were injured, Dravid played in his last one-day series there. If we count all these players in one team, which they played in one team at one point, it goes something like this:

- Total number of one-day matches played by these Indian batsmen: 1774
  (Sehwag 235, Gambhir 119, Dravid 344, Sachin 453, Lakshman 86, Yuvraj 274, Dhoni 196, Kohli 67)
- Total number of runs scored among these players: 60,463
  (Sehwag 7760, Gambhir 4286, Dravid 10,889, Tendulkar 18,111, Lakshman 2338, Yuvraj 8051, Dhoni 6497, Kohli 2531)
- Centuries: 116
  (Sehwag 14, Gambhir 9, Dravid 12, Tendulkar 48, Lakshman 6, Yuvraj 13, Dhoni 7, Kohli 7)
- Half centuries: 360
  (Sehwag 37, Gambhir 27, Dravid 83, Tendulkar 95, Lakshman 10, Yuvraj 49, Dhoni 43, Kohli 16)

If we club both the test and one-day records of first seven batsmen (the seventh batsman in this team has been picked up alternatively between Yuvraj, Kohli and Lakshman at different time phase), the result is no mean feat:

> 2466 matches, 112588 runs, 256 centuries and 611 half centuries

Could any team match this even in the slightest possibility?

Well, had there been no Second World War, had test matches been played between these years, had one-day matches been introduced at that time and had everyone from Sir Don Bradman's 'The Invincible' fit during 1938–47, with Sir Don and Bill Ponsford taking the charge with strong support from Sidney Barnes, Arthur Morris, Lindsay Hassett, Keith Miller and Ray Lindwall as batting all-rounders like they did often, had there been no Kerry Packer and had Clive Lloyd's team not spent three years with his unofficial matches during 1977–79 in the prime time of Sir Viv Richards, Greenidge, Haynes, Lloyd himself, Frederics Collis King and Deryck Murray, had all the great batsmen of Ricky Ponting's team played in a single eleven for longer time with no premature or early retirement of Damien Martin and others . . . the possibility would have been there. But this Indian team has shown greater figures than 'ifs and buts', an awesome record that will be quite difficult for any future team to surpass.

Chapter 21

Forever in Our Hearts, Kiribhai

'No great man lives in vain. The history of the world is but the biography of a great man,' said Thomas Carlyle, the British novelist and writer.

So, here it is, the Syed Kirmani biography for you, on the basis of what Carlyle said. I hope it will give the readers an insight into the cricketing era from mid-1970s to recent times. At times, Carlyle's great man is reluctant to reveal what is in his heart and refrains from writing his autobiography. Then comes his biography, where he does not fear sounding boastful, as someone else, who has seen him closely throughout his career, talks about him objectively to inspire the next generations.

I was after Kirmani for almost two decades to write his autobiography and finally, this is the outcome. Kirmani, irrespective of BCCI's blindness, keeps training the young lot of Karnataka and other aspiring cricketers at his coaching academy in Bengaluru. Nothing stops him at seventy and he is still going great. Being such a pious human being, he extracts pleasure and satisfaction in the domestic and international successes of his trainees. When we agreed that we would go ahead with his biography, it was decided that he would send me his rough chapters from Bengaluru via email and I would edit them. That never happened, with him being so occupied and maybe due to a 'take it easy' attitude, a vast contrast to what he has been behind the wickets. I knew the reason, the real reason. He didn't want to beat his chest or open the Pandora's box. After a year, he called me and said that he was going ahead with it, and I started writing what I knew about him since I had followed his career very closely. Debashish Sengupta, a very celebrated author, joined me as a co-writer. I have poured everything I knew about Kirmani, with every aspect of him as a player and person objectively and hope the readers would love it. I am especially thankful to my son Rushabh, who is pursuing his master's in satellite and space technology, for proofreading and editing each chapter keenly. He too is a very good sports writer. And finally, to Kiribhai, you will forever stay in the hearts of all.

Some Words from the Cricketing Fraternity and Beyond

Balwinder Singh Sandhu
1983 World Cup Teammate

Syed Kirmani is widely regarded as one of the finest wicketkeepers to have represented India. His remarkable service to Indian cricket undoubtedly secures him a place in the cricketing hall of fame. Kirmani had a keen passion for his attire and cricket kit. He meticulously packed his bags, and even after several years, some of his shirts, trousers and jackets remained fresh and new. On one occasion during the Rawalpindi match on tour, Kirmani sat out. While we were batting, he sported a *patka* with an apple in it, sitting among the Indian players in the gallery. With a flowing beard, he bore a resemblance to a Sikh, surprising many, including Kapil Dev, who discovered a third 'sardarji' in the Indian team alongside Maninder Singh and myself. Technically proficient, Kirmani refrained from excessive appealing or flamboyance behind the stumps. His approach was characterized by efficiency. Off the field, Kirmani is a remarkable entertainer, possessing skills in mimicry, stand-up comedy and singing. His storytelling sessions were eagerly awaited by the entire Indian team.

He delivered them with passion and accompanied by a cigar, creating suspense with smoke rings and perfectly timed punchlines.

Syed Abid Ali
South Zone Cricket Colleague and Indian Cricket Team Senior

Growing up in Hyderabad, Kiri and I knew each other before our cricketing careers began. He was an exceptional athlete and a team player, and I can't forget to mention how good of a wicketkeeper he was. His wicketkeeping against West Indies during the 1983 World Cup Final was vital in helping India win its first ever Cricket World Cup in history. In my opinion, Syed Kirmani turned out to be one of the finest wicketkeepers that India has ever seen.

P.R. Man Singh
Manager, Indian Cricket Team, 1983 World Cup

My association with S.M.H. Kirmani began in the mid-1960s, when he had come to play the Moin-ud-Dowlah Gold Cup Invitation Tournament. By nature, Kiri is soft spoken, but he does not hesitate to speak his heart out without mincing words. This has probably not been taken in the right spirit and he has been misunderstood at times. A great cricketer and one of my best friends, I wish him great success in all his endeavours and I am sure his autobiography would be a wonderful reading.

Sandeep Patil
1983 World Cup Teammate

I watched the one and only S.M.H. Kirmani from the stands, as he did his usual magic behind the stumps with absolute ease and grace. During my short cricketing career, I had the opportunity to watch and play with many wicketkeepers, from Sharad Hajare to Bob Taylor and so many others, including M.S, Dhoni. With no exaggeration, I found Kiri the best among them all! I always thought I had style, but Kiri beat me on all fronts. I truly consider myself lucky to have got a chance to play against and with him.

Kapil Dev
Captain, Indian Cricket Team, 1983 World Cup

It is not easy for me to write about Syed Kirmani. He has been playing since I was a youngster and did not know if I would even play for India. We were in a probable fast bowler's camp in Bangalore, and Kiri came to visit and encourage us. His was the first autograph I ever got. He wrote on the back of my bat and wished me tons of runs and wickets. I am eternally grateful for that. My first tour with Kiri was to East Africa. He has been a big part of my career from my very first to his last test. He was always a gentle, soft-spoken soul on and off the field. I owe him large part of my success as a bowler for the many catches he took behind the wicket. We were also batting partners for a large part as we were number 7 and 8. I loved our partnerships on the field. He was calm, easy and effortless to be with. He is as graceful and effortless with his family whenever I have seen them together.

Madan Lal
1983 World Cup Teammate

Syed Kirmani is a gem of Indian Cricket.

His contribution has been exemplary and I consider myself fortunate to have known him since he made his test debut in 1976—two years after I joined the team.

Kiri replaced Farokh Engineer. They were both such different characters; Engineer was flamboyant and very demonstrative, Kiri was the opposite. He was quietly efficient and went about his job most professionally against the fast bowlers and the spinners. He did not compromise on his fitness and hardly complained about the conditions. I would say he was a flawless performer and a great team player to learn from. Kiri was an asset to the team. His ability to read the pitch and the form of the bowler helped India when we played overseas. I count him as a great friend. His sense of humour was a respite in stressful times. I take pride in our association.

Jimmy Amarnath
1983 World Cup Teammate

I saw Kiri's enormous talent when he played the Cooch Behar Trophy and represented the School Boys Team in England. Subsequently, he carried on the good work in the Indian Team too. The soft-spoken Kiri remained an epitome of concentration and glove work behind the stumps. In batting too he contributed his share on a number of occasions. A team player to the core, he always lightened the ambiance with his comments.

Krishnamachari Srikkanth
1983 World Cup Teammate

In my opinion, Syed Mushtaba Husain Kirmani is one of the greatest cricketers India has produced, and this is not because I played with him. He is one of the best wicketkeeper–batsmen of all times I should say. Since my younger days, I was a fan of Kiri's. I have seen him take some amazing catches when Kapil was at his peak, especially in Chennai test matches, where the ball used to be deadly. We were used to seeing 'c. Kirmani b. Dev'. That is the greatness of Kirmani. He had his own batting technique on playing fast bowling— genuine fast bowling such as the Holdings and the Roberts of the world. He scored centuries for India as a nightwatchman in those days. The most important quality of Kirmani is his character—the most unassuming, non-controversial person who interfered with anybody nor raised his voice. Fantastic person that he is, he was ever popular with all the cricketers and fans.

Farokh Engineer
Senior Wicketkeeper, Indian Cricket Team

My young teammate, roommate and understudy, Kiri. In fact, he was more like a younger brother to me during my halcyon days with Indian cricket. He was ever so keen to learn and aspired to be one of the best behind the stumps for the years to come after my retirement in 1976. I had the highest regards for his keeping and batting. I reckon Indian cricket should have definitely taken advantage of Kiri's expertise and experience in coaching younger wicketkeepers after his retirement.

Ravi Shastri
1983 World Cup Teammate

Syed Kirmani was most brilliant behind the stumps and among the pluckiest in the front. We played for many years together for India and his contribution to the team's successes—in tests and ODIs—was monumental.

He was technically the best among the many wicketkeepers I've seen in international and domestic cricket, whether in India or in England when playing for Glamorgan, with only England's Bob Taylor in close competition. Taylor had agility and finesse, but I'd rate Kiri better. He was the more 'complete' playing at home or overseas.

I got to appreciate this first-hand in my debut match against New Zealand in 1980–81. I realized why all Indian bowlers saw Kiri with a high degree of admiration and gratitude. Above all, he had a big heart and grit, without which consistent success at the highest level is impossible.

He always put the team interest first. We played together a lot; Kiri was a real character in the dressing room with a wicked sense of humour. By giving himself a Kojack-like makeover with a clean-shaven head, he was someone you just couldn't miss. What I loved most about him was his sense of commitment and positivity. He is a terrific cricketer and a great bloke with a knack for appreciating the good things in life.

Roger Binny
President, BCCI, and 1983 World Cup Teammate

Growing up, I was a big admirer of Syed Kirmani, and I followed his game as he made the headlines regularly.

I clearly remember my first meeting with Kiri at the KSCA B ground. I used to practise there with my club, BUCC, of which Kiri was a member too. I was changing in the dressing room and in walked in Kiri. As I greeted him, he recognized me at once. He congratulated me on my performance and wished me good luck, which was very encouraging for me.

I had the pleasure of being his roommate and learnt a few lessons from him on keeping the room tidy. We worked together for the State Bank of India and spent a lot of time traveling and playing cricket together. He always had time for young cricketers and enjoyed the outdoors and nature. His concentration was amazing and I witnessed many matches in which there was not a single bye after keeping the whole day.

He was a fighter and his never-say-die attitude on the field, especially when the chips were down, was clearly seen in our World Cup '83 win!

Sachin Ramesh Tendulkar
The Little Master

I first saw Kiribhai on the television in the semi-final and final of the 1983 World Cup. He was one of the chief architects of that victory and a hero for all of India, me included. One of the earliest lessons I learnt in my formative cricketing years—that too first-hand—was that wicketkeeping was a tough and thankless job. Wicketkeepers are noticed only when they err, but rarely when they take a great catch or affect a superb stumping. They tend to be taken for granted. Hence, they have no option but to shut out all the noise and be mentally tough.

Kiribhai made a tough and thankless job look very easy.

I never imagined that I would get the opportunity to play against Kiribhai, but I got a chance in a Duleep Trophy semi-final between West and South Zone at Rourkela in January 1991. Interestingly, both of us scored centuries for our respective teams in that game and I was the one who ended his stay at the crease. Getting him out meant that I had something in common with the likes of Dennis Lillee, Richard Hadlee, Imran Khan, Ian Botham and Kapil Dev, among others. All of us had dismissed Syed Kirmani in first-class cricket!

The fact that Kiribhai played first-class cricket with distinction from 1967–68 to 1993–94, speaks volumes for his discipline and professionalism. That is something all youngsters who want to make it big in cricket should learn from.

Dilip Vengsakar
1983 World Cup Teammate

I met Kiri way back in 1975 during Ajit Wadekar's team's tour of Sri Lanka.

A very jovial, easy-going but hard-working and sincere cricketer, Kiri was 100 per cent a team man. What struck me immediately was his immaculate dress sense and the way he preserved his clothes and shoes for many years. As a wicketkeeper, he was extraordinary, one of the tops in the business. His anticipation and gathering of deliveries down the leg side was faultless. I am positive his autobiography would be a bestseller as he has lots to say about his distinguished career.

E. Prasanna
World-Class Spinner, Indian Cricket Team and Karnataka State Cricket Colleague

Kiri, the one with the golden glove.

Kirmani was the most talented young keeper and an excellent athlete. As has been the case in Indian sports, talent is usually found in a less-fortunate, middle-class family. Kiri came from a just about middle-class family and what a godsend to the cricketing fraternity he was!

I met him at Lord's cricket ground when he was with the Indian school team touring England. Karnataka State Cricket Association was extremely lucky to have such a wonderful keeper to represent the state as well as don the Indian colours.

I must confess I was lucky to have Kiri behind the stumps. Not just me even the one and only Chandra feels the same. I have never seen keeper be so comfortable with Chandra—the whole cricketing world knows that no one except Chandra knew what he was bowling. I take this opportunity thank him for having kept wickets for me.

Kiri, you definitely deserve the golden glove!

G.R. Vishwanath
World-Class Batsman, Indian Cricket Team and Karnataka State Cricket Teammate

Syed Kirmani is, without a shadow of doubt, the best wicketkeeper I have played with, against or seen in my five-decade association with cricket. I say this without bias, not because we played together for nearly twenty years for the same employer, state and country.

There was a balletic grace to the manner in which Kiri moved either side, be it to the pace bowlers of whom we didn't have many or to high-class spin that was hardly at a premium. He always had that extra second of time which, allied with lovely hands and exceptional reflexes, contributed to poetry in motion behind the stumps.

The confidence he gained from being so impeccable against two of the greatest spinners of all time automatically translated to splendid performances for the country. At the same time, I believe Kiri's presence behind the stumps encouraged and emboldened our great spinners too.

As much as he was a wonderful cricketer, Kiri is a fabulous human being too. As a cricketer, your shelf life is limited. No matter the legacy you leave behind on the field, to me, one's off-field legacy carries greater import. Like an illustrious line of Karnataka cricketers, Kiri too is the perfect gentleman who has carried himself with grace, dignity and tremendous poise.

Kiri is a master storyteller who refuses to be hurried and takes his time in leading you to the climax. Sometimes, he does drive people up the wall because you want the suspense to end! It speaks volumes of his charisma that he is able to hold your attention for long periods, and his spontaneous laughter when he finishes the story is nothing if not infectious. Time has done little to diminish his style and effortless elegance. A true all-rounder on and off the park, he holds a special place in my heart.

Bhagwat Chandrasekhar
World-Class Spinner, Indian Cricket Team, and Karnataka State Cricket Colleague

I will be the first to admit that I was a difficult bowler to keep wickets to. I was fast, the ball spun and sometimes I was erratic too. It needed a top-class wicketkeeper to convert the half chances and affect the stumpings especially when the batter overbalanced. And that was what Kirmani was—a top-class wicketkeeper.

I remember an occasion when Ramesh Saxena, a fine player of spin, missed a ball outside the leg stump on a helpful (to me, that is) wicket at the Central College Ground in Bengaluru. Saxena tried to defend, missed and raised his foot for a split second. That was enough for

Kirmani. He had the bails off in a flash. It was a great exhibition of reflexes and awareness, and Kiri made it look so easy.

I always joked that when I was bowling well, I needed just a slip and a short leg, and if I were bowling badly, then twenty-two fielders would not be enough. But between those two fielders stood the man who was often taken for granted, till he made a mistake. And then everybody forgot the brilliant catches and stumpings and remembered only the let offs. Great wicketkeepers are not those who take great catches alone, they are the ones who make the least number of mistakes.

It is useful to remember that wicketkeepers were not as well protected in those days as they are now with high quality pads and gloves. No wicketkeeper, in fact no one, wore a helmet.

Kiri announced himself early. Kiri was always a hard-working, fun-loving person who was an important presence in the dressing room to lighten the atmosphere. He refused any system of signaling the type of delivery we would bowl, saying, 'What's the challenge in that?'

After our playing days, we did some unusual television programs together—a favourite being one where we made teams and sang Bollywood songs. Kiri has been at the centre of some of the most important events in Indian cricket, and his book is an important addition to the history of world cricket.

Javed Miandad
Former Captain and Star Batsman, Pakistan Cricket Team

It is with great pleasure that I write these few lines in honor of one of the finest wicketkeeper–batsmen of my era, Syed Kirmani.

Our teams have shared a storied and intense rivalry whenever India and Pakistan have faced off on the cricket field. The pressure from the crowd and media on both sides is immense, with passionate fans demanding victory at any cost. Performing under such circumstances was never easy, yet Syed Kirmani consistently rose to the occasion, especially during challenging times.

As a wicketkeeper, he was nothing short of world-class—arguably the best in the world when it came to keeping against spinners. His dependable late-order batting often turned the tide in India's favour, contributing significantly to their victories.

Off the field, Syed Kirmani was the epitome of camaraderie and joviality, earning the respect and admiration of not only his teammates but also his opponents.

Zaheer Abbas
Former Pakistan Captain and Former ICC President

One of the joys of playing sports at the highest level is to not only develop lifelong relationships in the game and outside it but also be able to rub shoulders with the greats of the game.

I am proud and privileged to reveal that amongst those in my list of many is Syed Mujtaba Hussein Kirmani, India's most successful wicketkeeper–batsman, whose indelible mark as one of the best keeper and one of the most impressive behind the stumps is etched my mind for life.

For him, it was never an easy road to follow when taking over the gloves from his predecessor Farokh Engineer. But, in over two decades of cricket at the highest level, he turned out to be the best in business.

When at the crease, as a batsman I was always concerned by his presence behind the stumps and gathering the deliveries of spinners and pacemen with equal ease. He rarely faltered in the judgement of pace or spin. And when it mattered the most, he stood like a rock as a champion batsman too.

Having a great sense of humour, he would be heard behind the stumps passing remarks about the batsmen at the crease and other players. In the 1978–79 Test Series in Pakistan I started to churn out runs and became a bit of a problem for their spinners, he would tell me behind the stumps, 'Zaheer, *ab bas* (please stop now).' The slip fielders would join him in chorus.

The friendship I developed with Indian cricketers has become a lifelong relationship. Kiri, a down-to-earth and a modest individual, is as good a friend now as he was when I first met him. Proud to have him as my friend.

Rashid Latif
Former Captain and Wicketkeeper, Pakistan Cricket Team

I have had the honour of representing and captaining Pakistan. Long before my days playing U-19 cricket, I grew up watching some of the world's finest wicketkeepers. Starting from Pakistan's Wasim Bari to England's Alan Knott and Bob Taylor, the West Indies' Deryck and David Murray, and later Jeffery Dujon, Rodney Marsh from Australia, Ken Wadsworth, and Ian Smith from New Zealand. However, Syed Mujtaba Hussain Kirmani from India left an indelible mark with his mastery of standing up to and keeping wickets against some of the best spinners in the world. Each wicketkeeper mentioned here was exceptional and had their strengths. Kiribhai, however, stood out.

Impressionable as he was, and I must acknowledge having adopted his style of collecting the ball and throwing it to the first slip in one fluid motion. I attempted replicating Kiribhai against some of the best in the world.

When I reflect on wicketkeeping, a position demanding both physical agility, lateral movements, nimble footedness and the skill of collecting the ball as taught at the outset, few names resonate as profoundly as Syed Kirmani. As a fellow wicketkeeper, I have always been in awe of Kirmani's technical prowess. His stance, swift movements and ability to anticipate the ball's trajectory were almost poetic. Each dive, catch and stumping were executed with a precision that spoke of countless hours of practice and an innate understanding of the art.

However, Kirmani's story is not just about records and victories. It is about sportsmanship and the camaraderie of cricket fosters. Kirmani epitomized the spirit of mutual respect, always carrying himself with dignity, whether in triumph or adversity.

His autobiography is not just a recounting of his life but a valuable piece of cricketing heritage. It offers insights into the mindset of a great wicketkeeper, the strategies that worked, and the ethos that defined his approach to the game. It is an honour to write this testimonial and to celebrate the legacy of a player who has inspired generations.

Sunil Walson
1983 World Cup Teammate

I had heard about Syed Kirmani while at school in the early 1970s. I finally had the opportunity to meet him and play with him in Bangalore. Elegant and graceful, his sheer brilliance behind the stumps really catapulted him to being the best in the world at the peak in his career! A loving and dedicated husband to Habiba, and a wonderful and caring father to Sadiq, Mehnaz and Nishath, Kiribhai is a complete family man.

Rahul Dravid
Former India Player and National Cricket Team Coach

Growing up, I idolized Mr Syed Kirmani, the legendary wicketkeeper–batsman of Indian cricket. His exploits in the 1983 World Cup were a huge inspiration for a ten-year-old boy from Bangalore who was deeply passionate about the game. Mr Kirmani's contributions to wicketkeeping, particularly his excellence behind the stumps while supporting India's renowned spin quartet, transformed how we perceived the role of a wicketkeeper in India.

I had the privilege of playing alongside him and having him as my first captain in my Ranji Trophy debut. My memories of Mr Kirmani from those early days centre on his extreme dedication and passion for the craft. His attention to detail greatly influenced my understanding of the game.

Knowing him personally, what struck me most was his humility and easy manners, making us comfortable in his company despite his success. He has played an instrumental role in shaping Karnataka and Indian cricket, not just as a wicketkeeper but also as a selector and mentor. His contributions, both on and off the field, have been significant and enduring.

On a personal note, I have always enjoyed my conversations with Kiribhai, and I hope this book is both educational and inspirational to everyone who reads it.

Mohd. Azharuddin
Former Captain, Indian Cricket Team

I have fond memories of Syed Kirmani—a genius wicketkeeper, a crisis manager that the whole team looked up to and above all, a great human being.

I grew up watching him play the Moin-ud-Dowla Gold Cup when he represented SBI. He was a picture of sheer elegance and perfection in both his wicketkeeping and batting. Above all, he was always willing to share his learnings as a student of the game with anyone who approached him. Summing up, I am humbled and privileged to be associated with him and wish him the best.

Mike Brearly
Former Captain, England

I played against Syed Kirmani in five tests in India in 1976–77.

Syed (or Kiri as his friends called him) was always quiet, calm and unshowy. In an age of high-quality keepers—Alan Knott, Wasim Bari, Rodney Marsh—Kiri was amongst the very best. Always tidily turned out, he played a huge role in the team. He was also a more than useful lower order batsman.

My colleague Knotty, writing to me from Cyprus where he has lived for many years, cannot remember Kiri missing a single chance during that series in 1976–77. He recalls being stumped by Kiri at Delhi, whipping the bails off in a flash, and a brilliant leg-side catch (ruled not out) off Prasanna when Knott was going for a pull.

Kiri was a great performer and competitor, and an entirely fair player.

Anil Kumble
Bowler, India Cricket Team, and Karnataka State Cricket Team Junior

Growing up in Bengaluru in the 1980s, Syed Kirmani was one of the great icons of Karnataka and Indian cricket, and it was a great honour for a youngster like me to share a dressing room with a legend like him. When Kiri took over as captain for the 1990–91 season, it was special to play under him.

I had heard numerous stories of his sensational glovework against the celebrated Indian spin quartet, and I had a first-hand taste of his genius in a Ranji Trophy game against Maharashtra in Pune in 1991. On an absolutely flat surface where bowling was hard work, he pulled off a magnificent leg-side stumping off my bowling to get rid of Shantanu Sugwekar. I felt the only way to get him out on that track was to slide one down leg, and Kiri was outstanding. He moved beautifully to collect the ball and whip off the bails in a flash, even before the batter knew what was going on. He was among the first in the side to make youngsters feel at ease and at home when they broke into the Karnataka Ranji Trophy team. He never gave you the impression that you were in the presence of a very experienced and accomplished test cricketer.

One of my abiding memories of Kiri is from the end of each of our fielding innings. In the dressing room, while waiting for his turn to bat, he would assiduously clean every single piece of his cricketing gear. He would even take off the laces from his shoes, wash them and leave them to dry! That was typical Kiri—with a sense of style and meticulous in everything he did.

He would also carry a small bag with him full of letters from his fans. This was in the pre-social media age, long before phone messaging was a thing. Kiri would patiently answer every single letter he received and believe me, he received a lot of letters. I was touched by his simplicity and his humility—lessons that I tried to imbibe during my playing days and beyond.

When I became an administrator, Kiri was the coach at the Karnataka Cricket Academy and we had numerous interactions revolving around cricket, but not limited to it. His knowledge of the game is second to none, and I enjoyed splitting hairs with him (no pun intended!).

Kiri is a class act, ready with a smile and a good, kind word for everybody. It's been an absolute treat, coming to know him at a personal level, and I wish him the very best in this endeavour. I am sure this will be a treat for his numerous fans. Kiri unplugged is something I can't wait to lay my hands on!

Narayana Murthy
Founder, Infosys

I have known S.M.H. Kirmani for several years now. As an admirer of cricket, I was thrilled to hear about Kirmani's stellar performance in the World Cup win of 1983. Even if you subtract all his superlative cricket performances, he remains a great human being because of his simplicity, kindness and friendliness. I am positive that readers of his autobiography will benefit from his experiences as both a cricketer and a human being.

Kiran Mazumdar-Shaw
Chairperson, Biocon Group

Syed Kirmani's autobiography is about a man who is more than just a name in the cricketing world; he is an icon who is widely regarded as the finest wicketkeeper India has ever seen. With exceptional skills both behind the stumps and with the bat, Kirmani's journey is one of passion, perseverance and triumph. This autobiography is an inspirational must-read for all young men and women who aspire to be great cricketers.

Dr Devi Shetty
Founder and Chairman, Narayana Health

Syed Kirmani, the legendary Indian wicketkeeper, is a true icon of the sport. His unmatched skills behind the stumps set a benchmark for future generations. Beyond his on-field brilliance, Kirmani has been an exemplary ambassador for cricket, dedicating himself to nurturing young talent at different levels of the game and promoting the sport's values. His philanthropic efforts, particularly towards differently abled children, showcases his compassionate heart and commitment to making a difference off the field.

Kirmani's contributions, both to cricket and society, are invaluable, and he continues to inspire with his unwavering dedication and generosity.

Pappu Bhutani,
Founder Six a side Cricket, Hong Kong, and Renowned Jeweller

Syed Krimani, a cricketing legend and a close friend.

I first had the honour of meeting and playing alongside the great Syed Kirmani when he came to Hong Kong in 1990. I had organized a charity match between Hong Kong and the 1983 World Cup Indian winning team. I remember the excitement of meeting my heroes. We hit it off right away with Syed bhai. He was approachable, funny and witty. What a thrill to be bowling with the Legend Syed Kirmani behind the wicket. He put me at ease with his smile and since then we have been great friends.

Shyam Bhatia
Founder, Cricket for Care Foundation

For me, Kiri is a genius. I took the liberty of calling him by his nickname because our mutual liking was as quick as his stumping. For me, Kiri is a true all-rounder. It's no wonder that he even bagged a test wicket when Kapil Dev gave him the ball to bowl against Pakistan in the Nagpur Test during Pakistan's 1983 Tour of India. He clean-bowled opener Azeem Hafeez with his right-arm off-break.

Within a few months of visiting my museum, I was touched by his gesture of gifting me his 25 kg book on the 1983 World Cup—one of his prized personal possessions—for the museum. This heaviest book on cricket, created by Opus India, which specializes in limited-edition large format books, shows his magnanimity in supporting those who love the game. Kiri also gifted the wicketkeeping gloves he had worn for India and created numerous winning moments with to the museum.

Epilogue

The Art of Wicketkeeping

The most important skill in cricket, according to me, is wicketkeeping. I say this not because I was a wicketkeeper myself but as an observer of the game. No cricket team can get on to the field without a wicketkeeper.

A wicketkeeper is the best guide to the captain and bowlers when it comes to arranging the field. A wicketkeeper always has a 360-degree view of the ground and is in the best position to find the weaknesses of the batsman in front.

A wicketkeeper of long standing is born with a good vision and agility, as well as great reflexes and sense of anticipation. A wicketkeeper is born, not made.

I often say, 'A wicketkeeper who is made will fade and will not last long.'

Wicketkeeping Technique

Posture

One should crouch one's toes with the feet in line with shoulders. The art of wicketkeeping is seen only when a wicketkeeper stands up to spinners. I was very fortunate and lucky to have started my wicketkeeping journey as a school kid and played the likes of the three geniuses and legendary spinners in the form of Erapalli Prasanna, B.S. Chandrashekhar and Bishan Singh Bedi. These great spinners gave me the wicketkeeping standards, as a result of which I was named the Best Wicketkeeper in the World.

My Daily Exercises

- Jogging, short 22-yard sprints, skipping and keeping wickets to spinners in the nets.
- Taking sharp catches at a distance of 20 feet, with the batsman in front and with one stump.
- Taking long and short throws.

Batting Technique

The phases of batting practice are:

- Learn and correct basic copybook defence.
- Start middling, placing and pushing according to the bowlers.
- Aggressive stroke play using the feat, particularly to spinners with lofted shots.
- Never get out to any bowler in the nets.
- Net practice should be like the simulation of a serious match.

Bowling Technique

A bowler could be a fast bowler or a spinner.

- The bowler must always concentrate on the line and length and try to get the batsman bowled.

- Vary the pace using the crease, on both sides of the wicket.
- Practice more on yorkers (this is the best ball to the bowler and difficult to bowl and play as well).

Fielding Technique

Fielding is the most important practice in cricket.

- Take slip catches, inside circle parallel, flat catches and high-boundary line catches.
- Practise ground fielding with flat throws like Jhonty Rhodes.
- Take high catches running backwards, sideways and forwards.

Physical Fitness

Physical fitness trainers with new concepts and innovations in the current scenario can guide aspirants better. In every aspect of the game, there are specialists who can serve as batting, bowling, fielding coaches and trainers.

In our era, from 1960 to 1983, we never had such facilities and support. We learnt the great game of cricket by watching icons and legendary cricketers of our time, interacting and learning from them. In 1983, being the fourth-weakest team, we won the World Cup without a coach and support staff. In the current era, cricketers have a eleven-member support team who spoon-feed them.

Acknowledgements

To begin with I thank the Almighty, the all-powerful, the all-knowing and the merciful in giving me a life full of gratitude, contentment, love and respect. My belief in the superpower and my parents' upbringing is what has made me the person I am today. I am indebted to the Lord, my parents and my brothers for bestowing me with the best in life.

It gives me immense pleasure and to profusely thank my dear and near ones, who sacrificed their most valuable time in supporting, fulfilling, inspiring and motivating me.

The seriousness of writing my autobiography occurred to me in November 2017 when I was invited to launch the book *The Life of Y* by Dr Debashish Sengupta (Deb), an award-winning author. He took it upon himself to write my autobiography with the utmost sincerity and exceptional articulation. Thank you, Deb, for initiating and completing my autobiography with total dedication and for being a guide throughout.

Alongside came Dakshesh Pathak, who is an expert in stats and facts and has followed my cricketing journey and my career closely. I am grateful to him for writing my biography from a journalist's perspective, to which he has done good justice. His son Rushabh, from Columbia University, did the proofreading of his father's contribution to my book. Thank you, Dakshesh, for always being there with your encouragement and supportive suggestions.

The making of my autobiography has been a very emotional journey and something that is remarkably close to my heart. It has been a journey of reliving nostalgic moments, memorable events, achievements of unbelievable heights and unimaginable success, of a young boy who came from a very humble background.

A big shout out to my publishers Penguin Random House India, who gave me the confidence of a successful launch and thank you to my commissioning editor, Manish Kumar, for being very courteous and prompt in overseeing every aspect of the book.

Oh Lord! How can I miss what the State Bank of India has given me, starting from my first job at the age of seventeen to forty-one long years of service and retiring as chief manager. It became the basis of my financial stability and I am ever so grateful!

I thank the Karnataka Cricket Association, my alma mater, and the managing committee for warmly providing me the nostalgic premises where my entire cricketing journey started.

This section would be incomplete if I did not thank my wife Habiba for being my lucky mascot (I scored my first test century after my marriage in 1979) and for efficiently managing the house and our three children while I was away on my cricketing tours. She has been my rock-solid support throughout my journey of cricket and life.

I thank my lovely children Nishath, Mehnaz and Sadiq for their love, concern and constant support, especially my daughter Nishath for her selfless and unflinching support throughout the making of the autobiography, working around her husband, home and children and always completing tasks for me.

A special mention to my son-in-law Kunal, for being a pillar of support in making the book happen, with his expertise in marketing and experience of running a successful academy called Tug Sports.

It has been a chain of endless telephonic sessions and video calls with my team consisting of Deb, Dakshesh, Kunal and Nishath trying to perfect every detail of the launch of the book. I appreciate the patience, respect and compliance that has gone into it.

Last but not the least, I thank my seniors, my cricketing colleagues across the globe, the media and the million fans without whom my journey wouldn't have been so sweet and humbling.

Signing off with all your blessings and good wishes.

Yours sincerely,
Syed Kirmani

Scan QR code to access the
Penguin Random House India website